YINGKE® 盈科

盈科全国业务指导委员会系列丛书

环境资源类犯罪
法律实务与国际视野

盈科律师事务所 / 编

康　烨　辛本华　张西东　张温娴
龚梦婕　徐娇娇　董奥迪　/ 著

LEGAL PRACTICE AND INTERNATIONAL PERSPECTIVE
OF
ENVIRONMENTAL AND RESOURCE CRIMES

法律出版社 LAW PRESS · CHINA
北京

图书在版编目(CIP)数据

环境资源类犯罪法律实务与国际视野 / 盈科律师事务所编 ; 康烨等著. -- 北京 : 法律出版社, 2023

ISBN 978-7-5197-7952-8

Ⅰ. ①环… Ⅱ. ①盈… ②康… Ⅲ. ①破坏环境资源保护罪-研究-中国 Ⅳ. ①D924.364

中国国家版本馆 CIP 数据核字(2023)第 091906 号

环境资源类犯罪法律实务与国际视野

HUANJING ZIYUANLEI FANZUI FALÜ SHIWU YU GUOJI SHIYE

盈科律师事务所 编

康 烨 辛本华 张西东

张温娴 龚梦婕 徐娇娇

董奥迪 著

策划编辑 朱海波

责任编辑 朱海波

装帧设计 汪奇峰 臧晓飞

出版发行 法律出版社

编辑统筹 法律应用出版分社

责任校对 蒋 橙

责任印制 刘晓伟

经 销 新华书店

开本 710 毫米×1000 毫米 1/16

印张 22.5 **字数** 350 千

版本 2023 年 6 月第 1 版

印次 2023 年 6 月第 1 次印刷

印刷 三河市兴达印务有限公司

地址:北京市丰台区莲花池西里 7 号(100073)

网址:www.lawpress.com.cn

投稿邮箱:info@lawpress.com.cn

举报盗版邮箱:jbwq@lawpress.com.cn

销售电话:010-83938349

客服电话:010-83938350

咨询电话:010-63939796

书号:ISBN 978-7-5197-7952-8

定价:80.00 元

凡购买本社图书,如有印装错误,我社负责退换。电话:010-83938349

本书编著者

康　烨　辛本华　张西东　张温娴　龚梦婕　徐娇娇　董奥迪　著

YINGKE® 盈科

推 荐 序

随着人类社会的发展,环境问题日益引起全球关注。环境资源类犯罪作为对环境资源的破坏和侵害行为,已经成为全球性的问题。近年来,随着公众环保意识的不断提高,法律法规不断完善,环境资源类犯罪的查处也日益加强。但是,由于环境资源类犯罪涉及民事、行政和刑事等诸多法律领域的交叉问题,在相关司法实践中也牵扯到环境资源保护等方面的专业问题,因此,司法实务界在处理这类案件时经常存在诸多的争议,法学理论界在相关研究中也出现了一些不同的观点。

北京盈科(上海)律师事务所康烨、辛本华律师带领的律师团队,根据多年的律师实务经验,以检法两院发布的指导案例以及律师亲自办理过的案件为素材,对环境资源类犯罪案件中的诸多疑难法律适用问题进行了研究,推出了《环境资源类犯罪法律实务与国际视野》一书。该书通过研究环境资源领域多个罪名的认定和适用问题,结合理论与司法实务,详尽地总结了各类环境资源类犯罪案件的实践经验,阐述了相关法律规定和案例中所存在的疑难问题,厘清了环境资源类犯罪案件认定中的争议问题。该书不仅可以帮助读者更为深入地理解环境资源类犯罪的性质、构成要件、适用标准和防控机制,还可以为法官、检察官、侦查人员、律师等司法实务工作者提供实践方面的参考。

《环境资源类犯罪法律实务与国际视野》一书,以中国环境资源类犯罪的理论研究和司法实务为背景,系统地探讨了环境资源类犯罪的法律适用问题,全书共分"林木篇""农用地篇""环境污染篇""动物篇""矿产篇""国际视野"等多个部分,重点讨论了盗伐、滥伐林木,非法占用农用地,污染环境,非法采矿,非法收购珍贵、濒危野生动物等罪名的法律适用问题。其中,第一章讲述林木犯罪案例分析和司法实践研究,包括通过认购碳汇模式对受损生态环境进行修复的案例,以及盗伐林木数量和林木价值计算、违法所得问题、鉴定问题和恢复性司法理念等的实务探讨。第二章涉及对农用地犯罪案件的法律分析和实践研究,包括非法占用农用地罪的犯罪对象及客观行为、生态修复与罚金刑的适用、精准量刑、法益保护及刑事附带民事公益诉讼的适用等内容。第三章主要关注环境污染犯罪案例分析和司法实践研究,包括通过私设暗管等逃避监管方式环境污染行为的认定、环境污染企业合规不起诉、层层转包式固废倾倒问题的认定、三大公益诉讼等。第四章介绍动物犯罪案例分析和司法实践研究,涵盖非商业目的的收买、卖出行为是否构成本罪的买卖,人工繁殖与野外生存对实质危害的认定影响等问题。第五章讨论矿产犯罪案例分析和司法实践研究,主要关注涉案矿砂的环境资源价值和处理问题。

在一些章节的讨论中,盈科律师们介绍了自己所办理过的案件的“基本案情”,分析了案件所经历的诉讼过程、控审意见和裁判结果,并作出了简要但有针对性的案例评述。案例评述是每篇文章的精华,各位作者在这一部分分析了罪与非罪的界限,讨论了几种主要环境资源犯罪的构成要件,厘清了此罪与彼罪的界限,探讨了各种犯罪的主要犯罪客体和犯罪对象,尤其是对司法实务中存在的鉴定意见、附带民事诉讼等程序问题,也作出了深入的阐述。难能可贵的是,盈科律师们并没有就案论案,而是深入揭示了与环境资源犯罪有关的合规考察和犯罪控制问题,并对律师参与相关案件的辩护工作提出了中肯而坦诚的建议。

《环境资源类犯罪法律实务与国际视野》一书还从国际视野上探讨了其他国家控制环境资源类犯罪的经验。在全球化的今天,环境资源类犯罪已经成为一个全球性的问题,需要各国共同应对。本书对环境资源类犯罪在国际上的相关问题进行了研究,讨论了诸如美国诉大众公司污染环境案、日本大阪国际机场噪音案、多瑙河大坝案等著名的国际环保刑事案件,提炼出了相关国家司法裁判的经验和理论进展。这对于我们更好地把握国际环保形势、了解国际环保法律体系、认识国环环保标准和规范等方面具有很大的帮助。

《环境资源类犯罪法律实务与国际视野》是一本极具实用和价值的法律实务书籍。它通过案例分析和实践经验,深入剖析了环境资源类犯罪的各个方面,为相关从业者提供了实践指导。同时,它也具有重要的理论价值和现实意义，对于人们更好地理解环境资源类犯罪的本质、认识环保法律体系、提高环保意识、涉环境资源犯罪企业刑事合规等方面都具有积极的意义。我相信，这本书一定会成为环保从业者、法律界人士、相关研究者和社会公众的一本重要参考书。

是为序。

陈瑞华*

2023 年 5 月

---

* 北京大学法学院教授、博士生导师。

自 序

近年来,“刑动派”团队办理了一些环境资源犯罪案件,并取得了较好效果。团队辛本华律师从2018年开始办理“南京鹦鹉案”,此后一发“不可收拾”,接连办理了“杭州鹦鹉案”“义乌鹦鹉案”“上海鹦鹉案”“嘉兴鹦鹉案”“东莞鹦鹉案”“商丘鹦鹉案”“大连美洲狮案”“秦某走私珍贵动物案”“曹某非法出售珍贵、濒危野生动物案”等案件,在野生动物相关犯罪辩护领域取得了一系列的成果。我本人代理的孙某某等人非法采矿案一审宣告无罪,案件涉及矿产资源和固体废物如何区分;李某某非法采矿案二审改判缓刑,特别运用了恢复性司法理念,助益环境生态资源修复。团队青年律师张温娴办理了公安部督办的高某某非法采矿案,取得了被告人减轻处罚一审判处一年四个月有期徒刑的良好结果。团队张西东、徐娇娇、龚梦婕、董奥迪律师也在参与和协助相关案件中积累了不少心得。

通过对环境资源犯罪案件的办理,我们深刻意识到代理的不仅仅是一起案件,而是关乎了人与环境的关系,也特别注意到环境资源案件审判愈加注重人与自然、人与社会双重和谐,司法实务部门在惩罚犯罪、保护环境、推进生态文明建设方面发挥重要作用。毋庸置疑,环境污染犯罪案件考验着立法者和裁判者的法律智慧,也对律师的专业化提出了更高的要求。作为有志于专业从事环资法律实务的刑辩团队,我们决定结合自身办案经验和心得结集成书。恰值2022年初,刑动派团体大部分成员处于居家办公状态,正好沉淀下来做些思考和研究。《大学》中有一句话:“知止而后有定,定而后能静,静而后能安,安而后能虑,虑而后能得。”定下心来,才能使自己获得更多新知,才能使团队蓄积后续力量。

这本书犹如“刑动派”孕育的一个小婴儿,蹒跚学步,尚显稚嫩,但好在迈出了第一步。在此,感谢北京大学陈瑞华教授对本书的提序,感谢华东师范大学钱叶六教授对本书的撰写提出宝贵意见，感谢盈科全国刑事法律专业委员会对盈科上海刑事专业化的指导。我们深知，囿于专业水平有限，本书难免存在讹误之处，我们诚挚地期待各位师长、益友以及读者诸君能够不吝赐教，并对本书的修改和完善提出批评意见。

康 烨

2023 年 5 月 21 日于北大中关新园

目录

第 7 章

法律法规篇

第1章

林木篇

通过认购碳汇的模式对受损生态环境进行修复的案件看"生态司法+碳汇"*

——吴某辉滥伐林木罪**

基本案情

2017年，在没有林木采伐许可证的情形下，被告人吴某辉安排他人把种植在林场的树木砍伐，同时也把有林木采伐许可证的林场树木砍伐。鉴定后，没有林木采伐许可证砍伐的林地面积是19亩，立木蓄积量为73余立方米，违法所得2万元。在案件审理过程中，被告人吴某辉全部退出违法所得，并且主动人认购福建省顺昌县"一元碳汇"项目计4万元碳汇，用于修补因砍伐造成的生态环境破坏。

裁判结果

审理法院认为，被告人吴某辉违反《森林法》规定，未取得林木采伐许可证违法采伐其本人所有的林木，数量较大，已构成滥伐林木罪。吴某辉主动投案，如实供述罪行，具有自首情节，积极退赃，认罪认罚，以购买碳汇的方式进行了生态环境破坏的替代性修复，依法予以从轻处罚，遂判处其有期徒刑一年，缓刑一年六个月，并处罚金5万元，没收退出的赃款2万元上缴国库。

---

* 北京盈科(上海)律师事务所张西东律师。

** 案号：(2020)闽0721刑初42号。

案例评述

一、案件的示范效应

吴某辉滥伐林木罪案成为全国第一例以认购碳汇的方式修补破坏的生态环境案件。“生态司法 + 碳汇”的模式,不但把碳汇资金用到生态环境的修复,而且形成全社会保护环境的正向激励,拓展“绿水青山”向“金山银山”的转化机制。本案“生态司法 + 碳汇补偿”的模式,成为福建省首批司法协同创新项目,入选福建省生态环境司法“十个创新亮点”,列入全国法院生态司法座谈交流材料。贵州、四川、江西等省份也陆续以司法判决的方式形成本省“生态司法 + 碳汇补偿”的模式。通过司法实践,司法机关以自愿认购碳汇为导向,对被告人破坏的生态环境进行替代性修复,并据此对被告人进行从轻、减轻处罚,实现政治效果、法律效果和社会效果的统一。

二、几个基本概念

1. 从气候变化的视角下看碳汇和碳源。《联合国气候变化框架公约》(也称为《京都议定书》)将“汇”或“碳汇”定义为:从大气中清除温室气体、气溶胶或温室气体前体的任何过程、活动或机制;将“源”或“碳源”定义为:向大气排放温室气体、气溶胶或温室气体前体的任何过程或活动。林业碳汇是指利用森林的储碳功能,通过植树造林、森林经营等营造活动,吸收和固定大气中的二氧化碳,并按照相关规则与碳汇交易相结合的过程、活动或机制,包括森林经营性碳汇和造林碳汇。

2. 从层级的角度看碳交易与林业碳汇交易。碳交易是《京都议定书》为促进减少温室气体排放,以相关规则作为依据的温室气体减排量交易,即温室气体二氧化碳排放权的交易。碳汇交易属于碳交易的范畴,但是二者不能等同,林业碳汇交易是碳汇交易的一种类型。碳汇交易主体按照相关规则和要求以碳汇交易收获交易利益,国内外相关企业、团体和个人均可自愿参与林业碳汇交易。

目前我国的林业碳汇交易方式类型主要有三种:第一种是《联合国气候变化框架公约》清洁发展机制(CDM)下的林业碳汇项;第二种是中国核证减排机

制(CCER)下的林业碳汇项目,如北京林业碳汇抵消机制项目、广东碳普惠抵消信用机制项目、福建林业核证减排量项目等;三是其他自愿类项目,包括国际核证减排标准(VCS)、非省级林业 PHCER 项目等。

三、刑事司法实践中能否采用碳汇进行生态环境损害赔偿

(一)在法律上是否有依据?

《民法典》第 1235 条规定:“违反国家规定造成生态环境损害的,国家规定的机关或者法律规定的组织有权请求侵权人赔偿下列损失和费用:(一)生态环境受到损害至修复完成期间服务功能丧失导致的损失;(二)生态环境功能永久性损害造成的损失;(三)生态环境损害调查、鉴定评估等费用;(四)清除污染、修复生态环境费用;(五)防止损害的发生和扩大所支出的合理费用。”

《最高人民法院、最高人民检察院关于检察公益诉讼案件适用法律若干问题的解释》第 20 条第 1 款规定:“人民检察院对破坏生态环境和资源保护、食品药品安全领域侵害众多消费者合法权益等损害社会公共利益的犯罪行为提起刑事公诉时,可以向人民法院一并提起附带民事公益诉讼,由人民法院同一审判组织审理。”检察机关向人民法院提起刑事公诉时,不但可以一并提起附带民事诉讼,还可以要求被告人承担修复生态环境的民事责任,即可以要求被告人承担《民法典》第 1235 条规定的 5 项损失和费用。

2023 年 2 月 16 日,最高人民法院发布《关于完整准确全面贯彻新发展理念为积极稳妥推进碳达峰碳中和提供司法服务的意见》(法发〔2023〕5 号)明确:“22. 建立完善涉碳案件审判机制。构建有利于积极稳妥推进碳达峰碳中和的案件归口审理制度。完善由环境资源审判机构牵头,与立案、刑事、民事、行政、执行等相关部门分工配合的审判协调机制。对新类型、具有普遍法律适用指导意义、存在重大法律适用分歧的案件提级管辖。统筹有序推进碳达峰碳中和与应对气候变化,确保法律适用统一。”

当前司法实践来看,生态环境民事公益诉讼中修复生态环境责任方式包括两个方面:一是要求被告将生态环境修复到损害发生之前的状态和功能;二是无法完全修复的,可以采取替代性修复方式,即补种复绿、增殖放流、土地复

垦等。[①] 生态环境修复措施可以是具体多样化，形式不限。在以往的涉及破坏生态环境的案件中，法院广泛采用了“补种复绿”林木修复、“削填引种”矿山修复、“增殖放流”江河修复、“海砂回填”海域修复等多种承担责任方式，这些责任承担方式亦取得了很好的社会效果。以认购碳汇作为替代性修复生态环境的责任承担方式是环境司法中逐渐兴起的一种新的修复举措，这种“生态司法 + 碳汇”的模式是一种具有可复制性，具有广阔发展潜力的生态修复模式。[②]

司法机关鼓励破坏生态环境犯罪案件行为人积极修复生态环境，在具体量刑方面，对积极修复生态环境的行为人，可以从宽处理。《最高人民法院、最高人民检察院关于办理环境污染刑事案件适用法律若干问题的解释》（法释〔2016〕29 号）第 5 条规定：“实施刑法第三百三十八条、第三百三十九条规定的行为，刚达到应当追究刑事责任的标准，但行为人及时采取措施，防止损失扩大、消除污染，全部赔偿损失，积极修复生态环境，且系初犯，确有悔罪表现的，可以认定为情节轻微，不起诉或者免予刑事处罚；确有必要判处刑罚的，应当从宽处罚。”司法机关以司法解释的方式将采取措施修复生态环境与刑法处罚轻缓化相关联，但适用范围目前仅明确针对污染环境罪、非法处置进口的固体废物罪、擅自进口固体废物罪。对于滥伐林木罪、盗伐林木罪等破坏生态环境犯罪，将采取措施修复环境与刑法处罚轻缓化相关联的规定，不如污染环境类犯罪那么明确，根据基本精神，在司法实践中，可以参考污染环境类犯罪的规定进行适用。

总体来说，在具体量刑标准和幅度上，破坏生态环境犯罪没有相关司法解释详细规定，《最高人民法院关于常见犯罪的量刑指导意见》尚未明确生态修复措施的量刑情节，司法实践中各地对此情节的量刑标准不一，有待于进一步完善。

（二）采用碳汇进行生态环境损害赔偿在程序上是否能够操作？

“被告人陈某华因认罪认罚，并自愿缴纳生态修复履约金和森林碳汇补偿金共计 22,966.99 元，获从宽处理，福建省龙岩市新罗区人民法院以滥伐林木罪判处其有期徒刑八个月，缓刑一年，并处罚金人民币 3000 元。”该案系新罗区人民法院创新运用《龙岩市关于在刑事犯罪案件中开展司法修复森林碳汇补偿机

---

① 《【检答网集萃—105】环保技术升级改造是否属于替代性修复方式》，载腾讯新闻，https://new.qq.com/rain/a/20230524A037QX00，2023 年 5 月 26 日访问。

② 李戈、杨云：《认购碳汇可作为替代性修复生态环境的责任承担方式》，载《人民法院报》2022 年 6 月 16 日，第 8 版。

制工作指引(试行)》,作出判决的福建省首例森林碳汇补偿刑事案件。该案件中为了规范森林碳汇补偿机制良性运行,新罗区人民法院围绕“六书”,抓好审判闭环:“第一书”,承办法官通过释法析理,让被告人陈某华签订自愿修复补偿承诺书。“第二书”,新罗区人民法院将上述自愿补偿的承诺情况,书面通知新罗林业局。“第三书”,由新罗林业局出具委托书,指定专业技术公司对涉案山场砍伐杉木的蓄积量进行碳汇价值损失评定。“第四书”“第五书”,分别由专业技术公司出具《森林刑事犯罪案件碳汇价值损失评定意见书》,制定《补种复绿造林工程施工作业设计书》。“第六书”,新罗区人民法院向陈某华出具碳汇价值损失费缴纳通知书,要求其将碳汇损失补偿金缴纳至林业主管部门指定的生态修复专门账户。[①] 雷山县探索司法碳汇补偿机制:立足能动司法,出台《关于建立司法碳汇补偿机制的意见》,形成环境资源替代性修复碳汇认购的办案机制,施行“五书一令”(《认罪认罚具结书》《碳汇补偿认购申请书》《碳汇补偿评估鉴定委托书》《林木需认购碳减排量意见书》《碳汇认购证明书》《碳汇认购令》)流程,积极引导当事人认购碳汇,以被告人认罪认罚为基础,以自愿认购为原则。[②]

我们可以把以上相关程序总结为以下几个方面:(1)自愿签订修复补偿承诺书,承诺承担因本人犯罪行为造成森林吸附碳服务功能损失的森林碳汇补偿金,或承诺自行进行生态修复。(2)会商相关主管部门,该环节是否属于必要,有待进一步探讨。(3)碳汇损失评估与鉴定,专业技术单位对被伐林木自损害至修复完成可能产生的碳汇价值损失进行评估与鉴定。(4)碳汇价值核算,被损毁的森林资源碳汇损失价值进行量化计算,这是抽象问题货币化的具体体现。(5)缴纳碳汇认购金或补偿金,碳汇损失补偿金缴纳至林业主管部门或是司法机关指定的生态修复专门账户。

(三)关键问题:滥伐林木碳汇损失价值如何量化?

滥伐林木碳汇损失价值如何进行量化评定?这既是关键点也是难点,从实现路径上看有两种方式:一种方式是通过认购碳汇对受损环境进行修复,将测算

---

① 傅晓君:《将创新机制引入具体审判实践——全省首例森林碳汇补偿刑事案件昨在我市宣判》,载《闽西日报》2022年4月15日,第002版。

② 石声忠:《雷山县探索“司法+碳汇补偿”模式保值增值生态红利》,载《黔东南日报》2022年6月15日,第7版。

出的碳汇林产生的碳汇量,通过一定的价格对外出售,被告人购买。另一种方式是对绿碳价值标准进行测算,由专业机构评定造成被毁森林资源丧失吸附碳服务功能的碳汇价值损失,进行价值量化后予以补偿。但是,无论哪一种,相关的专业评估或鉴定是关键,因此,为了确保评估或鉴定的科学性和公信力,应注意以下几个方面:第一,鉴定人专业技能水平要过硬,具有鉴定领域中所必需的专业知识,拥有从事鉴定业务相关的职业资格和能力;第二,鉴定过程中所使用的科学原理与技术方法是成熟且可靠的;第三,鉴定过程规范且符合质量体系管理标准;第四,提取的鉴定检材或是参照的样本应该稳定且可靠。全流程做好"人机物法数环":人员、机器、物料、方法、数量、环境,实现系统化、流程化、规范化、可量化的森林碳汇补偿机制。

四、结语

森林资源刑事犯罪的破坏行为对森林生态系统安全构成严重威胁,也损害了森林生态系统固碳调节服务功能,造成森林资源碳汇价值损失。随着"碳达峰""碳中和"目标的提出,在破坏生态环境犯罪林木类案件中,司法机关既考虑林木本身的财产价值损失,也考虑森林资源碳汇价值损失。越来越多的司法实践表明,破坏生态环境犯罪案件的行为人,不但承担刑事责任,还要承担修复生态环境的民事责任,并把修复生态作为从宽处理的情节。为了积极弥补造成的综合生态资源损失,保障森林生态安全,尽快修复受损生态环境,破坏生态环境犯罪案件的行为人既要采取措施恢复林地植被,也要对其破坏森林固碳调节服务功能损失担责补偿,实现惩罚犯罪、恢复植被、保护生态的有机统一。运用系统化、流程化、规范化、可量化的工作机制,进一步探索和完善森林碳汇修复方法,通过"生态司法 + 碳汇"模式,打造生态修复治理格局,推动"双碳"目标实现。

盗伐林木数量和林木价值如何计算*

——伍某华、伍某威盗伐林木、滥伐林木罪**

基本案情

2003年至2018年,伍某华在福建省武夷山市上某乡茶景村、里江村、岭山村一带从事木材生意和包揽工程期间,纠集多人形成垄断林业资源、称霸乡村山场、扰乱市场秩序的恶势力犯罪团伙。

为了"毁林种茶"以谋取经济利益,该团伙成员多次结伙实施盗伐林木、滥伐林木等一系列犯罪行为,共计盗伐林木117.07立方米、滥伐林木2541.39立方米、故意毁坏林木256.04立方米,并强迫中标人以低于承包价转让山场采伐经营权,指使人员作假证,导致公安机关错误对他人立案侦查等,严重破坏当地的社会管理秩序和市场经济秩序。

伍某华还借助担任茶景村村主任的身份,利用家族势力采取殴打他人、报复举报人、非法运输林木、串通投标等手段经营山场、承包工程,涉及13起行政违法案件。团伙成员伍某威还在团伙外分别伙同伍某春等人盗伐林木115.56立方米、滥伐林木37.05立方米、故意毁坏林木12.75立方米。

二审控辩审情况

2011年7月18日,被告人伍某华办理了武夷山市"八角寨鸡公科"山场的闽武集体采字〔2011〕550号林木采伐许可证,设计采伐杉木258.30立方米、马尾松22.80立方米。同日办理了闽武集体采字551号林木采伐许可证,设计采

---

* 北京盈科(上海)律师事务所张西东律师。

** 案号:一审(2019)闽0782刑初60号、二审(2019)闽07刑终213号。

伐杉木70立方米。采伐证的采伐时间至2011年12月31日止。采伐证办好后，被告人伍某华即雇佣工人携带柴刀、油锯等工具，到武夷山市"八角寨鸡公科"山场（林业二类基本图为35林班3大班2小班。6大班2、3小班，10大班1、2、3小班，林权属伍某华所有）进行采伐。

2012年春节后，被告人伍某华为了个人利益，在未办理林木采伐手续的情况下，以每天120元至150元不等的工钱，雇佣王某福等人，携带柴刀、油锯，又到武夷山市"八角寨鸡公科"山场（林业二类基本图为35林班3大班2小班。6大班2、3小班，10大班1、2、3小班，林权属伍某华所有）砍伐阔叶树和马尾松。此后，被告人伍某华以每吨450～470元不等的价格，将该山场砍伐的阔叶树卖给了吴某斌，得款186，525元。

因滥伐的现场已被开垦种植树木，福建鼎力司法鉴定中心利用手持GPS全球卫星定位仪进行坐标定点测量，结合提供的林业地理信息图（1∶10000）现场对坡勾绘，经数据采集，内业绘图，网格法计算，确定该山场实际采伐林木的位置、面积。由于原伐区现场已经种植杉木多年，伐区内被砍伐林木伐桩大部分腐烂、灭失，无法对该伐区采伐林木根径进行准确测量。根据国家相关规定，本案在现场深入调查的基础上，利用提供的原来伐区调查设计书及林木采伐许可证等资料，经分析、计算，确定：（1）该伐区实际采伐林木的树种、数量；（2）采伐证设计采伐范围没有全部砍伐的林木的树种、数量；（3）伐区超界采伐林木的树种、数量。经计算，伐区实际采伐面积为318亩，砍伐树种为杉木、马尾松、阔叶树，总采伐立木蓄积量为2065.5立方米。扣除采伐证没有全部砍伐的49亩林木蓄积量为58.01立方米及闽武集体采字〔2011〕550号林木采伐许可证设计采伐杉木258.30立方米、马尾松22.80立方米、闽武集体采字551号林木采伐许可证设计采伐杉木70立方米，该山场实际滥伐面积269亩，立木蓄积量为1650.39立方米。现被滥伐的林地被全部种植了杉木。

上述事实，有以下证据证实：（1）武夷山市林业局出具的林业检尺野账单、林权证明、银行对账单等书证；（2）被告人伍某华、吴某斌的供述与辩解；（3）证人江某2、江某3、周某2等人的证言；（4）现场勘查笔录、辨认笔录及现场照片。

二审律师辩护意见：（1）一审判决认定两起滥伐林木犯罪数额所依据的司法鉴定意见均具有鉴定方法错误、程序违法的问题，其鉴定结论不足以采信。本案一审判决认定"八角寨鸡公科"山场和"牛竹坑"山场被滥伐林木的面积和立木蓄积量所依据的福建鼎力司法鉴定中心闽鼎〔2018〕林鉴字第 326 号司法鉴定意见书及［2018］林鉴字第 265 号福建华信司法鉴定所司法鉴定意见书均存在鉴定方法错误及鉴定程序违法等严重问题。(2)被告人伍某华滥伐林木犯罪数额的相关事实存疑，一审判决在事实认定上违背了“疑点利益归于被告人”的基本原则。一审判决仅查明“牛竹坑”山场滥伐林木犯罪中，出售及被收购的阔叶树数额为 380.66 立方米，而就其他被滥伐树种的数额及处分方式、去向均未能查明；在“八角寨鸡公科”山场滥伐林木犯罪中，仅查明被伐木材由被告人游章兴出售，该出售数额不明，且未能查实其余被伐林木的去向及数额予以相互印证。由此可见，一审法院对上诉人伍某华两起滥伐林木罪认定的犯罪数额均有存疑，同时，被告人伍某华关于山场被浦城人偷砍的供述，有证人李某 2 等证言相印证。该两个涉案山场完全具有事先被他人盗伐的可能性。一审判决直接依据鉴定结论，认定“八角寨鸡公科”山场的滥伐数额为杉木、马尾松、阔叶树“立木蓄积量 1650.39 立方米”及“牛竹坑”山场林木滥伐数额为“立木蓄积量 891 立方米”不当。根据本案案卷材料，被告人伍某华供述“牛竹山”山场滥伐林木为 300 吨木材，有同案被告人江某福的供述、证人李某 2 及伐木工人王某 1、胡某祥等人的证言相互印证，可予以认定；“八角寨鸡公科”山场则可按一审判决所能查实的数额 380.66 立方米来认定。(3)一审判决采用不恰当的木材材积重量折算比例，错误计算被告人伍某华盗伐林木罪的犯罪数量。被告人伍某华在“唐房”山场盗伐林木进行销售，经相关人员确认的该盗伐林木数量为 117.07 吨。一审判决书显示，判决所认定的犯罪数额系由相关林业技术人员将木材重量 117.07 吨直接折算为立木蓄积量 117.07 立方米，即以 1 吨 =1 立方米的标准进行折算。一审判决按 1 吨 =1 立方米标准折算盗伐林木的材积不符合福建省林业行业通常标准，也不符合当地气候的客观情况。

二审出庭检察员意见：(1)“八角寨鸡公科”“牛竹坑”被滥伐山场林木的司法鉴定符合行业规定与技术标准，程序合法，可以作为定案证据，不需再重新鉴定。一是两份司法鉴定均是具有鉴定资质的鉴定人员做出，其鉴定人员均到现场勘查，发现被滥伐林木的采伐地均被炼山，被采伐的树桩大部分已腐烂、灭失，因此，仅凭现有的伐桩无法客观真实地反映被滥伐林木的面积和蓄积量。辩护人及上诉人仅抓住“复函”的“灭失”字眼，而忽视国家林业局制定该复函的真正内涵，是为了客观公正地测量被伐山场林木，尽可能地还原案件本来真相。本案两起滥伐山场的伐根已大面积腐烂,根本无法通过用测量林木根茎等方法测算出被滥伐林木的真实面积和蓄积量,再死缠“灭失”字眼,就是无视案件事实的客观性。二是根据《国家林业局关于毁林案件中被毁坏林木及其伐桩灭失的立木蓄积测算有关问题的复函》规定,在无法根据伐桩测算被毁坏林木的立木蓄积时,可根据相应的森林资源清查资料、森林资源档案资料等计算确定。正是基于“八角寨鸡公科”“牛竹坑”被滥伐山场遗留的伐根大面积腐烂的客观事实,已无法根据山场遗留的伐根,用测量林木根茎的方法确定被滥伐山场的林木数量,两家司法鉴定机构才根据林业基本图、伐区调查设计书及林木采伐设计图、林业小班一览表、森林资源档案等资料对“八角寨鸡公科”山场被伐林木进行计算确定,整个鉴定过程客观公正,既有见证人,也有录像、拍照,程序合法规范。(2)上诉人伍某华认为一审判决认定“八角寨鸡公科”山场被伐林木数量“1650.39 立方米”与吴某斌的收购数额 380.66 立方米二者存在明显出入。但在案证据显示,吴某斌收购的只是“八角寨鸡公科”被滥伐山场阔叶树(薪材)的数量,而山场被滥伐的杉木、马尾松均被其销售到浙江,从本案证人管某、翁某、张某水等收购者证言也可证实,其均从伍某华滥伐的“八角寨鸡公科”山场收购林木销售到浙江 1700 多立方米,加上吴某斌收购的薪材 380.66 吨,“八角寨鸡公科”山场被伐林木近 2080 立方米,扣除已办采伐许可证的 357.1 立方米,该山场被滥伐林木 1700 吨左右,能佐证福建鼎立司法鉴定中心出具的鉴定意见,该山场被滥伐林森立木蓄积量为 1650.39 立方米。上诉人伍某华提出“牛竹坑”山场的被伐林木最终去向不明,且该山场存在被盗伐的可能。在案证据显示,公安机关未查到该山场被盗伐的报案记录,上诉人伍某华、江某福也无证据证明该山场有被他人盗伐过的事实;此外,吴某斌证言证实,其从 2013 年 9 月至 2014 年 1 月,向伍某华收购“牛竹坑”被伐山场的木材予以销售,并将林材款通过 42 笔共 355,429 元转账给伍某华的武夷山信用社卡(6221840105042912847),有提取的伍某华该银行卡的流水记录为证,且伍某华在二审庭审中也承认确实因该山场被伐林木的销售,有与吴某斌进行上述钱款的转账,因此,该山场被伐的木材去向是明确的,被吴某斌收购,伍某华获得赃款 355,429 元。并且吴某斌证言证实,每吨薪材收购价为 470 元~490 元,大概收购了“八角寨鸡公科”被伐山场的木材有 750 立方左右,也间接佐证了司法鉴定对该山场的鉴定数量。

二审法院认为:关于上诉人伍某华及其辩护人提出,认定“八角寨鸡公科”

山场的滥伐数额为林木蓄积量1650.39立方米及“牛竹坑”山场林木滥伐蓄积量891立方米错误,所依据的福建鼎力司法鉴定中心闽鼎〔2018〕林鉴字第326号司法鉴定意见书及福建华信司法鉴定所〔2018〕林鉴字第265号司法鉴定意见书均存在鉴定方法错误及鉴定程序违法的辩护意见,并申请重新鉴定。经查,第一,两份司法鉴定意见出具的机构和鉴定人员均具有鉴定资质。第二,鉴定人员均到现场勘查,并发现被采伐的树桩大部分已腐烂、灭失,被滥伐林木的采迹地均被炼山重新造林,仅凭现有的伐桩无法客观真实地反映被滥伐林木蓄积量的情况下,选择利用原有的伐区设计调查资料和周边相同林分样带测量等方法进行鉴定,符合国家林业局关于毁林案件中被毁坏林木及其伐桩灭失时林木蓄积认定问题复函的规定。第三,经鉴定“八角寨鸡公科”山场的滥伐林木蓄积量为1650.39立方米,有采伐前林业行政部门作出的伐区调查设计书及林业采伐许可证为依据,鉴定依据充分,且上诉人伍某华对该鉴定意见并无异议,亦有在案的周某2等人的证言相印证。经鉴定“牛竹坑”山场林木滥伐蓄积量为891立方米,有采伐前的林业资源档案材料和周边相同林分样带为依据,鉴定依据亦充分。综上,上述两份鉴定意见可以作为定案的依据。关于上诉人伍某华及其辩护人的该辩护意见不能成立,本院不予采纳;对其重新鉴定的申请,本院不予准许。

案例评述

一、盗伐林木数量和林木价值如何计算

盗伐林木数量和林木价值计算方式一般有三种观点。第一种观点认为,盗伐林木数量和林木价值应按原木材积计算。第二种观点认为,盗伐林木数量和林木价值应按立木蓄积计算。第三种观点认为,盗伐林木数量应按立木蓄积计算,盗伐林木价值按原木材积计算。司法实践中,多以第三种观点,即盗伐林木数量应按立木蓄积计算,盗伐林木价值按原木材积计算,进行定罪处罚。具体而言:

第一,关于盗伐和滥伐林木数量计算问题。《最高人民法院关于审理破坏森林资源刑事案件具体应用法律若干问题的解释》(法释〔2000〕36号)第17条

第1款规定:“本解释规定的林木数量以立木蓄积计算,计算方法为:原木材积除以该树种的出材率。滥伐林木的数量,应在伐区调查设计允许的误差额以上计算。”盗伐和滥伐林木数量要以立木蓄积计算而不是原木材积。在滥伐林木案件中要特别关注调查设计允许的误差额,这可能导致案件是行政案件还是刑事案件的定性变化。

第二,林木价值计算问题。立木蓄积即为立木材积,是指活立木树干部分的材积。原木材积是指伐倒并除去树皮、树枝和树梢的树干材积。立木蓄积和原木材积虽有一定的差异,但树皮、树枝和树梢的价值很小,林木的价值主要是原木价值。《国家林业局关于在查处盗伐、滥伐林木案件中测算立木蓄积有关问题的复函》(林函策字〔2001〕45号)的答复中规定:“在依法查处盗伐、滥伐林木案件中,如果被盗伐、滥伐的林木灭失,致使不能按照常规用测量林木胸径的方法计算立木蓄积的,可以采取勘查被盗伐、滥伐林木的现场伐桩,用测量林木根径等方法,确定被盗伐、滥伐林木的立木蓄积。具体计算公式,按照国家森林资源调查技术规程、标准的规定执行。”

《国家林业局、公安部关于森林和陆生野生动物刑事案件管辖及立案标准》中规定:“被盗伐、滥伐林木的价值,有国家规定价格的,按国家规定价格计算;没有国家规定价格的,按主管部门规定的价格计算;没有国家或者主管部门规定价格的,按市场价格计算;进入流通领域的,按实际销售价格计算;实际销售价格低于国家或者主管部门规定价格的,按国家或者主管部门规定的价格计算;实际销售价格低于市场价格,又没有国家或者主管部门规定价格的,按市场价格计算,不能按低价销赃的价格计算。”

盗伐滥伐林木案件中林木数量是按照立木蓄积量计算,林木价值是按照原木材积计算,因此,在滥伐林木案件中蓄积量计算中也要重点关注伐区调查设计允许的误差额。例如,根据福建省地方标准《伐区调查设计技术规程》(DB35\T88)规定,伐区调查面积、蓄积量精度必须达到90%以上,伐区调查设计允许的误差是10%。但林木价值的计算方式存问题:在过于注重经济价值而非生态价值,与立法的初衷有偏离,不能紧扣现今生态价值观。

二、盗伐林木数量和林木价值鉴定意见

涉林刑事案件,往往伴随大量的专业性问题,对相关的司法鉴定有迫切的需

求，鉴定意见在案件办理中发挥举足轻重的作用。鉴定意见尽管不是最终的司法结论，但是已成为区分罪与非罪、从严或从轻的重要依据，可能直接决定案件最终的定罪量刑，因此，如何审查采信鉴定意见，成为司法实践中重要的一环。特别是在该类案件中如何审查采信结论不同的鉴定意见，往往成为争议的焦点。

司法鉴定机构及鉴定人是否具备相应的资质、职称，是否经与相关专家探讨并请相关林业部门协助查验，鉴定程序、鉴定方法、鉴定过程是否存在问题，鉴定分析的依据与作出的鉴定意见是否相一致等情况均应仔细审查。审查时可以运用程序和实体双审查法，也可以由表及里进行三个层面的审查：表面形式审查、专业审查和深度实质审查。

鉴于林业司法鉴定起步较晚，体系尚未建立健全，标准不一，规范性、效率性和公正性问题亟需解决，在司法实践中应该审慎对待林业鉴定意见。

滥伐林木罪中的违法所得问题*

——以徐某某、姜某某等人滥伐林木罪，张某某非法收购滥伐的林木罪为例**

基本案情

2016年7月，被告人徐某某、姜某某商量将位于江苏省东台市射阳县临海镇临丹路王旭超市后中沟边水泥路东侧承包的林木进行出售，后徐某某联系被告人赵某某商量卖树一事。赵某某与被告人胡某某共同到临海现场看树后与徐某某、姜某某达成口头协议，以23,600元的价格购买徐某某、姜某某的75棵意杨树。

随后，赵某某、胡某某与被告人张某某联系，欲将此批树卖给张某某，张某某经现场看过树木之后，同意以每吨600元的价格收购该树。同年7月17日至19日，徐某某、姜某某、赵某某、胡某某在未办理林木采伐许可证的情况下，胡某某、赵某某雇用同村的其余被告人共6人，一同到临海砍伐树木，并卖给张某某，获取人民币37,500元。

张某某在胡某某、赵某某没有提供林木采伐许可证的情况下，仍以37,500元的价格收购其树木并卖给他人。经测算，现场伐根共75个，林木总蓄积量为47.6426立方米，张某某非法收购的林木总蓄积量为47.6426立方米。

---

* 北京盈科(上海)律师事务所龚梦婕律师。

** 案号：一审(2017)苏0981刑初166号、二审(2017)苏09刑终307号。

一审控审意见

江苏省东台市人民检察院指控了上述案情事实后，认为被告人徐某某、姜某某、赵某某、胡某某以及帮助砍伐的6人违反了《森林法》的规定，滥伐林木，数量较大，应当以滥伐林木罪追究其刑事责任；被告人张某某非法收购明知是滥伐的林木，情节严重，应当以非法收购滥伐的林木罪追究其刑事责任；被告人徐某某、姜某某、胡某某、赵某某和帮助砍伐的6人共同实施犯罪行为，系共同犯罪；在共同犯罪中，被告人赵某某、胡某某起主要作用，均系主犯；帮助砍伐的6人起次要作用，均系从犯，应当从轻或者减轻处罚；同时认定各被告人构成自首。

江苏省东台市人民法院评议：被告人徐某某、姜某某、赵某某、胡某某等人违反了《森林法》，未经批准并核发林木采伐许可证，任意采伐林木，数量较大，其行为已触犯我国《刑法》，均构成滥伐林木罪，且系共同犯罪，应予刑罚处罚。被告人徐某某和姜某某，胡某某、赵某某和其余6人共同实施犯罪行为，系共同犯罪；在共同犯罪中，被告人赵某某、胡某某起主要作用，应认定为主犯；其余人起次要作用，应认定为从犯，依法对其从轻处罚。被告人张某某非法收购明知是滥伐的林木，情节严重，其行为已触犯我国《刑法》，构成非法收购滥伐的林木罪。公诉机关指控的事实及罪名成立。各被告人主动投案，如实供述了犯罪事实，系自首，依法对其从轻处罚；被告人赵某某有前科，酌情从重处罚。辩护人提出张某某无前科劣迹，系初犯，犯罪情节较轻，当庭认罪等从轻处理的辩护意见，与庭审查明事实相符，法院予以采信。

一审裁判结果

为保护森林资源，依法惩处破坏森林资源的犯罪活动，根据各被告人的犯罪事实，犯罪的性质、情节和对社会的危害程度，结合其认罪态度、悔罪表现，判决如下：(1)被告人徐某某犯滥伐林木罪，判处有期徒刑九个月，宣告缓刑一年，并处罚金人民币5000元。(2)被告人姜某某犯滥伐林木罪，判处有期徒刑九个月，宣告缓刑一年，并处罚金人民币5000元。(3)被告人赵某某犯滥伐林木罪，判处有期徒刑九个月，宣告缓刑一年，并处罚金人民币5000元。(4)被告人胡某某犯滥伐林木罪，判处有期徒刑九个月，宣告缓刑一年，并处罚金人民币5000元。(5)被告人张某某犯非法收购滥伐的林木罪,判处有期徒刑九个月,宣告缓刑一年,并处罚金人民币5000元。

二审控审意见

一审宣判后,东台市人民检察院提出抗诉,认为:被告人滥伐自己所有的林木,违反国家保护森林法规,破坏了国家的森林资源,所滥伐的林木不再是个人合法财产,应作为违法所得,予以追缴。原审判决未依法追缴,适用法律确有错误。

江苏省盐城市中级人民法院经审理认为:首先,《刑法》第64条规定的违法所得是指行为人因实施违反刑事法律的行为,而取得的全部财物及其孳息。其重要的特征是该财物的来源必须违反刑事法律。在确定违法所得的范围时,应严格区分违法所得和合法财产的界限,注意保护不法行为人的合法财产。其次,依据《刑法》第64条规定,不得因追缴或者责令退赔违法所得而导致行为人双重受罚。对行为人尚未实施违反刑事法律行为即已依法取得的财物,不能界定为违法所得而进行追缴或者责令退赔。最后,《刑法》所规定的滥伐林木罪,与相近的盗伐林木罪中行为人非法占有国家、集体所有或者他人依法所有的林木有着明显的区别。《森林法》中对盗伐林木案件规定了没收盗伐的林木或者变卖所得,而没有作出没收滥伐林木或者变卖所得的规定。综上所述,滥伐林木罪中的林木,不是行为人实施违反刑事法律行为而取得的财物,不能界定为违法所得。抗诉机关的抗诉理由,缺少法律依据,不予支持。原审判决认定事实和适用法律正确,程序合法,应予以维持。

二审裁判结果

盐城市中级人民法院依法作出裁定,驳回抗诉,维持原判。

案例评述

违法所得的认定是刑事司法领域的一个重要问题。如何界定违法所得,在不同的罪名中违法所得的界定是否不同,这些都是刑事案件办理过程的重中之重,关系到行为人的定罪量刑结果。当前,刑事司法领域越发重视被告人的合法权利保护问题，因此，在刑事案件办理过程中，既要秉持“不让任何人从犯罪中受益”的理念，又要避免侵犯被告人的合法权益。本案主要争议焦点有两个：首先，滥伐林木罪的林木，这一犯罪对象是否应认定为违法所得？其次，滥伐林木罪和盗伐林木罪中的违法所得有何区别？对此，二审的检察机关与法院形成了不同意见。

一、盗伐林木罪和滥伐林木罪的区别

《刑法》第 345 条分别规定了盗伐林木罪、滥伐林木罪和非法收购、运输盗伐、滥伐的林木罪三罪，对盗伐林木罪的规定具体为：“盗伐森林或者其他林木，数量较大的，处三年以下有期徒刑、拘役或者管制，并处或者单处罚金；数量巨大的，处三年以上七年以下有期徒刑，并处罚金；数量特别巨大的，处七年以上有期徒刑，并处罚金。”对滥伐林木罪的规定具体为：“违反森林法的规定，滥伐森林或者其他林木，数量较大的，处三年以下有期徒刑、拘役或者管制，并处或者单处罚金；数量巨大的，处三年以上七年以下有期徒刑，并处罚金。”

其中，只要是违反森林法规滥伐林木或者其他林木的，构成滥伐林木罪，但如果在此之上还侵犯了他人对合法财产所有权的，则构成盗伐林木罪，故二罪从刑法所保护的法益来看有所不同。滥伐林木罪所侵犯的法益是森林资源，而盗伐林木罪所侵犯的法益除了国家森林资源外，还包括有他人、集体或者国家对林木的所有权。由此可见，盗伐林木罪是滥伐林木罪的一种特殊形式，是一种法条竞合的关系。除此之外，盗伐林木罪还有两个特别要素：一是特别的主观要素，即非法占有目的；二是特别的客观要素，即行为人擅自采伐的是他人所有或者他人承包经营的林木。① 此外，二罪在法定刑上也存在一定的区别，对于盗伐林木罪而言，额外规定了“数量特别巨大”的情形，可以判处七年以上有期徒刑，但对于滥伐林木而言，最高法定刑是有期徒刑七年以下。这种差异也是由二罪的法益有所不同所致。

《最高人民法院关于审理破坏森林资源刑事案件具体应用法律若干问题的

---

① 参见张明楷：《盗伐、滥伐林木罪的重要问题》，载《上海政法学院学报》（法治论丛）2021 年第 5 期。

解释》(以下简称《审理森林案件解释》)第3条明确规定:"以非法占有为目的,具有下列情形之一,数量较大的,依照刑法第三百四十五条第一款的规定,以盗伐林木罪定罪处罚:(一)擅自砍伐国家、集体、他人所有或者他人承包经营管理的森林或者其他林木的;(二)擅自砍伐本单位或者本人承包经营管理的森林或者其他林木的;(三)在林木采伐许可证规定的地点以外采伐国家、集体、他人所有或者他人承包经营管理的森林或者其他林木的。"

可见,对于盗伐林木罪,在客观上,行为对象为他人所拥有的他人林木,在主观上要求行为人具有非法占有目的。

《审理森林案件解释》第5条同样对滥伐林木罪有所规定:"违反森林法的规定,具有下列情形之一,数量较大的,依照刑法第三百四十五条第二款的规定,以滥伐林木罪定罪处罚:(一)未经林业行政主管部门及法律规定的其他主管部门批准并核发林木采伐许可证,或者虽持有林木采伐许可证,但违反林木采伐许可证规定的时间、数量、树种或者方式,任意采伐本单位所有或者本人所有的森林或者其他林木的;(二)超过林木采伐许可证规定的数量采伐他人所有的森林或者其他林木的。林木权属争议一方在林木权属确权之前,擅自砍伐森林或者其他林木,数量较大的,以滥伐林木罪论处。"

由此可见,若是所有权还尚存争议,擅自砍伐的,同样不构成盗伐林木罪,只以滥伐林木罪论处。

二、滥伐林木罪中的违法所得究竟该如何界定

首先可以确定的是,不论是滥伐林木罪还是盗伐林木罪,两者皆为违反《森林法》规定的犯罪。《森林法实施条例》第38条、第39条对于盗伐林木罪和滥伐林木罪的行政责任的规定有所不同,对盗伐林木罪明确规定:"伐森林或者其他林木,以立木材积计算不足0.5立方米或者幼树不足20株的,由县级以上人民政府林业主管部门责令补种盗伐株数10倍的树木,没收盗伐的林木或者变卖所得,并处盗伐林木价值3倍至5倍的罚款。盗伐森林或者其他林木,以立木材积计算0.5立方米以上或者幼树20株以上的,由县级以上人民政府林业主管部门责令补种盗伐株数10倍的树木,没收盗伐的林木或者变卖所得,并处盗伐林木价值5倍至10倍的罚款。"

但对于滥伐林木罪,《森林法实施条例》第 39 条规定:“滥伐森林或者其他林木,以立木材积计算不足 2 立方米或者幼树不足 50 株的,由县级以上人民政府林业主管部门责令补种滥伐株数 5 倍的树木,并处滥伐林木价值 2 倍至 3 倍的罚款。滥伐森林或者其他林木,以立木材积计算 2 立方米以上或者幼树 50 株以上的,由县级以上人民政府林业主管部门责令补种滥伐株数 5 倍的树木,并处滥伐林木价值 3 倍至 5 倍的罚款。”

由此可见,根据《森林法》,对于盗伐的树木,除了需要赔偿损失和补种树木外,还要承担没收或变卖树木所得的责任并受到罚款处罚。而对于滥伐的树木,只需要承担补种和罚款的责任,没有没收或变卖的规定。虽然行政责任和刑事责任的认定不尽相同,但是对于违法所得的界定是有参考价值的。因此,根据《森林法》的规定,滥伐的树木不能被视为违法所得。

最后,根据《刑法》第 64 条规定,“犯罪分子违法所得的一切财物,应当予以追缴或者责令退赔”。追缴和责令退赔为对犯罪分子违法所得处置的程序性强制措施,不是刑罚方法,不具有刑事惩罚性。如果对滥伐林木罪的林木进行追缴或责令退赔,则侵犯了林木所有人的合法权益。同时,也让追缴和责令退赔成为一种刑罚手段,明显不符合程序性措施的特征。[①] 总体而言,在违法采伐行为未导致林木所有权变更的前提下,不能认定滥伐的林木系行为人因违法行为所获取的收益,不具备认定刑法中违法所得的条件。

---

① 参见寇建东:《滥伐林木罪中的林木未必是违法所得》,载《人民司法(案例)》2018 年第 20 期。

滥伐林木罪中的鉴定问题*

——以张某某、王某某滥伐林木再审案为例

基本案情

2002年3月12日，被告人王某某承包凤阳县大银山林场位于老虎洞林区的开荒地栽种杨树。2014年2月17日，王某某取得该片杨树的林权证。2014年5月10日王某某申请采伐（间伐），同年5月30日，凤阳县林业局向王某某核发了林木采伐许可证，采伐类型为抚育采伐，采伐方式为疏伐，采伐蓄积为96.7立方米，采伐强度为20%，采伐期限为2014年5月30日至2014年7月30日。

后王某某将该片杨树卖给被告人张某某砍伐，告知张某某采伐证规定的采伐方式是间伐，采伐强度为20%，并要求砍二棵树留一棵，张某某不同意，要求隔一行砍一行，王某某表示同意。2014年7月10日开始，张某某组织工人伐树，在伐树过程中严重超强度采伐，部分杨树被成片砍伐，王某某明知这一情况却未加制止，张某某将伐木截段出售。2014年11月，张某某在征得王某某同意后又砍伐部分杨树。

经滁州市沙河集林业总场林业勘察设计队鉴定，凤阳县大银山林场老虎洞林区杨树被实际间伐868株，立木蓄积164.698立方米。

一审庭审实录

一审公诉机关认为：张某某组织工人伐树并将伐木截段出售，但在伐树过程中严重超强度采伐，王某某明知这一情况却未加制止，并在间伐证已过期无效的

---

* 北京盈科（上海）律师事务所龚梦婕律师。

情况下,王某某仍同意张某某砍伐部分杨树。经鉴定,凤阳县大银山林场老虎洞林区杨树被实际间伐 868 株,立木蓄积 164.698 立方米,实际超出采伐证规定的采伐蓄积为 67.998 立方米。案发后,被告人张某某主动投案。被告人张某某、王某某的行为均已触犯《刑法》第 25 条、第 345 条第 2 款之规定,应以滥伐林木罪追究其刑事责任。

一审辩护意见:被告人王某某对起诉书指控的事实和罪名无异议,愿意接受处罚。

辩护人对起诉书指控的事实和罪名均有异议,辩称被告人的采伐行为在许可范围内,采伐的棵数没有达到许可的标准,没有超过采伐强度,被告人不构成犯罪。

一审法院认为:被告人张某某、王某某违反林木采伐许可证规定的采伐方式、数量、期限采伐林木,实际采伐 164.698 立方米,超出采伐许可证规定的采伐蓄积 67.998 立方米,数额巨大,其行为均已构成滥伐林木罪。公诉机关指控的事实和罪名成立,法院予以确认。对被告人王某某辩护人关于被告人王某某不构成犯罪的意见不予采纳。案发后被告人张某某主动投案,如实供述犯罪事实,系自首,依法可从轻处罚。被告人王某某归案后,能如实供述犯罪事实,依法可从轻处罚。被告人张某某、王某某是共同故意犯罪,被告人王某某在共同犯罪中作用相对较小,对两被告人应根据其犯罪情节、地位、作用予以处罚。鉴于被告人张某某具有自首情节,被告人王某某归案后能如实供述其罪行,具有悔罪表现,故予以从轻处罚并适用缓刑。

一审裁判结果

1. 被告人张某某犯滥伐林木罪,判处有期徒刑三年,宣告缓刑三年,并处罚金人民币 35,000 元;

2. 被告人王某某犯滥伐林木罪,判处有期徒刑三年,宣告缓刑三年,并处罚金人民币 35,000 元。

再审庭审实录

再审被告人意见:原审判决依据的沙河集林业总场林业勘察设计队出具的

鉴定意见(凤阳县大银山林场老虎洞杨树被实际间伐868株,立木蓄积164.698立方米),被人为篡改造假。事实上间伐的杨树868株,木材蓄积90.091立方米,而凤阳县林业局核发的林木采伐(间伐)许可证规定采伐蓄积为96.7立方米,并没有达到滥伐林木罪的立案标准。没有超过规定的采伐强度,故不构成滥伐林木罪。

原公诉机关在再审中认为:因证据发生变化,决定对王某某、张某某撤回起诉。

再审法院认为:原判依据沙河集林业总场林业勘察设计队鉴定意见,认定原审被告人张某某、王某某违反林木采伐许可证规定的采伐方式、数量、期限采伐林木,实际采伐164.698立方米,超出了采伐许可证规定的采伐蓄积67.998立方米,数额巨大,均已构成滥伐林木罪。经再审查明,沙河集林业总场林业勘察设计队出具情况说明书面材料,证明该鉴定意见采用的调查方法不正确,将伐根直径32cm的单株立木蓄积计算错误,立木蓄积多计算了74.607立方米。因此该鉴定意见不能作为定案依据。

滁州市森林公安局于2016年8月29日向法院提交了国家林业局森林公安司法鉴定中心森公司鉴(植物)字〔2016〕148号物证鉴定书(鉴定时间2016年7月21日)。经查,该鉴定书并非在本案的侦查、起诉或审判的法定程序中作出,原审被告人王某某亦不予认可。故,对于该物证鉴定书,法院不予采信。

2017年3月1日,安徽省滁州市森林公安局聘请管店林业总场林业勘察设计队对本案中被砍伐的树种、株数、采伐方式、采伐强度、是否超强度采伐及超强度采伐的立木蓄积等进行鉴定,鉴定人祝某、孙某出庭作证,证明鉴定中所抽取的已砍伐样地是在现在的现场抽取的,不是选取的案发当时的样地,而滁州市森林公安局的现场勘验笔录,只证明在现场从南到北按照顺序逐一检尺遗留在现场的杨树伐根,认定伐根数为868株以及每株伐根直径,没有现场被砍伐后的详细的现场图,2014年案发至今现场有改变的因素不能排除。因此,该鉴定方法缺乏客观性、科学性,不能作为本案的定案依据。

再审裁判结果

(1)撤销本院(2015)凤刑初字第00239号刑事判决;(2)原审被告人张某某无罪;(3)原审被告人王某某无罪。

案例评述

本案是滥伐林木罪中有关鉴定意见重要性的典型案例。一审法院依据安徽滁州某林业总场林业勘察设计队鉴定意见，认定原审被告人张某某、王某某违反林木采伐许可证规定的采伐数量和方式，实际间伐 868 株，立木蓄积 164.698 立方米，超过许可证规定的伐立木蓄积 67.998 立方米，数额巨大，构成滥伐林木罪，后被告人不服一审判决上诉后被二审法院裁定驳回重审。再审中，上诉人及其辩护人指出鉴定意见采用的调查方法不正确，鉴定中所抽取的已砍样本并非案发当时的样本，没有现场被砍伐后的现场图佐证，该鉴定方法缺乏客观性、科学性，故鉴定意见不能作为定案依据，后再审法院依法认定张某某、王某某不构成滥伐林木罪。

《最高人民法院关于审理破坏森林资源刑事案件具体应用法律若干问题的解释》第 6 条规定：滥伐林木“数量较大”，以 10 立方米至 20 立方米或者幼树 500 株至 1000 株为起点；滥伐林木“数量巨大”，以 50 立方米至 100 立方米或者幼树 2500 株至 5000 株为起点。

根据规定，滥伐林木的数量是滥伐林木罪的构成要件和入罪条件，精准确定砍伐数量成为判断该罪是否成立的关键性问题，而相关鉴定意见亦成为定案的核心证据。因此，围绕鉴定意见“三性”展开讨论，可以为滥伐林木罪辩护提供重要切入点和突破口，一旦发现鉴定意见存在瑕疵，则可申请排除这一核心证据，从而对定罪量刑产生决定性影响。

滥伐林木物证鉴定是一项高度专业化的工作，需要对砍伐林地的范围、树木种属、立木蓄积和幼株数目等进行准确测量和计算。在司法实践中，如果要对鉴定意见进行审查，可从以下五个方面着手：首先，从鉴定资质上，根据《司法鉴定人登记管理办法》，鉴定人应当取得《司法鉴定人执业证》，并按照登记的司法鉴定执业类别从事相关业务。超出登记的执业类别从事司法鉴定业务，或者执业证过期的，将被认定为不具备法定资质。其次，从林地测绘上，准确测量砍伐林地的范围和面积是计算立木蓄积量的基础。再次，从林木种属和材积计算上，确定林木种属需要进行样品采集，现场有被伐林木的可以作为样品，没有的则需要从相似的林分样地上采集样品。复次，枯木、死木应从中扣除，因为它们不具备生态价值。除此之外，鉴定人还应进行现场测量，并详细取证，记录在案；以及从文书格式上，鉴定文书的名称、记载事项、盖章以及鉴定档案情况等都应符合《司法部关于印发司法鉴定文书格式的通知》和《公安机关鉴定规则》相关规定要求。最后，从庭审程序上，根据《刑事诉讼法》规定，鉴定人应当出庭作证。如果经人民法院通知，鉴定人拒不出庭，则其鉴定意见不得作为定案的根据。

鉴定意见作为该类罪名的核心证据，也是最常见的证据，需要我们每一个人在办理类似案件时予以重视。由于鉴定机构和鉴定意见的专业性，许多办案人员会对鉴定报告的内容存在惯性信任，故，千万不能忽视对鉴定意见的审查，依旧要从证据的“三性”出发，审慎判断其是否能成为定案依据。

刑事审判中的恢复性司法理念*

——王某祥盗伐、滥伐林木案**

基本案情

被告人王某祥于2007年至2009年,以修房屋和牛栏为名,先后三次在安化县龙塘乡“界木土”山中砍伐林木,其中中横路以上属于安化县龙塘乡昆阳和平林场所有,中横路以下至下横路为昆阳和平林场与王某祥争议地。经安化县林业局龙塘乡林业站技术人员鉴定:被告人王某祥在“界木土”山中共计砍伐杉木173株,立木材积为65.1083立方米,木材材积为42.3204立方米,其中“中横路”以上砍伐杉木80株,立木材积为31.7608立方米,木材材积为20.6445立方米,“中横路”以下砍伐杉木93株,立木材积为33.3475立方米,木材材积为21.6759立方米。案发后,被告人王某祥家属主动向安化县龙塘乡政府退还了盗伐林木所得木材款20,000元。

2010年12月中旬,被告人王某祥为还欠款,在未办理林木采伐许可证的情况下,将其自留山“紫茶土”山中的杉木全部砍伐,经安化县林业局龙塘乡林业站技术人员鉴定:“紫茶土”山中杉木被砍伐129株,木材材积为17.7372立方米,折蓄积为27.288立方米。

综上所述,被告人王某祥盗伐安化县龙塘乡昆阳和平林场“界木土”山中杉木80株,立木材积为31.7608立方米,滥伐安化县龙塘乡“界木土”和“紫茶土”山中杉木立木材积为60.6355立方米。

---

* 北京盈科(上海)律师事务所龚梦婕律师。

** 案号:(2016)湘0923刑初280号。

控审意见

被告人王某祥以非法占有为目的，擅自砍伐安化县龙塘乡昆阳和平林场林木、数量巨大，其行为已经触犯《刑法》，构成盗伐林木罪；在林木权属存在争议的情况下，违反《森林法》的规定，未经林业主管部门批准，滥伐安化县龙塘乡“界木土”山中中横路以下争议林地林木，后又滥伐自留山“紫茶土”山中林木，数量较大，其行为已构成滥伐林木罪。

公诉机关指控被告人王某祥犯盗伐林木罪、滥伐林木罪的犯罪事实清楚，证据确实、充分，罪名成立，应当以盗伐林木罪和滥伐林木罪追究其刑事责任。被告人王某祥犯二罪，应当数罪并罚。

被告人王某祥案发后能如实供述了犯罪事实，庭审中自愿认罪，且能够积极退赃，可以从轻处罚；在审理过程中，主动与有关机关签订生态补偿协议承诺补植林木，可酌定从轻处罚。被告人王某祥的违法所得，应当予以追缴。

裁判结果

依照《刑法》第 52 条、第 67 条第 3 款、第 69 条、第 345 条第 1 款、第 2 款，《最高人民法院关于审理破坏森林资源刑事案件具体应用法律若干问题的解释》第 3 条第 1 项、第 5 条第 2 款之规定，判决如下：

被告人王某祥犯盗伐林木罪，判处有期徒刑三年，并处罚金 20,000 元；犯滥伐林木罪，判处有期徒刑二年，并处罚金 10,000 元。数罪并罚，决定执行有期徒刑三年六个月，并处罚金 30,000 元。

案例评述

随着国家对生态环境资源的日渐重视，对如何科学、绿色、高效地进行生态文明建设也成了党和国家日渐关心的重要议题。而生态修复措施是指司法机关在处理环资类犯罪过程中，运用司法职权对破坏生态环境犯罪人判处生态修复的一种辅助措施，这种辅助措施包括植造绿植（造林）、土地恢复原状（复垦）、水域放流增殖、修复生态环境等，但也不乏以支付生态修复费用等间接方式出现。近年来，此类案件存在数量大幅增加、修复措施种类繁多、方式灵活多样、刑罚轻缓化、可操作性强等特点。有观点对生态修复的性质存在争议,甚至有观点认为该措施违反了罪刑法定的基本原则,实际上,生态修复的刑法性质是一种非刑罚处理方法,在刑事判决中处于辅助地位。[①]

本案作为"恢复性司法理念"在环资犯罪中如何应用生态修复的经典案例,具有典型意义。最高人民法院、最高人民检察院在《关于检察公益诉讼案件适用法律若干问题的解释》第 20 条明确规定:"人民检察院对破坏生态环境和资源保护,食品药品安全领域侵害众多消费者合法权益,侵害英雄烈士等的姓名、肖像、名誉、荣誉等损害社会公共利益的犯罪行为提起刑事公诉时,可以向人民法院一并提起附带民事公益诉讼,由人民法院同一审判组织审理。"基于该条的规定,在环资类犯罪中,检察机关除了依法对被告人的犯罪事实进行控告,也会考虑如何依法保护和恢复被破坏了的生态环境。对于辩护人而言,为了帮助被告人获得法院的从轻判处,可以建议被告人积极主动地承担生态修复责任。

司法实践中,对于被判处支付"生态修复"的案例通常有三种类型:第一种是法院对被告人定罪量刑后,又因刑事附带民事公益诉讼的存在,判处其支付生态修复费;第二种是对被告人破坏生态环境的犯罪行为只定罪,但免于实际刑罚,直接判处生态修复;第三种是将积极修复生态的行为作为从宽处罚的情节。

《最高人民法院、最高人民检察院关于办理环境污染刑事案件适用法律若干问题的解释》第 5 条规定:"实施刑法第三百三十八条、第三百三十九条规定的行为,刚达到应当追究刑事责任的标准,但行为人及时采取措施,防止损失扩大、消除污染,全部赔偿损失,积极修复生态环境,且系初犯,确有悔罪表现的,可以认定为情节轻微,不起诉或者免予刑事处罚;确有必要判处刑罚的,应当从宽处罚。"从中可以看出,法院将被告人主动修复生态的行为作为一种从宽处罚的情节,行为人愿意主动支付"生态修复费",反映了其人身危险性小、认罪态度好,法院就应该对其酌定进行刑罚裁量上的轻缓化处理。

2016 年 9 月 14 日《四川省高级人民法院关于加强环境资源审判工作服务我省绿色发展的指导意见》第四部分"充分发挥环境资源审判职能作用"指出,将补种复绿、增殖放流等环境资源恢复行为纳入量刑情节予以考虑。我国《刑法》第 61 条"但书"也规定:"对于犯罪分子决定刑罚的时候,应当根据犯罪的事

① 参见蒋兰香:《生态修复的刑事判决样态研究》,载《政治与法律》2018 年第 5 期。

实、犯罪的性质、情节和对于社会的危害程度,依照本法的有关规定判处。”

本案中,法院在判处被告人刑罚的同时,被告人还与有关机关签订了补植复绿、修复生态的协议,该行为践行了恢复性司法理念,既有效地制裁了破坏生态环境犯罪,又充分地发挥了司法修复森林资源、保护生态环境的作用,为生态文明建设与绿色发展提供了坚实的司法保障。法院将其作为从轻量刑情节,可以说是实现了刑责相当,同时激发了被告人主动承担责任的积极性,有效地增强了环资犯罪中的生态保护实际效果。

第2章

农用地篇

准确认定非法占用农用地罪的犯罪对象及客观行为*

——北京六合成农业有限公司、胡某、马某非法占用农用地案**

基本案情

2009年，胡某与北京市昌平区某村经济合作社签订土地承包合同，并成立北京六合成农业有限公司（以下简称六合成公司），胡某担任法定代表人。后在该土地内建设温馨家园残疾人活动中心、餐厅等项目，并建设温室大棚100余个。

2010年，马某承租六合成公司院内东侧大量土地，且马某负责该公司承租土地内温室大棚项目的日常管理。

2012年以后，胡某、马某共同商议决定将部分温室大棚向个人出租，并允许租户在大棚内进行地面硬化等建设。

经查，该公司承租土地内建设的温馨家园残疾人活动中心、餐厅等项目均未取得规划、用地等行政许可。

北京市昌平区人民法院认为：胡某系被告单位直接负责的主管人员，马某系直接责任人员，均构成非法占用农用地罪。遂判决：六合成公司判处罚金人民币50万元；胡某判处有期徒刑一年六个月，并处罚金人民币10万元；马某判处有期徒刑一年，并处罚金人民币10万元。

---

* 北京盈科（上海）律师事务所徐娇娇律师。

** 案号：（2018）京0114刑初875号。

控审意见

北京市昌平区人民检察院指控，被告单位六合成公司与昌平区某村经济合作社签订346亩土地承包合同，该合同要求对被承包土地的使用不能违反土地政策，不改变土地性质，将土地用于建设现代农业园，不得转租。在取得使用权后，六合成公司在该土地内未取得规划、用地等行政许可的情况下，在性质为基本农田的土地上开展温馨家园残疾人活动中心、餐厅等非农业项目。

此外，被告人胡某、马某协商一致将部分土地转租给个人，多名证人表明马某允许承租个人对地面进行硬化处理。

六合成公司和胡某、马某的行为最终造成承租土地内违法占地共造成22.19亩耕地（其中基本农田16.51亩）的土壤工作层严重破坏，种植条件难以恢复。其中温室大棚中硬化占用9.47亩耕地（其中基本农田8.8亩）。

法院经审理后认定：

1. 昌平区某村经济合作社有关证人证言、六合成公司与前者签订的承包合同、限期拆除通知书等证据综合表明，被告单位六合成公司及两名自然人被告违反土地管理法规，非法占用耕地，对被占用的农用地实施破坏性改建，数量较大，造成原本应作为耕地使用的土地遭受大量毁坏，有悖绿色发展理念，也有违京津冀协同发展土地利用总体规划，依法构成非法占用农用地罪。

2. 结合营业执照和本案有关证人证言等证据，被告人胡某是六合成公司的法定代表人，是本案直接负责的主管人员，被告人马某是直接责任人员，二人在本案中所起到的作用较大，均构成非法占用农用地罪。

3. 被告单位及二被告人均配合拆除违法建设，采取措施恢复被占用土地，被占用土地恢复状况良好，认罪悔罪态度较好，从轻处罚。

4. 一审判决作出后，被告单位及二被告人上诉至北京市第一中级人民法院，二审法院作出维持一审判决的裁定。

案例评述

一、本案的研究意义

本案公诉人主要的控诉意见之一认为被告人虽然已经获得了农用地的实际

使用权，但在未经过行政审批的情况下，对被占用耕地进行了非农项目的建设改造，使原本土地性质为农用地的实际用途被改变，在数量较大的基础上，致使被占用农用地原有的农用条件遭到严重破坏，原有的农用地效用功能丧失，无法或者短期内难以恢复原有功能，因此以非法占用农用地罪起诉被告单位及被告人。

一审审判机关基本采纳了公诉方的指控意见，认为被告单位和二被告人在没有合法行政审批手续的情况下，违反承租合同约定，改变被占用土地用途，造成农用地大量毁坏，构成非法占用农用地罪。但同时也酌情采纳了辩护人部分意见，结合被告单位和两名被告人在案发后积极采取行动恢复土地功能的认罪悔罪表现，从轻处罚。

审判机关综合全案中公诉方提交的二被告人供述，占地造成耕地破坏的论证意见，调取的承租合同，被告单位员工、与六合成公司签订转租合同的租户所做的证人证言，被占用土地所在地村委负责人证人证言，建设温馨家园残疾人活动中心、餐厅等非农业项目规划和实施单位的证据材料等主观证据及客观证据，依法履行了促进京津冀三地绿色发展的司法职责，有利于促进京津冀区域土地利用格局的不断优化。同时又能结合本案实际情况，从被告人认罪悔罪表现及被占用土地前后性质改变、恢复状态等客观情况，既为京津冀地区绿色发展提供了高效司法服务和保障，同时又有效地维护了当事人合法权益不受侵犯。

准确认定犯罪构成的客观要件是入罪的基本前提，在判断行为人是否构成犯罪时，须先评价其客观构成要件，在客观符合的前提基础上，才能进一步评价主观要件。刑法学界普遍认同“先客观，后主观”的基本逻辑，张明楷教授主张，“认定犯罪构成要件符合性的判断应当从客观到主观，而不能从主观到客观”，“必须先讨论行为的客观不法，后考察行为人的有责性”。① 周光权教授也认为应“坚持遵循‘先客观后主观，先违法后责任’的判断程序标准”。② 即先判断行为在客观上是否符合构成要件，而后判断行为在客观上是否具有实质的违法性要素，最后判断主观上的责任要素。③

因此，笔者将从本案公诉机关指控及审判机关认定被告单位与二被告人构成犯罪的要点，结合司法实务分析本罪犯罪构成客观要件中的犯罪对象和客观

① 张明楷：《刑法学》（上），法律出版社 2016 年版，第 104 页。

② 周光权：《现代刑法的理念与方法》，载《法治研究》2020 年第 6 期。

③ 参见周光权：《刑法方法论与司法逻辑》，载《现代法学》2012 年第 5 期。

行为。

二、本罪的犯罪对象

自2001年8月《刑法修正案(二)》将非法占用耕地罪修改为非法占用农用地罪,即意味着该罪的犯罪对象从单一的耕地扩大为农用地。如何准确理解"农用地"性质,何种土地才属于"农用地",直接决定着是否构成本罪的关键因素之一。

我国国家标准《土地利用现状分类》①将土地利用现状分为12个一级分类和56个二级分类。其中,12个一级分类包括耕地、园地、林地、草地、商服用地、工矿仓储用地、住宅用地、公共管理与公共服务用地、特殊用地、交通运输用地、水域及水利设施用地及其他用地。

根据《土地管理法》第4条第3款的规定,农用地是指直接用于农业生产的土地,包括耕地、林地、草地、农田水利用地、养殖水面等。②

根据《土地分类》(国土资发〔2001〕255号)的规定,"耕地指种植农作物的土地,包括熟地、新开发复垦整理地、休闲地、轮歇地、草田轮作地;以种植农作物为主,间有零星果树、桑树或其他树木的土地;平均每年能保证收获一季已复垦滩地和海涂。耕地资源分为基本农田与非基本农田。其中,基本农田包括:(1)经国务院有关主管部门或者县级以上地方人民政府批准确定的粮、棉、油生产基地内的耕地;(2)有良好的水利与水土保持设施的耕地,正在实施改造计划以及可以改造的中、低产田;(3)蔬菜生产基地;(4)农业科研、教学实验田;(5)国务院规定应当划入基本农田保护区的其他耕地"。非基本农田指基本农田以外之耕地。

林地是指生长乔木、竹类、灌木、沿海红树林的土地、不包括居民点绿地,以及铁路、公路、河流、沟渠的护路、护岸林。

草地是指牧草地,即生长草本植物为主,用于畜牧业的土地。

---

① 国家标准《土地利用现状分类》(GB/T 21010—2017)。

② 《土地管理法》第4条规定:国家编制土地利用总体规划,规定土地用途,将土地分为农用地、建设用地和未利用地。农用地是指直接用于农业生产的土地,包括耕地、林地、草地、农田水利用地、养殖水面等。

农田水利用地是指农民、农民集体或其他农业企业等自建或联建的农田排灌沟渠及其相应附属设施用地。

养殖水面系指人工开挖或天然形成的专门用于水产养殖的坑塘水面及相应附属设施用地。

需要注意的是,在界定本罪的犯罪对象时除上述几种明确列举的农用地外,还使用了“等农用地”的兜底描述。有学者认为本罪的对象范围还应当存在一个兜底类别,即其他用于农业生产的土地,这类土地分布零散,种类繁多,难以详尽列举,因而应单独归为一类,其中包括直接用于农业生产的土地和间接用于农业生产的土地。①

而作为非法占用农用地的犯罪对象,农用地并非仅指耕地和林地两种,还应包括草地、农田水利地、养殖水面等其他用于农业生产的土地。只有被占用农用地原本属于上述几种土地性质,才符合本罪入罪基本条件。反言之,与农业生产无关的土地,本质上不属于农业用地,因此不宜纳入“农用地”的范畴,不能成为本罪的犯罪对象。

在司法实践过程中,笔者认为,司法机关要对被占用土地获准进行农业建设使用的行政审批范围,与行为人对该土地进行建设项目时,实际将该土地用于何种用途,作实际使用性质上的区分。比如,如果行为人或单位将原本属于耕地、林地性质的农用地,在实际使用时,只是将土地变更为农田水利地、养殖水面等性质的土地,是否属于对土地性质的实质变更?笔者认为应当结合个案情况,对改建后的农用地性质进行鉴定评价,毕竟就性质上而言,耕地、林地、农田水利地、养殖水面均系农业生产用途的农用地,仅因为行为人或单位未完全按照行政审批要求未对被占用土地精准建设,如被占用土地性质改建后仍属于农用地的情况,能否认定构成本罪,需要谨慎。

三、对本罪客观行为的理解与适用

《刑法》将本罪客观行为表述为,违反土地管理法规,非法占用耕地、林地等农用地,改变被占用土地用途,数量较大,造成大量耕地、林地等农用地毁坏。从

① 参见张明珠:《非法占用农用地的客观要件研究》,中国政法大学 2020 年硕士学位论文。

司法实践来看,本罪的核心争议主要集中在对其客观行为方面的理解。

首先,构成本罪的危害后果是"造成耕地、林地等农用地大量毁坏",最高人民法院对此的解释:指行为人或单位非法占用农用地后非法改变农用地用途,致使耕地、林地等农用地原有的农用条件遭到严重破坏,原有的农用地效用功能丧失,无法或者短期内难以恢复原有功能等情形。[①]

本案中,六合成公司在应当作为耕地使用的土地上进行非农业建设,而转租后更是允许租户对土地进行硬化处理,造成被占用土地的土壤工作层严重破坏,种植条件难以恢复,因而审判机关认为被告单位和被告人的行为,符合"造成耕地大量被毁坏"的严重后果的入罪条件。

其次,构成本罪的客观行为方式之一是"非法占用"。根据 2001 年 8 月 31 日全国人大常委会《关于〈中华人民共和国刑法〉第二百二十八条、第三百四十二条、第四百一十条的解释》[②],所谓"非法占用",是指违反国家《土地管理法》《森林法》《草原法》等法律以及有关行政法规中关于土地管理的规定,占用耕地、林地等农用地的行为。因此,除了法律和行政法规的规定以外,违反地方政府以及土地管理部门有关规章、制度的行为不能认定为非法占用行为。[③]

实务中比较常见的非法占用行为方式主要有以下三种:

第一种,行为人或单位未经国家土地资源管理行政机关审核、批准,而擅自占用农用地。这是一种行政违法行为,既没有获得审批,同时对被占用农用地实施了破坏行为。

第二种,此前已获得通过行政审批,但行为人未能按照审批范围、数量、性质要求,对占用农用地实施了超过审批手续的改造、改建,而这种改造、改建行为使被占用土地遭受破坏。

第三种,行为人或单位通过非法手段(如行贿、提供虚假材料、虚报用途等)获取审批手续,从而在自始违法状态下持续实施占用。需要特别注意的是,根据《最高人民法院关于审理破坏土地资源刑事案件具体应用法律若干问题的解释》第 4 条规定,国家机关工作人员徇私舞弊,违反土地管理法规,滥用职权,非

① 最高人民法院公布的指导案例:廖某良等非法占用农用地、非法转让土地使用权案(《刑事审判参考》指导案例第 445 号)。

② 2009 年 8 月 27 日全国人大常委会对此进行了修正。

③ 参见张军:《非法占用农用地罪的司法认定》,载《中国土地》2006 年第 5 期。

法批准征用、占用土地,还可能构成非法批准征用、占用土地罪定罪处罚。[①] 由此可知,有关行政许可申请人与国家机关工作人员不构成共同犯罪,而是对向犯。

第一种和第三种可以归类为没有获得合法占用手续情形,第二种是超过合法占用手续范围情形。[②]

需要注意的是,司法实务中还有两种特殊的行为方式:

第一种,"超过土地使用权的使用期限而未办理继续使用农用地手续"。笔者认为,超过土地使用权的使用期限而未办理继续使用农用地的手续,是否属于《刑法》第342条所规定非法占用农用地的行为形式,有待商榷。未办理相关的继续使用农用地手续,只是违反了相关的行政管理法律法规,超期使用能否等同于非法利用/占用,司法机关在处理这类案件时应当做好违法与犯罪的区分。违反行政管理法律法规的行为,破坏的是国家行政管理机关对土地管理秩序的时效性,如果被告人不改变土地用途,继续按原用途使用农地,未使被占用土地性质发生根本改变,不应当被认定为"改变被占用土地用途",不符合非法占用农用地罪的构成要件。

第二种,"因行政规划调整而使仍在审批时间内使用的土地性质发生改变",即行为人当下所占用的农用地因政府对区域内土地利用政策规划调整的缘故,应当退回行政机关统一再行规划审批,但行为人拒绝归还并继续按照原审批手续划定的范围和审批要求占用。

笔者认为,"非法占用"就是行为人或有关单位没有获得合法手续或者超过审批手续范围而实施的占用农用地行为。由于行政规划变更,行为人初始在使用土地时具有合法正当依据,如拒绝归还并继续按照原审批手续划定的范围和审批占用,从行政信赖利益原则的考量上,应当通过行政争议方式解决,而不应轻易入刑。

---

① 《最高人民法院关于审理破坏土地资源刑事案件具体应用法律若干问题的解释》第4条规定:"国家机关工作人员徇私舞弊,违反土地管理法规,滥用职权,非法批准征用、占用土地,具有下列情形之一的,属于非法批准征用、占用土地'情节严重',依照刑法第四百一十条的规定,以非法批准征用、占用土地罪定罪处罚:(一)非法批准征用、占用基本农田十亩以上的;(二)非法批准征用、占用基本农田以外的耕地三十亩以上的;(三)非法批准征用、占用其他土地五十亩以上的;(四)虽未达到上述数量标准,但非法批准征用、占用土地造成直接经济损失三十万元以上;造成耕地大量毁坏等恶劣情节的。"

② 参见赵国霞:《非法占用农用地罪的司法认定》,甘肃政法学院2018年硕士学位论文。

最后,构成本罪需要行为人实施了"改变被占用土地用途"的行为。"改变被占用土地用途"系指改变土地利用总体规划规定的农用地的原定用途。本案中,被告单位和二被告人在承租合同明确约定300余亩系作为建设现代农业园的情况下,没有通过合法行政审批手续,对原本应当作为耕地使用的土地实施了非农业项目改建,因而被审判机关认定为实施了"改变被占用土地用途"的行为。

司法实践中,常见的将农用地改变土地用途主要有两种情况:第一种,将农用地用途改为非农用地用途。例如,在农用地上建设房屋、建造公路、建设工厂等居住用途或经济用途。第二种,在不同类别的农用地当中转化。例如,将耕地变为林地,或者将林地变为耕地等。后一种情形属于农用地之间的用途转变,是否需要规定刑事责任予以规范,值得进一步研究。

需要注意的是,对于"非法占用农用地"和"改变被占用土地用途"的逻辑关系,法律工作者如何理解影响到本罪构罪基本条件的判断。两个具体行为必须同时存在还是仅存在一种即可构成本罪?理论上尚存争议。

司法实践中,可以被占用地通过行政审批时的土地性质为依据,以案发时土地的实际情况为参考,综合认定行为人所实施改变/改建行为的社会危害性。除了从客观层面准确认定行为对土地资源破坏情况的社会危害性外,这对于认定占地/改建行为人的主观犯意具有重要的参考意义。在以案发时土地的实际情况为主要依据,达到本罪的定罪标准之后,审判机关还应结合被占用土地权属证明、国家土地利用现状分类标准、司法鉴定机构出具的被占用土地司法鉴定意见等因素,对行为的社会危害性进行综合考虑,在量刑时精准对待。

生态修复与罚金刑在农用地犯罪中的适用*

——福州市源顺石材有限公司、黄某游非法占用农用地案**

基本案情

2012～2013年、2017年4～5月，福州市源顺石材有限公司（以下简称福州源顺），在未经林业主管部门审批的情况下在鸿尾乡大模村“际岭”山场占用林地，用于采矿、石料加工区等使用。根据闽侯县自然资源和规划局认定重叠面积85.77亩中，耕地22.21亩、有林地56.99亩、未利用地6.57亩。2018年7月，福州源顺聘请专家对矿区及周边生态环境恢复治理编制了矿山生态环境恢复治理方案，并依方案开展相应生态修复工作。2018年8月24日，黄某游主动到闽侯县公安局竹岐森林派出所投案。2019年4月9日，福州源顺承诺向南屿镇政府缴交生态修复款623,295元。

案件审理期间，黄某游承诺在闽江湿地公园闽江水资源生态保护司法示范点进行异地公益修复，与专业园林公司签订合同，种植指定樱花树150棵，承诺管护1年，确保成活。闽侯县鸿尾乡大模村民委员会及鸿尾农场出具谅解书，表示被告单位福州源顺、黄某游积极进行生态修复，请求司法机关对被告单位福州源顺、黄某游从轻减轻或免予刑事处罚。

最终法院判处福州源顺罚金40万元，黄某游有期徒刑二年九个月，缓刑四年，并处罚金20万元。

---

* 北京盈科（上海）律师事务所徐娇娇律师。

** 案号：（2019）闽0121刑初219号。

控审意见

一、控方意见

1. 控方提供证据证明:2012 ~ 2013 年、2017 年 4 ~ 5 月,福州源顺在未经林业主管部门审批的情况下擅自在鸿尾乡大模村“际岭”山场占用林地 145. 08 亩,用于超范围采矿、石料加工区等使用。

根据闽侯县自然资源和规划局认定,被占用林地与福州市鸿尾农场土地证重叠面积为 85. 77 亩,其中包括耕地 22. 21 亩、有林地 56. 99 亩、未利用地 6. 57 亩。

2. 黄某游系福州源顺法定代表人,对福州源顺的不法行为负有直接责任。

鉴于此,福建省闽侯县人民检察院认为福州源顺与黄某游未经许可,非法占用耕地、林地,均应以非法占用农用地罪追究其刑事责任。

二、审方意见

1. 福州源顺违反国家林业管理法规,未经审批占用农用地 138. 51 亩,其行为已构成非法占用农用地罪。黄某游作为该单位的法定代表人和主要负责人,对被告单位的犯罪行为负有直接责任,依法应以非法占用农用地罪追究其刑事责任,认定公诉机关指控罪名成立,适用法律准确。

2. 福州源顺的法定代表人及实际经营人黄某游主动投案并如实供述了自己的罪行,因此认定被告单位福州源顺、黄某游均系自首,均可依法从轻或减轻处罚。

3. 黄某游积极进行生态修复,与专业园林公司签订合同,在司法示范点进行异地生态修复,种植指定特色苗木 150 棵,承诺管护 1 年,可酌情予以从轻处罚。

4. 不认可所占用农用地并未被水泥等物完全固化,恢复植被比较容易,未造成严重后果的辩护意见与审理查明的辩护意见。

5. 审前社会调查评估认为被告人对所居住社区有一定的影响和社会危害性,但同时综合本案被告单位福州源顺、黄某游积极开展相应生态修复,具有自首情节,认罪认罚,有悔罪表现,主动预交罚金,并取得了相关被害单位的谅解,因此同意对黄某游适用缓刑。

综合上述意见可知，审判机关在采纳对被告单位及被告人有罪的指控意见同时，又结合行为人认罪悔罪态度、采取积极生态修复措施、被害单位刑事谅解书的具体情况，酌情从轻、减轻判处自由刑，在公诉机关未建议适用缓刑的情况下，在判决中主动适用缓刑、限制自由刑、同时判处罚金刑。

案例评述

本案审判机关在审理中，注重惩治行为人过错行为和生态环境治理修复的综合考虑，在定罪量刑时，将被告人积极开展生态环境修复纳入量刑情节，在判处被告人自由刑、罚金刑，对被告单位判处罚金刑，有效惩治违法犯罪行为给土地资源破坏行为之外，又结合行为人主动积极开展生态修复的实际情况，融合了生态环境案件司法的警示教育、环境治理和法治宣传等诸多功能，使案件取得了良好的法律威慑效果和社会调节效果。笔者注意到，在农用地资源犯罪的司法实践中，判令被告人或单位采取生态修复措施案件数量大幅增加，并且在裁判文书中，呈现出修复措施种类多、刑罚轻缓化的特征。此外，司法机关在惩治此类破坏环境资源的司法实务中，适度使用罚金刑也起到一定效果。

（一）农用地犯罪刑事判决中的生态修复

1. 环境资源刑事犯罪案件中的生态修复概念及作用

生态修复是生态学上的概念，是指“在人为的干预下，利用生态系统的自组织和自调节能力来恢复、重建或改建受损生态系统，目的是恢复生态系统的服务功能”。① 而我国《刑法》中，目前尚未将生态修复划定为刑事处罚的方法，根据《刑法》第 37 条②规定，非刑罚处罚措施包括训诫、具结悔过、赔礼道歉、赔偿损失、行政处罚或行政处分。在该条穷尽式列举下，非刑罚处罚措施不可能包括修复生态环境。因此生态修复不是刑罚方法，仅能作为一种司法实务中的辅助性刑罚措施在具体案件中适用。

生态修复并非司法机关专为自然资源环境犯罪创设的特别刑罚措施，而是

① 盛连喜主编：《环境生态学导论》，高等教育出版社 2009 年版，第 315 页。

② 《刑法》（2020 年修正）第 37 条规定，【非刑罚性处置措施】对于犯罪情节轻微不需要判处刑罚的，可以免予刑事处罚，但是可以根据案件的不同情况，予以训诫或者责令具结悔过、赔礼道歉、赔偿损失，或者由主管部门予以行政处罚或者行政处分。

在国家指导和我国自然资源环境保护法律法规逐渐完善的过程中，探索出的一条新路径。刑事司法实践中所指的生态修复，系指司法审判机关通过刑事判决或裁定强制违法行为人采取行动，通过人为干预的方式使被破坏的自然资源恢复生态功能目的的弥补性举措。

2013年党的十八届三中全会明确指出要“完善环境治理和生态修复制度，建立陆海统筹的生态系统保护修复区域联动机制”。此后，国家陆续出台一系列政策文件，其中多次提及或论述生态修复的重要作用和意义，并制定了较为完善的实施指导意见。①

根据《土壤污染防治法》第45条规定：土壤污染责任人负有实施土壤污染风险管控和修复的义务……国家鼓励和支持有关当事人自愿实施土壤污染风险管控和修复。

第46条规定：因实施或者组织实施土壤污染状况调查和土壤污染风险评估、风险管控、修复、风险管控效果评估、修复效果评估、后期管理等活动所支出的费用，由土壤污染责任人承担。

以上法条说明刑事案件中的被告人或单位可以通过对被破坏的生态环境进行生态修复治理，以达到补偿因自己的行为给自然环境资源带来的损害后果、挽回损失目的的实现。

最高人民检察院在2018年向全国人大所作工作报告中提出要“突出惩治破坏生态环境，推动环境治理、生态修复”，最高人民法院在2018年向全国人大所作工作报告中提出要“完善环境资源审判机制，促进绿色发展”。

近年来，我国审判机关在审判实务中积极开展恢复性司法活动，从生态资源可持续性发展为目的，积极探索新路径，尝试新方法，有效维护了公众的生态利益和环境权益。环境刑事司法作为保障生态文明建设最具强制力的手段，在制裁破坏生态环境犯罪、保护生态环境权益方面发挥了极为重要的作用，生态修复是目前恢复性刑事司法最为有效的手段。

---

① 《中共中央、国务院关于加快推进生态文明建设的意见》(2015年4月25日)；《中共中央、国务院关于印发〈生态文明体制改革总体方案〉的通知》(2015年9月21日)；《国务院关于印发〈水污染防治行动计划〉的通知》(国发〔2015〕17号)(2015年4月2日)；《国务院关于印发〈土壤污染防治行动计划〉的通知》(国发〔2016〕31号)(2016年5月28日)；《国务院办公厅关于印发〈湿地保护修复制度方案〉的通知》(国办发〔2016〕89号)(2016年11月30日)；《住房和城乡建设部关于加强生态修复城市修补工作的指导意见》(建规〔2017〕59号)(2017年3月6日)。

2. 通过司法手段促进环境修复和污染治理才是自然环境资源审判的终极目标

刑罚的功能是预防犯罪和修复被犯罪行为破坏了的法益,惩治环境资源犯罪并不是最终目的,通过司法手段促进环境修复和污染治理才是环境资源审判的终极目标。

鉴于环境资源犯罪的自身特性,审判机关在应对该类案件的审理中,不能像传统犯罪一样定罪量刑、单纯追究刑事责任后了事,而应当根据恢复性司法理念的要求,除了判决被告人或被告单位依法承担刑事责任之外,让涉嫌破坏生态环境的当人和单位对受损的生态环境进行修复,在确保恢复被破坏了的环境法益的情况下,使刑罚的目的得到有效实现。对在环境资源犯罪中的被告人判令进行生态修复,或在量刑时将行为人积极实施生态修复的行为作为从宽处罚的依据,行为人积极修复生态环境体现了其人身危险性的减弱,人身危险性弱则再犯罪的可能性低,这与缓刑和社区矫正适用条件中“没有再犯罪的危险”相契合,能够有效实现刑法的谦抑性,有助于达成良好的司法效果、社会效果和经济效果相统一。

《最高人民检察院关于办理环境污染刑事案件适用法律若干问题的解释》(法释〔2016〕29 号)第 5 条针对环境污染犯罪明确规定:“实施刑法第三百三十八条、第三百三十九条规定的行为,刚达到应当追究刑事责任的标准,但行为人及时采取措施,防止损失扩大、消除污染,全部赔偿损失,积极修复生态环境,且系初犯,确有悔罪表现的,可以认定为情节轻微,不起诉或者免予刑事处罚;确有必要判处刑罚的,应当从宽处罚。”

生态修复刑事判决主要有三种情况:一是在对破坏生态环境的犯罪行为定罪量刑后判处生态修复;二是对破坏生态环境的犯罪行为只定罪但免刑,然后直接判处生态修复;三是将积极修复生态的行为作为从宽处罚的情节。实践中将被告人主动修复生态的行为作为从宽处罚的情节非常普遍。[①]

我国司法机关在促进修复生态、追偿生态修复费等间接修复生态方面取得了很大的成绩。根据最高人民检察院检察长曹建明在全国人大会议上所作的工作报告,我国检察机关 2017 年“办理生态环境领域公益诉讼 1. 3 万件,督促

① 参见蒋兰香:《生态修复的刑事判决样态研究》,载《政治与法律》2018 年第 5 期。

5972 家企业整改，督促恢复被污染、破坏的耕地、林地、湿地、草原总面积 14.3 万公顷，索赔治理环境、修复生态等费用 4.7 亿元”。① 经笔者在“荷兰威科”案例库以刑事案件、非法占用农用地、生态修复为关键词检索，近年来各级法院在判决中适用生态修复的裁判文书，从 2018 年开始增长，仅该年一年判令被告人或单位进行生态修复的案件量是 2001 年至 2017 年的 2 倍之多，2019 年更是达到了 204 件的最高值（见图 1）。以上数据综合表明，我国在探索实现生态环境领域采用生态修复方式弥补现有刑法措施不足方面，取得了较为显著的成效。

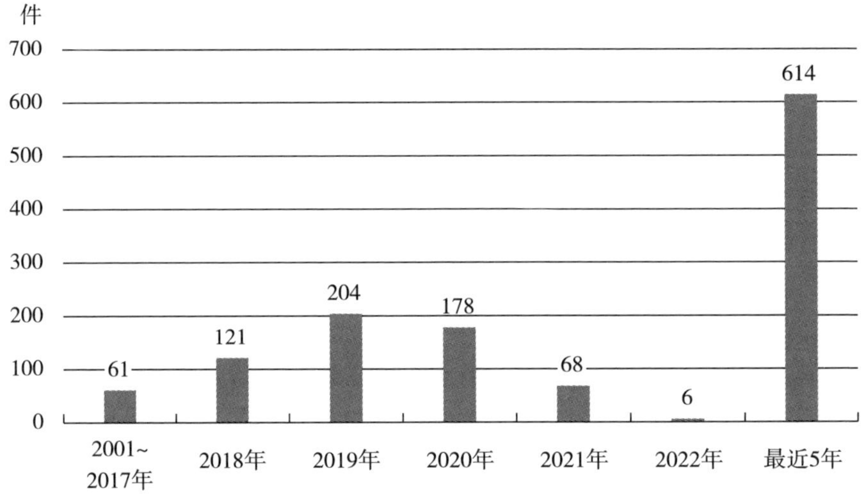

图 1　各级法院近年判决中适用生态修复的案件数量

注：图源自“荷兰威科”。

审判机关在司法实务中越发注重惩治和预防相结合，全面贯彻宽严相济的刑事政策，在对行为人定罪量刑时既考虑行为的社会危害性和国家法律的权威性，也考虑行为人和嫌疑单位实施了哪些行为，使得被损害的生态环境达到了何种恢复程度、采取哪种具体生态修复措施更为适宜、生态修复措施实施可能性等因素进行综合判断，从而对行为人的违法行为精准量刑。

（二）环境资源案件审判中准确适用罚金刑，可使司法和经济效益达到平衡

罚金刑属于财产刑的一种，其刑法威慑功能主要针对的是贪利性经济犯罪，

① 参见《曹建明：4 年共办理生态环境领域公益诉讼 1.3 万件——人民政协网》，载 http://www.rmzxb.com.cn/c/2018-03-09/1986994.shtml，2022 年 5 月 22 日访问。

防止被告人在刑罚结束后基于经济利益的驱动再次实施贪财图利的犯罪行为。非法占用农用地罪(或者此类农用地资源犯罪)的罚金刑裁量,在总体上也符合这一制度设计的原意。《最高人民法院关于适用财产刑若干问题的规定》也明确了罚金裁量的几个因素:根据犯罪情节,如违法所得数额、造成损失的大小等,并综合考虑犯罪分子缴纳罚金的能力,依法判处罚金。因此在司法实务中,大量的案件在罚金刑的科处上实际把毁坏农用地,造成农用地功能性损失带来的生态修复费用大小作为一个重要的考量因素。

我国实行的宽严相济基本刑事政策,罚金刑的大量适用从立法层面上体现了宽严相济刑事司法政策的理念,审判机关通过罚金的幅度来调节刑罚的轻重。

我国罚金制度主要有以下三种:倍比罚金制、限额罚金制和无限额罚金制。三种罚金刑适用需根据具体案件情况调整,有些犯罪行为因为能够计算出犯罪数额,以犯罪数额为基准,适用倍比罚金和限额罚金符合罪刑相适应的原则。[①]但是很多犯罪所造成的损失并没有合适的标准来进行衡量,或者是无法计算出准确的数额,这时由法官行使自由裁量权,按照犯罪的实际情况来确定罚金的数额,能够更加灵活地适用罚金刑,这不仅有助于保持法律的稳定性,也能够实现个案平衡。

《刑法修正案(九)》的修改扩大了罚金刑在刑法中的适用范围,同时也扩大了无限额罚金的适用。非法占用农用地罪适用无限额罚金制,由法官根据犯罪情节以及行为人缴纳能力,以最低起步 100 元为限,对行为人判处罚金。由于无限额罚金制没有设定最高限额,法官裁量范围较大,因此罚金的数额高低不同,个案差异明显。

因此,在初步根据犯罪情节确定罚金标准后,结合行为人的财产状况,在其经济能力的承受范围内提高或减少罚金,既可以保证行为人有能力缴纳罚金,也可以加强行为人对罚金刑带来不利影响的重视。

目前的司法实践(包括本案中)行为人以缴纳保证金,并保证在一定期限内恢复植被,被判处了缓刑。面对可能的牢狱之灾,行为人很大程度上愿意以保证金的方式换取自由,相比剥夺行为人自由,以缓刑的机会让他们将涉案地块恢复

---

① 参见岳荣、李媛辉:《从非法占用农用地罪看罚金刑的适用——以 2019 年内蒙古非法占用林地案件为例》,载《北京林业大学学报》(社会科学版)2021 年第 1 期。

生产条件,既能使效益最大化,也更符合经济学原理。

需要注意的是,即使面对罚金刑,审判机关也要区分行为人犯罪情节轻重,予以适度量刑。审判机关量刑时要充分考虑各种法定和酌定量刑情节,根据案件的全部犯罪事实以及量刑情节的不同情形,依法确定量刑情节的适用及其调节比例。[①] 面对犯罪情节严重的行为人时,通过限制一定限度内的自由,同时赋予罚金刑,在彰显刑罚威慑力的同时又能够达到遏制犯罪的目的。面对情节较轻微的行为人时,可以结合使用辅助性措施(如适用缓刑)和剥夺财富,既达到惩戒犯罪的目的,也节约了司法资源。对环境资源犯罪情节较轻的案件,以其自愿对被损害的生态环境资源为适用缓刑条件,能够减轻大量适用缓刑造成的刑罚威慑力不足的隐患。

环境犯罪与其他犯罪不同点在于环境是一个循环系统,因此,不论是就深度还是就广度而言,具有广泛性特征。同时,环境犯罪具有隐蔽性和潜伏性,若不及时修复,则会产生系统性风险。在环境犯罪刑罚领域,采用较为严苛的刑罚固然能达到惩罚犯罪之目的,但不利于生态环境的恢复。人民法院在环境资源犯罪中采取生态修复、罚金刑的刑事判决,基本贯彻落实了恢复性司法理念,恢复了被犯罪行为破坏了的环境刑法生态法益。与此同时,减少或审慎对待自由刑适用,可以及时敦促生态环境违法行为重新回归社会,实现了刑法惩罚与教育相结合的目的,对于保障生态文明建设和绿色发展具有开拓创新性价值。[②]

---

① 《最高人民法院关于实施修订后的〈关于常见犯罪的量刑指导意见〉的通知》。

② 参见蒋兰香:《生态修复的刑事判决样态研究》,载《政治与法律》2018 年第 5 期。

单位实际控制人认定以及司法鉴定意见在精准量刑中的运用*

——刘某非法占用农用地案**

基本案情

2016 年 3 月，刘某与北京春杰种植专业合作社（以下简称合作社）的法定代表人池某商定，受让合作社位于延庆区延庆镇广积屯村东北蔬菜大棚 377 亩集体土地使用权。同年 4 月 15 日，刘某让其司机刘某岐与池某签订转让意向书，约定将合作社土地使用权及地上物转让给刘某岐。后将合作社的法定代表人变更为刘某岐。其间，刘某以合作社的名义组织人员对蔬菜大棚园区进行非农建设改造，并将园区命名为“紫薇庄园”。截至 2016 年 9 月 28 日，先后在园区内建设鱼池、假山、暖房、规划外道路等设施，将原有蔬菜大棚改建成“大棚房”对外出租，获取非法利益。经鉴定，该项目占用耕地 19,164.79 平方米（合 28.75 亩），其中占用基本农田 15,228.69 平方米（合 22.84 亩），造成耕地的种植条件破坏，难以恢复。2016 年 9 月 28 日后，在园区内又新建两条道路，经测量，这两条道路非法占用基本农田 2053.83 平方米（合 3.08 亩），占用林业用地 24.34 平方米。

北京市延庆区人民检察院以刘某犯非法占用农用地罪向北京市延庆区人民法院提起公诉。北京市延庆区人民法院作出一审判决，以非法占用农用地罪判处刘某有期徒刑一年六个月，并处罚金人民币 5 万元。

---

* 北京盈科（上海）律师事务所徐娇娇律师。

** 案号：（2018）京 0119 刑初 90 号。

控审意见

一、控方意见

公诉人向法庭出示了四组证据予以证明：

一是现场勘测笔录、《测量技术报告书》、《非法占用农用地破坏程度鉴定意见》、现场照片等，证明紫薇庄园园区内存在非法占地行为，改变被占土地用途且数量较大，造成农用地大量毁坏。

二是合作社土地租用合同，设立、变更登记材料，转让意向书，合作社大棚改造工程相关资料，延庆镇人民政府、北京市国土资源局延庆分局提供的相关书证等，证明合作社土地使用权受让相关事宜，以及刘某未经国土资源部门批准，擅自对园区土地进行非农建设改造，拒不执行延庆区延庆镇人民政府曾先后多次对该项目下达《责令停止建设通知书》《限期拆除决定书》，北京市规划和国土资源管理委员会下达《行政处罚决定书》等行政处罚。

三是司法鉴定意见书、案件相关银行账户的交易流水及凭证、合作社转让改造项目的参与人证言及被告人的供述与辩解等证据材料，证明刘某是紫薇庄园非农建设改造的实际建设者、经营者及合作社改造项目资金来源、获利情况等。

四是紫薇庄园宣传材料、租赁合同、大棚房租户、池某、李某彬证人证言等，证明刘某对被占用土地改造情况。

结合以上证据，公诉方认为：刘某作为合作社的实际建设者、经营者，在没有行政批准的情况下，违反土地管理法规，非法占用农用地进行非农建设改造，改变被占土地用途，对园区内农用地进行非农建设改造并对外出租，造成农用地大量毁坏，其行为构成非法占用农用地罪。

二、审方意见

被告人刘某在农用地上建设“大棚房”“生态园”“休闲农庄”等，非法占用农用地数量较大，造成农用地等农用地大量毁坏的，应当以非法占用农用地罪追究实际建设者、经营者的刑事责任。

本案公诉方与辩方主要争议焦点：其一在于刘某是否是该项目的实际建设

者、经营者,为此在审查起诉阶段,检察院退回公安机关补充侦查提交证据,方才在一审开庭后提交了较为充分的证据证明刘某系该项目主要负责人身份。其二是项目被占用地的鉴定意见是否能作为认定本案定罪量刑的核心证据。对此,本文将重点围绕上述两个问题作简要剖析。

案例评述

1. 如何认定非法占用农用地案件中的犯罪单位与单位实际控制人?

本案中,审查起诉阶段检察机关通过引导公安机关查询非农建设项目涉及的相关账户交易信息、资金走向等查明实施项目改建单位的实际控制人,从而认定刘某是紫薇庄园非农建设改造的实际建设者、经营者,从而将其认定为本案主要嫌疑人。

非法占用农用地罪的犯罪主体既可以是自然人也可以是单位。自然人作为非法占用农用地罪的主体,主要是指年满 16 周岁,具备刑事责任能力的自然人。《最高人民法院关于审理破坏草原资源刑事案件应用法律若干问题的解释》(法释〔2012〕15 号,以下简称《破坏草原资源案件解释》)第 5 条规定,单位实施《刑法》第 342 条规定的行为,对单位判处罚金,并对其直接负责的主管人员和其他直接责任人员,依照本解释规定的定罪量刑标准定罪处罚。在实践中,被指控为非法占用农用地罪的自然人主要为单位负责人或其他责任人员。结合《刑法》第 30 条、第 31 条规定,①我国《刑法》对单位犯罪采取双罚制(单位和直接责任人员),是否认定为单位犯罪影响定罪量刑,意义重大,必须谨慎处理。在企业涉嫌非法占用农用地的案件中,如何认定"单位负责人"或"其他责任人员"成为追究自然人刑事责任的难点。

准确确定责任人是进行追责的前提,《刑法》未单独对本罪涉嫌单位犯罪的主体认定作具体规定。但非法占用农用地罪规定在《刑法》第六章"妨害社会管理秩序"第六节"破坏环境资源保护罪"中,笔者试图从同属于破坏环境资源法益的环境污染罪着手,分析本罪的单位犯罪问题。

---

① 《刑法》第 30 条规定:"公司、企业、事业单位、机关、团体实施的危害社会的行为,法律规定为犯罪的,应当负刑事责任。"第 31 条规定:"单位犯罪的,对单位判处罚金,并对其直接负责的主管人员和其他直接责任人员判处刑罚。本法分则和其他法律另有规定的,依照规定。"

2019年2月20日，最高人民检察院、最高人民法院、生态环境部、司法部、公安部联合印发《关于办理环境污染刑事案件有关问题座谈会纪要》（以下简称《纪要》）[①]对此进行了明确。“直接负责的主管人员”主要是单位实际控制人、主要负责人或者授权的分管负责人、高级管理人员等，这些人对单位有很强的控制力，对单位犯罪起着决定性作用，其无论是明知故犯还是默示纵容都会被追究刑事责任。“其他直接责任人员”一般是指在直接负责的主管人员的指挥、授意下，积极参与实施单位犯罪或者对具体实施单位犯罪起较大作用的人员。

《最高人民法院关于审理单位犯罪案件具体应用法律有关问题的解释》（法释〔1999〕14号）、《最高人民法院关于审理单位犯罪案件对其直接负责的主管人员和其他直接责任人员是否区分主犯、从犯问题的批复》（法释〔2000〕31号）、《全国法院审理金融犯罪案件工作座谈会纪要》（法〔2001〕8号）等文件对单位犯罪进行了规定和认定，但是对单位意志的认定标准并未进行过系统的规定，此次《纪要》关于单位犯罪认定的内容，实际上是扩大了对单位犯罪的认定范围。

按照宽严相济的刑事政策，直接负责的主管人员作为犯罪单位的决策者和领导者，对破坏环境资源的具体行为产生具有决定作用或根本性影响，是自然资源环境犯罪惩治重点，故在刑事责任承担上，要比其他执行人员承担更重的责任。因此，有关单位在被指控涉嫌非法占用农用地罪时，有关司法机关可考虑参照此类罪名对于单位负责人员和直接负责的主管人员在涉案单位实际经营中所起到的作用大小、地位高低、对单位经营决策的影响力等因素综合认定直接责任人的犯罪主体身份。

回归本案，公诉机关在审查起诉阶段要求公安机关补充侦查，在起诉时向审判机关提交了刘某与项目建设实施人、土地使用权转让人等资金往来凭证，核实每笔资金往来的具体操作人，对全案账目进行司法会计鉴定，了解资金的来龙去脉，查实资金实际出让人和受让人，核实合作社账目与刘某个人账户的资金往来，确定刘某、刘某岐在紫薇庄园项目中的地位作用，最终审判机关认定了刘某为合作社的实际控制人身份。

---

① 《纪要》对环境污染刑事案件单位认罪认定、主观过错认定、大气污染环境犯罪认定、有害物质认定、等执法司法尺度进行了统一，对环境污染刑事案件的管辖原则、危险废物认定、鉴定、监测数据证据资格问题等行政执法与刑事司法的衔接问题也进行了统一规定。

2. 指定司法鉴定机构出具的被占用农用地《鉴定意见》存在的问题。

被占用农用地司法鉴定材料往往被作为定罪量刑的重要证据。2020 年 5 月 29 日，司法部发布司法行政行业标准《耕地和林地破坏司法鉴定技术规范》，①该技术规范规定了耕地和林地破坏司法鉴定的术语和定义、委托与受理、鉴定程序和方法及鉴定意见。

对破坏农用地行为人的法律责任性质判定和责任大小的确认，须依据农用地破坏程度的鉴定。司法机关和行政机关对于农用地损毁范围的认定，损毁程度的判别以及由何种主体来承担相应的法律责任的理解不一，监管主体与查处主体认定证据的多样性致使农用地毁坏程度的鉴定意见不同，直接影响着违法主体实施破坏农用地行为是否构成刑事犯罪抑或是行政处罚之间的行刑衔接问题。

从司法现状来看，有关鉴定意见在具体案件适用中却面临着诸多问题。缺乏量化定性的基准条文及法律规定的理解误差，没有专业的农用地破坏鉴定机构和统一规范的鉴定标准，导致司法机关对本罪定罪量刑处罚时遇到诸多阻碍。

比如鉴定主体合法性问题。根据《国土资源部、最高人民检察院、公安部关于国土资源行政主管部门移送涉嫌国土资源犯罪案件的若干意见》②中关于移送证据的规定：关于移送证据：……需要对耕地破坏程度进行鉴定的，由市（地）级或者省级国土资源行政主管部门出具鉴定结论。

《最高人民法院、最高人民检察院、公安部、国土资源部关于在查处国土资源违法犯罪工作中加强协作配合的若干意见》③规定：人民检察院、公安机关在侦查、批准逮捕、公诉过程中，需要确定耕地破坏程度的，可以向国土资源行政主管部门提出申请，由国土资源行政主管部门出具鉴定结论，并及时向申请单位提供。

上述两则文件均将省市国土资源行政主管部门列为鉴定主体。

而在各地的农用地破坏鉴定暂行办法中人员规定、鉴定程序设置，都不尽相

---

① 《耕地和林地破坏司法鉴定技术规范》（SF/T 0074—2020）（2021 年 5 月 9 日）。

② 《国土资源部、最高人民检察院、公安部关于国土资源行政主管部门移送涉嫌国土资源犯罪案件的若干意见》（国土资发〔2008〕203 号）（2008 年 9 月 8 日），注：国土资源部已撤销，该文件现行有效。

③ 《最高人民法院、最高人民检察院、公安部、国土资源部关于在查处国土资源违法犯罪工作中加强协作配合的若干意见》（国土资发〔2008〕204 号）（2008 年 9 月 28 日），注：国土资源部已撤销，该文件现行有效。

同。笔者列举两则不同省市出具的鉴定实施办法即可窥见一二，如《贵州省耕地破坏鉴定暂行办法》(黔自然资发〔2021〕1号)第3条规定："我省自然资源主管部门是耕地破坏鉴定主管部门。省自然资源厅及其派出机构立案查处的违法占用耕地案件需要对耕地破坏鉴定的，由省自然资源厅出具违法占用耕地造成耕地破坏鉴定结论。"而《河北省国土资源厅关于印发〈河北省破坏耕地鉴定办法〉的通知》(冀国土资规〔2017〕3号)第4条规定："设区市、省直管县国土资源局应指定破坏耕地鉴定承办机构，代表本级国土资源主管部门组织辖区内破坏耕地鉴定工作。"则是将鉴定责任委托给专门鉴定机构，代行本应由国土资源主管部门承担的鉴定工作。

实践中，由市一级国土资源行政主管部门牵头临时组建农用地破坏程度鉴定委员会，鉴定成员采取随机抽取或者指派方式进行。随意临组的鉴定组的权威性、专业性、真实性、可靠性、中立性都令人质疑由其出具的鉴定意见作为判罚依据是否能够做到公正、公平、公开。

3. 鉴定意见出具过程有违司法鉴定基本原则。

当前的农用地破坏鉴定模式不完全符合司法鉴定活动应遵循的合法性原则、公正客观原则、专业性原则、独立鉴定原则，从长远来看不利于环境资源犯罪司法鉴定的发展。

(1)合法性原则

鉴定意见是否客观准确，关系到有关行为人定罪量刑的法律适用，而出具鉴定意见的鉴定人主体资质是否合法，直接决定了鉴定意见的合法性，不具备鉴定人主体资质的鉴定人或机构主体出具的意见，不能作为刑事案件定罪量刑的证据使用，更罔论关乎定罪量刑的核心证据的鉴定意见。

通常情况下法官、检察官等司法机关工作人员，因处理的案件类型较多，实务工作中案件压力较大，较难成为土地资源领域方面的全能专家。当案件涉及某个专业领域时，审判案件的重要客观证据依据便是鉴定意见。在认定行为人构成非法占用农用地罪时，必须要求破坏面积达到数量较大的硬性标准。

现有的司法解释中对非法占用农用地罪"数量较大"中"数量"的认定标准采用的是以占用农用地面积来计算的，以占用面积的大小作为"占用数量"

的标准。① 那么关于农用地毁坏程度的司法鉴定意见报告就将作为审判机关量刑定罪的关键证据之一。就罪责刑相适应的基本原则角度而言，有关司法鉴定报告必须符合中立性和客观性的要求，鉴定机构和采用鉴定意见的职权机关之间不能有行政隶属关系，鉴定机构主体必须符合合法性要求。

然而根据《最高人民法院、最高人民检察院、公安部、国土资源部关于在查处国土资源违法犯罪工作中加强协作配合的若干意见》的精神，国土资源行政主管部门在农用地破坏案件处理中，既充当案件移送人的角色又充当案件鉴定人的角色，这样的双重身份会出现"既当裁判又当运动员"的情况，很难避免在处理案件时遇到行政干涉、有关人员请托说情等各种各样的压力和影响，鉴定意见的权威性、公正性及客观性也将受到质疑。

从目前的司法实践情况来看，鉴定意见作为本罪定罪量刑过程中的关键性证据，鉴定人主体资质合法性问题尚未被解决，比如在林某仁故意伤害、非法占用农用地一案②中，辩护人提出辩护意见认为"本案中认定被告人造成种植条件严重毁坏或者严重污染的，没有任何法定证据或鉴定依据……判定违法用地是否占用基本农田，应当将违法用地的界址范围与乡镇土地利用总体规划纸质图件进行套合比对，对照所标示的基本农田保护地块范围进行判定"。在第二次庭审后提出补充辩护意见认为："1. 鉴定人无土地破坏程度鉴定资质。2. 没有法律规定行政部门可以委托司法鉴定，因此佳木斯市国土资源局无权委托进行司法鉴定……5. 鉴定人没有亲自测量沟的面积，只是以未经质证、没有任何提供人信息的照片作为计算沟面积的依据，有失客观公允……"对于以上辩护人针对鉴定人主体资质方面的辩护意见，审判机关在判决书中并没有直接针对前述辩护意见做回应性说理即判决被告人构成本罪。审判机关对于认定犯罪的核心证据没有展开充分论证，无论这一表现是出于何种考虑，都在一定程度上削弱了判决的说服力，也影响了司法公信力的体现。

(2) 专业性原则

司法鉴定活动要求鉴定人有极高的专业素养，并对鉴定人赋予的权利和承担的责任有详细说明，对鉴定机构的业务范围、鉴定过程中使用的仪器设备也有

---

① 张明珠：《非法占用农用地的客观要件研究》，中国政法大学 2020 年硕士学位论文。

② 案号：(2018) 黑 0881 刑初 39 号。

明确规定。这些规定通过对鉴定人和鉴定机构的严格要求,凸显了司法鉴定的科学性和专业性,同时也彰显了刑事司法的客观性。只有鉴定人应当具备专业的主体资质,其所出具的鉴定意见才具备刑事证据合法性的基本要求。

同样,农用地破坏程度鉴定要求鉴定人员具备扎实的专业知识,目前自然资源部门也很难为技术人员专门增加编制,设立机构。根据《耕地和林地破坏司法鉴定技术规范》第 5 条规定,鉴定程序和方法上,对于两种农用地的现场调查,现场分析、布点及测绘,样品采集及样品检测作出了较为专业细致的规定。但农用地除耕地、林地外,还包括草地、农田水利用地、养殖水面,有关后三者的破坏程度如何作出专业鉴定,仍然尚待解决。

(3)独立鉴定原则

成立鉴定机构后从事的鉴定活动必须严格执行程序规定,每次鉴定活动要经历申请、审核、批准的程序,鉴定人和鉴定机构从事的鉴定活动要在当初设立注册机构时申报的业务范围内。鉴定人在接受委托后要独立鉴定,不受来自行政、经济利益、职责任务等外在因素干扰。①

首先,司法鉴定人应当依靠自己的专业能力及职业技能等进行独立科学判断。鉴定意见是否客观准确,取决于鉴定人专业水平、判断能力、职业技能和执业经验等因素。为保证鉴定意见真实体现司法鉴定人能力和水平,也便于审查确定鉴定意见的可靠性,司法鉴定人必须独立进行科学判断,不得为他人意见和意志所左右。

其次,司法鉴定人应当以科学技术标准为基础,完成鉴定意见的制作过程。虽然司法鉴定意见是由司法鉴定机构接受委托的,但是司法鉴定人是鉴定活动的具体实施者。为体现出具鉴定意见的独立性,司法鉴定人必须根据鉴定材料,以科学技术标准为基础出具鉴定意见。

最后,司法鉴定意见的法律后果由司法鉴定人承担,司法鉴定人必须对其签字署名出具的鉴定意见负责。《全国人民代表大会常务委员会关于司法鉴定管理问题的决定》(2015 年修正)第 10 条规定,我国司法鉴定实行鉴定人负责制,并在第 14 条中明确了违法出具司法鉴定意见的鉴定人和鉴定机构应当被追究

---

① 朱志坚:《耕地破坏程度鉴定实践中的瓶颈探析与解决途径》,沈阳农业大学 2017 年硕士学位论文。

责任。[①] 国家实行司法鉴定人负责制要求的目的在于：鉴定的中立性和独立性必须受到尊重，以有效排除有关部门或个人对鉴定业务的非法干预；突出鉴定人的职业风险意识，强化鉴定人的责任意识，促使鉴定人更加审慎地对待自己的工作，追求更高的工作质量；使违法鉴定责任追究得到落实，避免出现谁都负责，谁又都不承担责任的情况。可以说，司法鉴定人对鉴定意见负责是司法鉴定人独立原则的必要组成部分，是司法鉴定人权利与义务相统一的重要体现。

① 《全国人民代表大会常务委员会关于司法鉴定管理问题的决定》（2015 年修正）第 10 条规定：司法鉴定实行鉴定人负责制度。鉴定人应当独立进行鉴定，对鉴定意见负责并在鉴定书上签名或者盖章。多人参加的鉴定，对鉴定意见有不同意见的，应当注明。第 14 条规定：司法行政部门在鉴定人和鉴定机构的登记管理工作中，应当严格依法办事，积极推进司法鉴定的规范化、法制化。对于滥用职权、玩忽职守，造成严重后果的直接责任人员，应当追究相应的法律责任。

区分非法占用与合法占用面积，处理好违法行为与犯罪行为的行刑衔接*

——攀枝花市攀西石墨股份有限公司等非法占用农用地案**

基本案情

原审被告人刘某兵系攀西石墨股份有限公司(以下简称攀西石墨公司)董事长兼总经理、法定代表人，攀西石墨公司于2011年以3000万元的竞标价取得仁和区中坝石墨矿勘查探矿权后，为尽快探明石墨矿存量，取得采矿权，在向仁和区林业局申请临时占用林地的行政许可尚未取得审批同意的手续前，就提前通知施工单位川西南地质勘查工程公司和攀枝花市蜀海工程公司进场施工，且未提供已设计的施工图纸等资料，施工单位亦未索要相关资料，即自行按照利用该林地原有便道和“就近修道”的方式，随意修建探矿公路和机台场地。至该工程被叫停时，已实际占用林地面积29.87亩。

攀枝花市仁和区人民法院一审判决被告单位和被告人无罪。后仁和区人民检察院以原判采信证据及认定事实确有错误为由提出抗诉，攀枝花市人民检察院经审查派员出庭支持抗诉，2015年5月26日，攀枝花市中级人民法院认定三个被告单位及五名被告人实际非法占用林地面积为16.796亩(实际占用29.87亩－合法审批13.074亩)，数量较大，改判三个原审被告单位和五名原审被告人有罪。

---

* 北京盈科(上海)律师事务所徐娇娇律师。

** 案号：(2015)攀刑终字第8号。

控审意见

一、控方意见

（一）原公诉机关

1. 三个被告单位及五名被告人非法占用林地，擅自改建林地道路，其行为系在非法占用的林地上进行其他非林业建设，应当认定为非法占用林地犯罪行为。

2. 此前已经存在的林间便道亦属于林地，经批准的占用林地面积不应当冲减实际非法占用林地的面积。

（二）抗诉机关

1. 原判决所采信的证据及认定事实确有错误，非法占用林地面积应为 29.87 亩。

2. 三个被告单位及五名被告人未按施工图纸操作，放任其行为的危害结果，均系明知其行为可能发生非法占用林地的犯罪结果，主观上持放任的故意，对林地被非法占用均有直接责任，应当承担相应的刑事责任。

3. 在被告单位攀西石墨公司取得林业部门和国土部门用地审批手续之前，三个被告单位已经完成非法占用土地行为，尽管被告单位攀西石墨公司补领了林地手续，但并不能改变之前占用林地行为的违法状态，故其经批准的占用林地面积不应当冲减实际非法占用林地的面积。

二、审方意见

（一）一审法院

1. 三个被告单位对非法占用林地行为的实施，是否经过其股东大会的讨论或公司意志机关的决定，公诉机关未提供证据加以证明，因此认定三个被告单位共同犯罪故意的证据不足，且在客观方面，三个被告单位实施共同犯罪的行为缺乏意思联络。

2. 施工位置的林地面积中有数条历史形成的便道存在，施工单位是顺着便道向道路的两边进行的扩建，并未重新翻建过原有道路，也未改变原有道路系群众通行的临时道路的性质。根据罪刑法定及罪责自负的原则，被告单位及被告人只应对自己的犯罪行为所造成的后果负责。三个被告单位在施工的过程中,并未实际改变该部分历史道路的状态,也未改变该便道系临时通行道路的性质,对此不应将被告人未实际占用的便道的面积认定为其非法占用的林地面积,故应当予以扣减。

3. 本案中虽然有非法占用林地的事实存在,但公诉机关无法准确确定被告单位非法占用林地的面积,指控的证据不足,指控不能成立。

(二)二审(终审)法院

1. 三个原审被告单位及五名原审被告人主观行为上均表现为放任的故意,即明知或者应当知道自己的行为会发生对林地的非法占用,造成林地的大量毁坏,仍然放任这种危害结果的发生。

2. 无论是临时占用林地还是永久占用林地都必须办理占用林地手续,本案原有道路即便原来办理过临时占用手续,如过时效再次占用仍需重新办理占用手续,更何况原有道路并没有办理过占用手续。因此本案占用的原有道路应当办理审批手续,在计算非法占用面积时不应扣除原有道路面积。

3. 即使原有道路的形成是非法占用,也是前时段的非法,本案三个被告单位及五名被告人仅实施了后时段的非法占用,其应当对后时段的非法占用行为承担罪责。

4. 支持抗诉意见书认定的原审三个被告单位及五名原审被告人非法占用林地面积为 29.87 亩,超过原公诉机关提起公诉的非法占用面积,属于实际增加案件犯罪事实和犯罪数量,法律程序不当,根据云南云林司法鉴定中心的鉴定,非法占用林地的面积为 16.796 亩(实际占用 29.87 亩 - 合法审批 13.074 亩),数量较大,造成林地大量毁坏,水土流失的危害后果。

5. 三个原审被告单位及五名原审被告人已构成非法占用农用地罪,依法改判。

此案是 2016 年最高人民检察院公布的九起精品刑事抗诉案件之一,属于保护生态环境的典型案例。原审法院在判决三个被告单位及五名被告人无罪后,原公诉机关提起抗诉,上级检察院认可原公诉机关抗诉理由并提出补充意见,终审法院最终作出有罪判决。本案涉案被告单位及自然人较多,公诉机关与审判机关在占用面积的认定上产生较大分歧,对于精准区分本罪的合法占用与非法占用面积的数量标准,准确理解本罪行刑衔接问题方面,具有比较重要的参考意义。

案例评述

一、精准区分合法占用与非法占用面积的数量标准

本案中原审公诉机关提起抗诉的主要观点之一，是认为施工位置的林地面积中有数条历史形成的便道存在，也应认定为林地，经批准的占用林地面积不应当冲减实际非法占用林地的面积，应当作为非法占用面积纳入，因此认为三个被告单位及五名原审被告人非法占用林地面积应当为 29.87 亩。

本罪是典型的结果犯，“数量较大”是很多刑法罪名的定罪标准，通常情况下，司法解释中对数量较大标准都会有明确规定，执法人员按照司法解释数量标准来认定即可。[①] 但是，根据《刑法》第 342 条关于本罪的描述，非法占用农用地罪因为涉及耕地、林地、草原等不同用途的土地类型，所以认定标准在司法实践中的适用情况较为复杂。

2000 年最高人民法院发布的《关于审理破坏土地资源刑事案件具体应用法律若干问题的解释》规定，耕地数量较大标准为非法占用基本农田五亩以上或者非法占用基本农田以外耕地十亩以上。2005 年最高人民法院发布的《关于审理破坏林地资源刑事案件具体应用法律若干问题的解释》规定了林地数量较大具体量化标准。[②] 2012 年《最高人民法院关于审理破坏草原资源刑事案件应用法律若干问题的解释》规定了草地数量标准。

总结起来，本罪入罪标准为行为人或单位的非法占用数量达到基本农田五

① 参见张军：《非法占用农用地罪的司法认定》，载《中国土地》2006 年第 5 期。

② 《最高人民法院关于审理破坏林地资源刑事案件具体应用法律若干问题的解释》（法释〔2005〕15 号）第 1 条规定：“违反土地管理法规，非法占用林地，改变被占用林地用途，在非法占用的林地上实施建窑、建坟、建房、挖沙、采石、采矿、取土、种植农作物、堆放或排泄废弃物等行为或者进行其他非林业生产、建设，造成林地的原有植被或林业种植条件严重毁坏或者严重污染，并具有下列情形之一的，属于刑法第三百四十二条规定的犯罪行为，应当以非法占用农用地罪判处五年以下有期徒刑或者拘役，并处或者单处罚金：（一）非法占用并毁坏防护林地、特种用途林地数量分别或者合计达到五亩以上；（二）非法占用并毁坏其他林地数量达到十亩以上；（三）非法占用并毁坏本条第（一）项、第（二）项规定的林地，数量分别达到相应规定的数量标准的百分之五十以上；（四）非法占用并毁坏本条第（一）项、第（二）项规定的林地，其中一项数量达到相应规定的数量标准的百分之五十以上，且两项数量合计达到该项规定的数量标准。”

亩、非基本农田 10 亩、防护林或特种用途林 5 亩、其他林地 10 亩、草地 20 亩。[①]司法实务中,犯罪数量的认定标准就是根据司法解释的规定,这也符合认定犯罪操作简单、证据充分的证据标准。非法占用单一土地类型或自始非法占用的,司法解释明确了量化标准,实践中相对容易判断。但对于行为人同时非法占用不同土地类型、超过审批准许使用时效期间超时占用,此时入罪的量化标准则难以判断。

第一种情形,合法占用后超过行政许可期间而导致超时占用。

结合本案不难发现,审判机关与原审公诉机关在认定被告单位及被告人占用林地数量认定上产生较大的分歧点在于,审判机关认为要将此前已经获得行政许可,有关单位合法占用的部分林地面积从非法占用的面积中予以扣减,而公诉机关则认为应当按照全部占用面积计算数量,双方正是在“已经通过审批合法占用面积是否应在入罪数量上扣减”产生了不同意见。

对此笔者认为,非法占用农用地罪的行为方式仅限于非法占用,没有涵盖其他破坏农用地的行为,如合法占用而毁坏农用地的行为。此前有关单位或个人通过合法行政许可方式获得有关土地占用审批手续的,即使嗣后发生超过审批面积违法占用,司法机关也应对合法占用面积予以扣减,不应当对合法占用与超范围占用一律认定为“违法占用”。因为超范围部分的占用,系属申请人在超出行政许可违规占用,并非刑法意义上“违法占用”。

第二种情形,非法占用两种以上性质的土地。

入罪标准的量化,实质上也是对被侵犯法益受损程度的量化。针对非法占用两种以上性质的土地案件,不论是基本农田还是其他耕地、林地、草地,本质上侵犯的法益都是国家对于土地资源的特殊保护制度,笔者认为,在被占用土地分别属于不同性质时,应当按照被占用土地各自的入罪标准折算后累加,此种方式能更准确地评价多个危害行为是否应受刑罚处罚。[②] 只要行为人或单位实施的非法行为侵犯的法益性质相同,那么按照被占用土地性质的数量按比例折算后相加得出的法益受损程度,同样能反映社会危害性,因此“数量较大”应当按比例折算后相加进行认定更有利于司法机关在实践中操作。

---

① 注意:3 年内曾因非法占用草原被行政处罚的,数量则放宽至 10 亩以上。

② 参见李磊明:《非法占用农用地罪的刑法谦抑性反思》,载《中国不动产法研究》2020 年第 1 期。

此外需要特别注意的是，有学者认为，虽然被非法占用的土地数量认定是本罪定罪量刑的重要依据，但在本罪入罪过程中，需要将“数量较大”与“造成耕地大量毁坏”二者紧密结合起来解释，即大量毁坏的耕地必须达到相应的亩数才能认定其构成犯罪。

关于数量如何确定的问题，司法实务中，通常是由农林主管部门或者由公安机关根据现场勘查情况通过GPS打点确认非法占用耕地等农用地的具体亩数，以明确行为人非法占用的农用地是否达到“数量较大”的标准。

对于被非法占用的农用地是否存在严重毁坏或者严重污染的情形，笔者认为，司法机关应当重视被占用土地遭受损害结果的鉴定意见的重要性，即选择符合法定资质的鉴定机构对毁坏结果作出相应明确的鉴定意见，以保障证据取得过程的合法性。

二、本罪行刑衔接问题

结合本案案情可知，一审法院和原公诉机关在被告单位此前已经通过合法审批程序获得的占用面积，在本罪入罪过程的定性上产生分歧，并且公诉机关认为，即使被告单位此前向有关部门申请行政许可申请占用部分林地，但在未拿到审批手续的情况下即进场开展项目施工，即使后续审批通过，亦应认定为非法占用。这就涉及犯罪行为和违法行为的理解与适用。

由于刑法具有谦抑性原则，只有造成极其严重的危害后果才可能被列入刑法的规制范围。非法占用农用地罪在性质上属于结果犯，因此只有在对农用地造成了严重的毁坏后果前提下才能构成本罪。实际上笔者发现，在实践中，将非法占用认定为犯罪的情况较多，较少以行政处罚方式处理。

笔者在“元典智库”平台输入“非法占用农用地”，筛选出2014年至2022年（该平台最早数据收录时间为2014年）全国范围内的行政处罚决定书共计351条结果。在“元典智库”平台输入“非法占用农用地罪”，以2008年至2022年为筛选年份，筛选得出的刑事案件数量达55,068件（分布情况见图1、图2）。由此可知，当行为人或单位存在非法占用农用地行为时，实践中较多以刑事犯罪的方式对行为人处以严苛处罚，以行政处罚或行政诉讼的方式处理的情况较少。

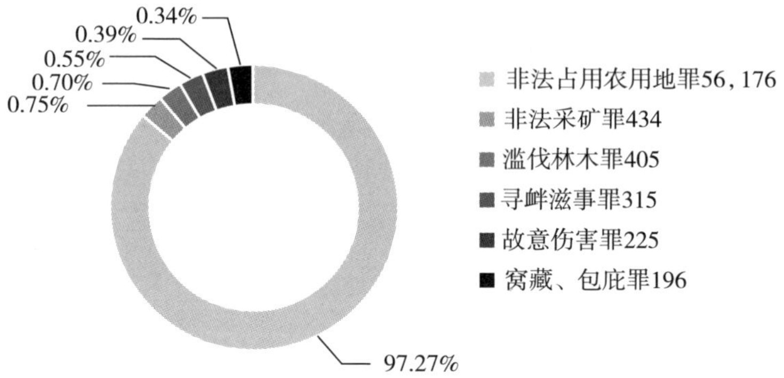

图1　非法占用农用地罪案件情况(1)

注:图源自“元典智库”。

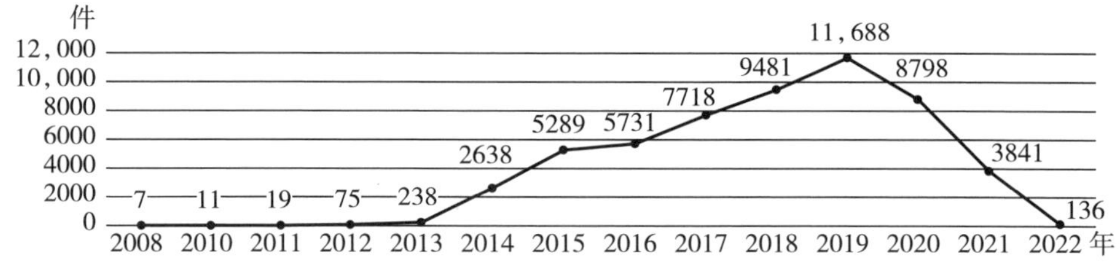

图2　非法占用农用地罪案件情况(2)

注:图源自“元典智库”。

从刑法谦抑性角度,刑罚是对公民生活进行调控和影响最为直接和深刻的表现形式。犯罪人在受刑过程中体验到刑罚给其带来的种种痛苦与不便,被害人在刑罚实现的同时得到精神的慰藉和物质的补偿,公民在刑罚制裁犯罪的过程中体验到法律正义的威严和刑法的严厉。因此在个案中,有必要区分行为人的行为是否构成犯罪,即在非法占用农用地罪的犯罪行为与违法行为之间做出区分。

非法占用农用地的违法行为应当承担的责任是行政责任,处罚主体是各级政府部门和土地管理机构等行政机关,处罚依据是依照土地管理法规或其他法律、法规、条例等,即非刑事法律规范,违法行为人在责任的承担方式主要有行政拘留、罚款、警告、限期整改等行政处罚。而以刑法条文规制的非法占用农用地罪承担的责任方式当然是刑事责任,作出处罚决定的机关主体是各级人民法院,由人民法院依据《刑法》对行为人的犯罪行为作出判决,此罪刑事责任的承担方式主要有期徒刑、拘役和罚金。相比违法行为,犯罪行为的社会危害性更大,侵犯的法益更为严重,社会影响恶劣程度更高,因而承担责任的方式也更为严厉。

行政违法与刑事违法之间的关系存在三种情形:其一,某些刑事违法行为不以行政违法为前提;其二,某些行政违法行为无论如何不可能上升为刑事违法;其三,某些刑事违法行为必须以行政违法为前提。[①] 从犯罪客观方面看,违反土地管理相关法规是成立本罪的前提条件,即行为人占用农用地行为是否违反刑法,首先要判断是否属于行政违法而进一步认定是否符合刑事违法。实践中,司法机关判断某一破坏自然环境行为是否构成犯罪,先要认定是否违反行政法律法规,土地管理法规的违反是构成本罪的必要前提,如果行为人没有违反土地管理法规明确定义为农用地性质的土地,没有造成耕地、林地等农用地大量毁坏的严重后果,即使占用农用地行为对社会会产生一定危害性,也不能以刑事犯罪论处。

需要特别注意的是,《刑法》第 342 条将“数量较大”与“造成耕地、林地等农用地大量毁坏”之间用逗号隔开,说明是将二者列为并列关系,而非选择性条款,因此笔者认为,在行为人行为同时构成数量标准与毁坏结果时,才可能符合入罪条件。关于“造成耕地、林地等农用地大量毁坏”的认定,司法解释界定为“造成原有植被或种植条件严重毁坏或严重污染”,而关于何为“严重毁坏或严重污染”却没有明确解释,这就导致司法实践中当司法机关立案侦查后,委托鉴定机构的鉴定意见往往会因各种原因认定为符合严重毁坏或严重污染的后果。

张明楷教授认为:“为了避免将行政违法认定为刑事犯罪,刑事司法人员应当对构成要件进行实质解释,对违法性进行实质判断,不能将一切利益当作刑法的保护法益;不能分解成或者还原为个人法益的所谓公法益,不是刑法保护的法益。”[②]

笔者认为,司法机关在实践中应当注意公权力的使用界限,在对本罪入罪评价时,应谨慎处理好行刑衔接问题,畸轻或畸重的司法适用都会给刑罚的功能性实现带来障碍。相较于对犯罪的惩罚,刑罚的预防功能更为人们所关注,刑罚的预防功能通过其威慑效能来实现对犯罪控制和预防。尤其是针对自然资源环境

---

① 参见张明楷:《避免将行政违法认定为刑事犯罪:理念、方法与路径》,载《中国法学》2017 年第 4 期。

② 张明楷:《避免将行政违法认定为刑事犯罪:理念、方法与路径》,载《中国法学》2017 年第 4 期。

犯罪的使用,固然限制人身自由更能体现刑罚的威慑性,令违法犯罪的行为人得到相应处罚,但在自然资源环境的恢复性司法方面,则同时应当注重处罚带来的经济效果和社会效果。

我国农用地犯罪法益保护及刑事附带民事公益诉讼的适用*

——宝鸡秦川金鑫生态牧业有限公司、李某昌等非法占用农用地罪案**

基本案情

2016年李某昌委派张某某以其个人名义，承包麟游县酒房镇大庄村菜子山组大坡土地58.51亩。同年李某昌与李某某共同投资成立宝鸡秦川金鑫生态牧业有限公司（以下简称宝鸡秦川），占用土地22.4亩，李某昌任法定代表人，负责公司经营管理。

2017年至2018年，该公司平整土地建设养牛场及相关附属设施。2019年在未经县级以上林业主管部门审批的情况下，李某昌擅自将牛场周边的林地占用，修建了3处青贮窖和1个彩钢瓦饲料库；2021年4月至7月，其占用部分林地修建蓄水池。后经省森林督查反馈48号、49号、50号图斑，麟游县林业调查规划设计队对3处地类属性进行鉴定后认定被改变林地面积合计16.91亩。

公诉机关认为，宝鸡秦川违反土地管理法规，非法占用林地，改变被占用土地用途，数量较大，造成林地大量毁坏，应以非法占用农用地罪追究刑事责任。李某昌作为公司法定代表人负有直接责任，亦应依照非法占用农用地罪的规定处罚。

同时，公诉机关提起刑事附带民事公益诉讼，请求审判机关判令宝鸡秦川及李某昌承担侵权责任。

* 北京盈科（上海）律师事务所徐娇娇律师。

** 案号：（2021）陕0329刑初46号。

最终，审判机关判处宝鸡秦川及李某昌构成非法占用农用地罪，依法承担罚金，并判令宝鸡秦川在县级以上新闻媒体上公开赔礼道歉，依照林业主管部门要求的期限和方式恢复被占用林地植被。

控审意见

一、控方意见

(一)刑事控告方意见

1. 被告单位宝鸡秦川违反土地管理法规，非法占用林地，改变被占用土地用途，数量较大，造成林地大量毁坏，应当以非法占用农用地罪追究刑事责任。

2. 被告人李某昌作为公司法定代表人，对于非法占用林地应当负有直接责任，应当依照非法占用农用地罪的规定处罚。

3. 量刑建议：建议对被告单位宝鸡秦川判处罚金，鉴于案发后被告人李某昌主动修复部分被占用林地，并自愿认罪认罚，具有悔罪表现，建议对其单处罚金，用于后续林地植被恢复。

(二)刑事附带民事公益诉讼人意见

附带民事公益诉讼起诉人诉称，被告单位宝鸡秦川非法占用农用地 16.91 亩，侵犯了国家对林地资源的保护和管理制度，致使国家利益和社会公共利益受到侵害，对本案被告除依法追究刑事责任外，还应承担赔礼道歉、赔偿损失等民事侵权责任。

请求判令本案被告单位宝鸡秦川：(1)在县级以上新闻媒体上公开赔礼道歉；(2)对非法占用林地进行植被恢复。

本案检察机关在提起刑事控告的同时，还依法履职向法院提起了刑事附带民事公益诉讼，要求对被告人和被告单位判处刑罚之外，还需承担民事侵权责任，意在通过此种方式维护农用地生态法益。

二、审方意见

1. 麟游县人民检察院指控被告单位犯非法占用农用地罪罪名成立。被告单位宝鸡秦川在未经县级以上林业主管部门审批的情况下，占用牛场周边的林地，修建青贮窖、饲料库和蓄水池，经麟游县林业调查规划设计队现场调查，被告单位改变林地面积合计16.91亩，数量较大，构成非法占用农用地罪。

2. 被告人李某昌犯非法占用农用地罪罪名成立。被告人李某昌作为被告单位法定代表人和直接负责的主管人员，对于被告单位非法占用林地的行为负有直接责任，应依照非法占用农用地罪的规定对其予以处罚。

3.《刑事诉讼法》规定，因被告人的犯罪行为致国家财产、集体财产遭受损失的，人民检察院在提起公诉的时候，可以提起附带民事诉讼，人民检察院在履行职责中发现破坏生态环境和资源保护等损害社会公共利益的行为，可以提起公益诉讼，支持刑事附带民事公益诉讼方对被告单位在县级以上新闻媒体上公开赔礼道歉并对非法占用林地进行植被恢复之诉讼请求。

本案审判机关基本支持公诉机关的指控意见和刑事附带民事公益诉讼之诉请，虽然以判决的方式维护了农用地生态法益，但本罪能否准确体现刑法谦抑性、罪责刑相适应、罚金刑适用等方面在学界和实务界仍有争议，并且本案较为特殊的一点是在农用地犯罪领域刑事附带民事公益诉讼的适用，都值得法律职业共同体提高关注度。

案例评述

习近平总书记多次强调粮食补给及安全问题的重要性，面对的风险挑战越多，粮食安全越要稳住，农业用地保护迫在眉睫。同时全球粮食危机也对我国粮食安全及永久性基本农田保护提出了新要求。

一、非法占用农用地罪保护法益

对于《刑法》对非法占用农用地犯罪入刑所保护的法益，传统观点认为是维护农用地管理秩序法益，因此本罪保护核心是国家对农用地统筹管理制度，有关司法解释和刑法修正案也是围绕“土地管理秩序”完善相关罪名的司法适用。而伴随生态文明建设的不断推进，越来越多的学者开始强调保护农用地生态法益，从积极的刑法观角度提出未来刑法的修正应确立以生态法益为相关罪名主要法益的立法理念,[①]从而强化对农用地的保障。[②]

实际上,《刑法》在制定有关农用地保护的法律法规之始,重点是为了维护秩序法益以及农用地改革后附生的财产法益,而保护农用地生态法益则是近年来学界和立法者刑法保护理念升级的体现。尤其在近年有关本罪的判决文书中,在判决被告人承担自由刑和罚金刑之外,还判令被告人或单位以修复性生态损害赔偿、履行生态修复等责任承担方式。

积极刑法观的重点,就在于刑法保护姿态的积极,认为刑法打击重点不是在事后惩治而是在事前预防,因此部分学者认为积极刑法观的终极目标是将刑法打造为预防性刑法。在积极刑法观的倡导下,目前在我国环境保护司法实践中逐步增强了对生态法益的重视程度,体现在将刑法所保护法益的范围前置并扩大,这也符合积极刑法观"预防"的理念。这是因为耕地、林地、草地等自然资源生态法益在农用地犯罪中往往最先遭受直接侵害,反而财产法益及秩序法益在后,而生态法益又是最难恢复,甚至不可能恢复到未被损害状态的,所以保护生态法益本身就体现了积极刑法观的预防性理念。

有学者认为,从司法实务的角度需要注意,如果贸然引入生态法益的概念,将农用地的生态价值法益化,可能对遏制农用地犯罪并无实际效用,甚至会肆意扩张刑事制裁范围,导致其有象征性立法之嫌。[③] 如本罪的入罪标准要求非法占用耕地 5 亩,即意味着被占用面积未达此标准即不能以刑事犯罪追究,这就导致既存在行为人有意规避数量起刑点导致无法追究刑事责任,又有司法机关为追究行为人责任而将有争议的土地性质认定为农用地扩大刑法打击面的混乱现状。鉴于此,农用地生态价值的法益化实践,需要在引入生态法益理念后,将其和我国对农用地统筹管理的秩序法益、土地资源附生的财产法益相结合,通过理论指导结合司法实践的综合效果,尝试构建不同法益间的转换体系,因为农用地是具备经济、生态、社会等多功能价值的整体系统,而且各功能价值之间相互联系和影响,所以孤立地看待生态法益而不与其他法益相结合,仍然会面临"水土

---

① 参见吴萍:《农用地"三权分置"的生态风险与刑法应对》,载《江西社会科学》2020 年第 12 期。

② 鉴于本部分内容为分析非法占用农用地保护法益的视角,对于学界与实务界积极刑法观的争议暂不做讨论。

③ 参见刘艳红:《象征性立法对刑法功能的损害——二十年来中国刑事立法总评》,载《政治与法律》2017 年第 3 期。

不服”的风险，从而导致施行过程不畅，沦为空谈。

积极刑法观认为：刑事立法的扩张并不必然招致刑法过度干预的系统风险，犯罪化与刑法谦抑性没有矛盾，[①]而积极刑法观所代表的犯罪圈扩大的趋向，也是当下中国社会治理与社会控制的客观需要。[②] 实际上，如果当下仍然教条地追求刑法自身的安定性，为此不惜经常性地牺牲个案处理的正义性、妥当性、合理性，非但不利于法律至上主义观念的形成，反而是对刑法权威的削弱。[③] 鉴于此，在积极刑法观的价值理念内，在农用地犯罪中引入生态法益的法益保护概念，不仅是贯彻积极刑法观的具体体现，而且也符合风险社会下刑法价值取向转型的现实需求。

农用地犯罪中不同类型的保护法益在积极刑法观的指引下实现动态融合。[④] 实际上，当下自然环境中值得被保护的价值日益增加，并集中体现为生态法益，即生态学的法益概念，[⑤]而我国针对侵犯农用地犯罪的法律保护也受此影响，通过强制性刑罚、民事方面赔偿、行政处罚措施等综合加强对生态法益的保护。但是，我国的法律制度在强调生态法益的同时，并不意味着对秩序法益和财产法益的排斥，这不仅是因为“法益概念被理解为是在现实社会生活中具有事实的基础”，[⑥]更因为我国千年以来的农耕文化底蕴，更是将农业发展作为立身之本的农业大国特殊性。生态法益之所以逐渐得到学者和立法者认同并引入，系因其长久性、持续性、综合性，这与积极刑法观的理论基础具有一致性，必然会被逐步重视，加之生态法益和秩序法益、财产法益在遏制农用地犯罪上具有目的一致性，三者间只是侧重点和表现样态的差异，并不会出现根本上的相互排斥。

综合来看，在积极刑法观指引下，在预防农用地保护乃至自然资源环境保护的刑法理论完善与司法实践中引入生态法益，是秩序法益、财产法益演进过程的必然结果，不仅可以保证各种法益内部结构的相对协同，而且随着发展理念和循环理念的贯彻，各法益之间也会依据社会的发展变化调整不同类型法益的权重，

---

① 参见周光权：《转型时期刑法立法的思路与方法》，载《中国社会科学》2016 年第 3 期。

② 参见梁根林：《刑法修正：维度、策略、评价与反思》，载《法学研究》2017 年第 1 期。

③ 参见付立庆：《论积极主义刑法观》，载《政法论坛》2019 年第 1 期。

④ 参见［日］关哲夫：《现代社会中法益论的课题》，王充译，载《刑法论丛》2007 年第 2 期。

⑤ 参见［日］町野朔：《环境刑法の综合的研究》，东京：信山社 2003 年版，第 7 页。

⑥ ［日］甲斐克则：《海事法の诸问题——伊藤宁先生退职纪念论集》，东京：中央法规出版社 1985 年版，第 95 页。

实现动态平衡,从而在不断变化中有序指导对农用地犯罪的刑法规制。

二、农用地资源刑事法律保护短板与辨析

刑法的目的在于保护法益,犯罪是具有法益侵害性的行为。欠缺法益侵害性便不是犯罪行为,更不能动用刑罚措施施加制裁。反言之,当法益遭受侵害时,没有相适应的刑罚配套,便会导致违法犯罪成本低,司法公信力受损。本罪即是通过刑法对侵犯国家土地资源的行为予以严苛制裁的体现之一。

目前我国现有的针对农用地资源保护刑法规制仍然存在以下问题:

首先,罪责刑不相适应,刑罚幅度单一,没有根据犯罪数量的幅度范围作出相适应调整。

罪责刑相适应是《刑法》第 5 条规定的基本原则,有两方面含义:刑罚轻重与犯罪分子所犯罪行和承担的责任相适应;对相似犯罪行为的量刑应该均衡,尽量在一定区域内实现类案同判。对此,有学者提出,《刑法》第 342 条将“数量较大”规定为非法占用农用地罪的构成要件,那么意味着违法行为人非法占用并毁坏农用地的面积越大,刑事违法性程度越高,相应的量刑也越重,刑罚与毁坏面积的相关性是反映量刑与罪行适应性的重要维度。① 而目前,三则司法解释仅规定了定罪量刑的起刑点,因此建议根据危害结果对照量刑档分别确定标准。

同时,笔者认为应当谨慎提高法定刑。前任最高人民法院副院长、第十三届全国人民代表大会宪法和法律委员会副主任委员江必新说过:“无论是从人类的进化与发展方向,还是从社会治理现代化的角度,刑法谦抑性是一个发展方向”。② 刑罚的目的不仅在于惩治事后行为,还要注意事前防范,以及法律效果、经济效果和社会效果的统一性。为了追究惩治犯罪而加大自由刑和罚金刑适用,往往不能实现立法者对自然资源环境发展性、持续性保护的目的。而过分注重过重的刑罚既不能彻底消除犯罪,还会产生诸多负面效应。近代自由刑取代了古代的死刑、肉刑,成为最常用的刑罚;现代社会,财产刑的适用率不断提高,呈现取代自由刑成为刑罚体系中心的趋势。在犯罪圈不得已进行扩张的情况

① 参见叶小琴、王伟:《农用地刑事司法保护充分性的实证研究》,载《湖南农业大学学报》(社会科学版)2022 年第 2 期。

② 江必新:《刑事审判的理念、政策与机制》,人民法院出版社 2019 年版,第 60 页。

下，不仅应实现入刑案件总量下降，还必须对刑罚的配置进行轻缓化调整，推动刑法体系朝着“严而不厉”的方向发展。

其次，罚金刑规定的数额较低，被告人承担的罚金数额与受损的土地自然资源价值不相匹配。

《刑法》第 52 条和《最高人民法院关于适用财产刑若干问题的规定》第 1 条、第 2 条中宽泛地规定了按照犯罪情节、案件具体情况和犯罪分子的财产状况来判处罚金。[①] 罚金刑是财产刑，是人民法院“根据犯罪事实和情节，强制犯罪的单位和犯罪人向国家缴纳一定数额金钱的刑罚”。

有学者提出，依照 2014 年《土地管理法实施条例》第 42 条，未经批准或者采取欺骗手段骗取批准，非法占用土地的，“罚款额为非法占用土地每平方米 30 元以下”的规定，每亩最高也能罚款 2 万元。而且根据 2021 年修订的前述条例第 57 条，非法占用土地行为的法律责任被明显加重为“罚款额为非法占用土地每平方米 100 元以上 1000 元以下”。触犯刑事犯罪的罚金显著低于行政罚款标准，认为是刑事司法保护的不充分。

笔者认为，审判机关在对行为人判处刑罚时不仅要参考其事实行为侵害的法益，即本罪非法占用的土地面积、对土地造成的毁坏结果、恢复难度等，还需要考量行为人自首坦白等认罪悔罪情节、案发前后是否积极主动采取措施生态修复、自由刑适用、案件是否同时构成单位犯罪、被告单位是否已承担相应罚金刑等诸多从轻、减轻情节，不可单纯以土地面积大小衡量罚金刑适用的正当性。这一点在公开的裁判文书中可以得到印证，一般来说，如果被告人在审理过程中就缴纳生态环境修复金，或者积极进行生态环境修复，法院多会对其判处缓刑，也有的仅单处罚金。常见的判决文书中描述为“考虑到被告人到案后认罪态度较好，主动缴纳罚金，可对其减轻处罚”“被告人到案后能如实供述犯罪事实，并已赔礼道歉，确有悔改表现，且缴纳生态修复赔偿金，本院决定从轻处罚”，由此可见，被告人积极主动地缴纳生态环境修复金或公益诉讼赔偿金，法院在量刑时就会将此作为参考要素，综合考虑被告人的犯罪事实、性质、情节以及对社会的危害程度处以相适应刑罚，故而刑事犯罪的罚金低于行政罚款并无不当。

最后，本罪量刑标准模糊，导致司法实务中审判机关自由裁量权过大，争议

---

① 《刑法》第 52 条中规定，“判处罚金，应当根据犯罪情节决定罚金数额”。

不断。

有学者认为，关于本罪入罪标准，《刑法》规定的处罚下限过高，太过轻刑。当非法占用或破坏农用地数量不足5亩时，即使行为人或单位被查处，也只是有关行政部门处以行政处罚，不按《刑法》定罪，因此，不乏一些不法分子钻此漏洞。因《刑法》定罪的下限是5亩，处罚达不到惩处效果和警示作用，致使罚不当罪。实践中依然存在违法占用基本农用耕地的现象，且个别地区日趋严重，导致优质农用耕地不断流失，严重破坏了生态环境。现行规定只限于对农地本身的破坏，立法者既没有考虑整体意义上的破坏生态罪，也没有涉及破坏生态的基本对象，这种缺乏犯罪行为类型化的立法现状，既不利于对整体生态环境的保护，也不利于司法对环境犯罪的定罪量刑，难以实现司法公正。①

理论界和实务界对本罪适用一直存在重刑主义思想，有违刑法谦抑性，有必要进行重置。刑法的谦抑性，又称刑法的经济性或者节俭性，是指立法者应当力求以最小的支出——少用甚至不用刑罚（而用其他刑罚替代措施），获取最大的社会效益——有效地预防和抗制犯罪。② 刑法谦抑并非一味地抵制刑法干预，而是要把握刑法干预的“适度性”，使之保持在合理的限度中。而非法占用农用地罪侵犯的客体主要是土地资源保护管理制度，通常不直接侵害国家安全与社会稳定，也不会造成人身伤害，况且还有公益诉讼作为补充，因此没有必要对此类犯罪加重处罚。③

此类争议导致公诉机关、审判机关、辩护人理解各有不同，争议较大，体现在司法实务中难以做到同案同判，不利于司法公正性和权威性实现。

三、附带民事公益诉讼的法律保护

目前，我国针对自然资源刑事犯罪保护形成了刑事附带民事公益诉讼制度，尤其在《民法典》施行以后，更是与刑法有关自然资源保护的内容形成联动呼应，在刑事处罚与民事赔偿方面对破坏自然资源的行为产生了较好的法律效果与社会效果。各地基层检察机关通过刑事附带民事公益诉讼，既充当刑事控告

---

① 参见李嵩誉：《农地生态价值保护的刑法机制》，载《法学杂志》2020年第11期。

② 参见陈兴良：《刑法的价值构造》，中国人民大学出版社2006年版。

③ 参见李磊明：《非法占用农用地罪的刑法谦抑性反思》，载《中国不动产法研究》2020年第1辑。

人又担任附带民事诉讼原告人，在积极履职过程中保护了自然资源的可持续性发展。

在环境刑事附带民事公益诉讼中，法院既追究了被告人的刑事责任，又判令被告人承担民事责任，且按照《民法典》第 187 条的规定，两种法律责任不能抵消，但绝不是彼此毫无影响。由同一个审判组织既审理环境刑事案件，又审理附带民事公益诉讼案件，法官在环境刑事诉讼中掌握的基本事实有助于其对附带民事公益诉讼的全面认识，在判处被告人承担损害赔偿民事责任时，会综合考虑被告人的认罪、悔罪、并处罚金等情节；在对被告人进行量刑时，会考虑到他已积极采取措施修复被损害的生态环境，主动赔付生态功能损失费等，对同一案件的刑事责任和民事责任进行平衡，全面客观地审视案件事实，统一适用法律，避免了裁判的矛盾和冲突，提高了司法公信力。①

但该制度在司法实践中的适用仍然面临着一些问题。刑事附带民事公益诉讼本质仍是民事诉讼，在刑事诉讼中，检察机关行使的是刑事指控权，表现为依凭国家授予的权力来干预和处分公民的基本权利，以维护国家安定和社会秩序。这种授权具有强制性、专属性、独立性，因此代表国家行使刑事追诉权时不存在顺位问题。而在民事诉讼中，检察机关行使的是法律监督权，本质是代为行使人民让渡出来的权利来参与社会治理以维护社会公共利益。该权利取之于民、受之于民，没有直接的权利授予人，这也决定了检察机关并非案件的直接利害关系人。因此，检察机关在代表人民行使公益诉权时，处于相对靠后的位置，即在其他直接利害关系人没有起诉的情况下，方可基于诉讼担当行使诉权。结合本案，刑事附带民事公益诉讼人在准备提起公益诉讼阶段，公告了准备提起民事公益诉讼的相关情况，在公告期内未有法律规定的机关和有关组织提起诉讼的情况下，向法院提起附带民事公益诉讼。因此，提起附带民事公益诉讼人与民事诉讼原告人本质上并无不同。

但从目前的司法实践中来看，当前，能提起附带民事公益诉讼的主体在一定程度上可以说集中于检察院身上。检察院频频提起附带民事公益诉讼强化了其作为起诉人的绝对霸主地位，而刑事案件被告人同时也是附带民事公益诉讼的

---

① 陈学敏:《环境刑事附带民事公益诉讼制度的检视与完善》，载《华南理工大学学报》(社会科学版)2021 年第 3 期。

被告人,却不能享有普通民事诉讼被告人同等的取证权。因此,在庭审过程中刑事控告人同时担任民事公益诉讼原告人,并将刑事案件采用的证据直接在民事公益诉讼中使用,审判机关未加辨别直接作为裁判依据,导致被告人处于不利地位。

非法占用农用地罪中村委会的主体地位探究*

——以李某某、陈某某非法占用农用地案为例**

基本案情

2014 年 3 月 12 日，时任乐山市市中区悦来乡道铧村村党支部书记的被告人陈某某主持召开该村“两委会”，经该村村民委员会组成人员、村民代表集体研究，为本村集体和村民利益，决定利用该村砂石资源挖取修建乐山市市中区悦来乡 1 社至 3 社村道路。之后，时任该村村主任的被告人李某某和陈某某在负责落实具体工作中，在未经政府相关部门批准的情况下，于 2014 年 3 月 15 日擅自组织施工人员对乐山市市中区悦来乡道铧村 2 组、7 组土地进行挖取、堆放砂石，直至 2014 年 4 月 2 日被乐山市市中区水务局工作人员制止后停工。

2014 年 4 月 22 日，乐山市国土资源局市中区分局向乐山市市中区悦来乡道铧村送达“责令停止国土资源违法行为通知书”，并分别对李某某、陈某某等人进行调查，李某某、陈某某如实陈述了上述事实。经乐市国土资函〔2014〕137 号鉴定意见鉴定：乐山市市中区悦来乡道铧村 2 组、7 组耕地 59.06 亩，因挖掘采砂石、堆放砂石已导致耕地被破坏。其中，挖掘砂石破坏耕地 29.97 亩；堆放砂石压占破坏耕地 29.09 亩。

2014 年 6 月 6 日，乐山市国土资源局市中区分局以乐山市市中区悦来乡道铧村村民委员会涉嫌犯罪移送乐山市公安局市中区分局侦查。同月 11 日，乐山市公安局市中区分局民警在乐山市市中区悦来乡人民政府办公室对李某某、陈某某进行询问调查，李某某、陈某某如实陈述了上述事实。同

---

* 北京盈科（上海）律师事务所董奥迪律师。

** 案号：（2014）乐中刑初字第 329 号。

月16日，乐山市公安局市中区分局决定对乐山市市中区悦来乡道铧村村民委员会非法占用农地案立案侦查。2014年7月1日，李某某、陈某某接到侦查机关电话通知，按要求于次日自行到侦查机关，并如实供述上述犯罪事实。

诉讼中，被告人李某某、陈某某自愿认罪。

控审意见

乐山市市中区人民检察院以乐市中检公诉刑诉(2014)300号起诉书指控被告人李某某、陈某某犯非法占用农用地罪，于2014年11月14日向法院提起公诉，法院于同日立案。法院依法组成合议庭，在被告人李某某、陈某某自愿和同意适用简易程序审判的前提下，适用简易程序，公开开庭审理了本案。乐山市市中区人民检察院指派检察员段某红出庭支持公诉，被告人李某某、陈某某到庭参加诉讼。审理期间，公诉机关对被告人李某某、陈某某及其辩护人提出二被告人具有自首需要补充侦查为由向法院申请延期审理，法院予以同意。现已审理终结。

法院认为，乐山市市中区悦来乡道铧村村民委员会为本村集体和村民的利益，经该村村民委员会组成人员和村民代表集体讨论，决定利用该村砂石资源挖取修建乐山市市中区悦来乡1社至3社村道路。时任该村村主任的被告人李某某和时任该村村党支部书记的被告人陈某某在负责落实具体工作中，违反土地管理法规，未经相关部门审批许可，组织人员非法在耕地上挖砂石和堆砂石，改变土地用途，造成数量较大的耕地毁坏。我国《刑法》第30条规定："公司、企业、事业单位、机关、团体实施的危害社会的行为，法律规定为单位犯罪的，应当负刑事责任。""团体"是指社会团体，即为了一定的宗旨自愿组成的进行某种社会活动的合法组织，既包括依照《社会团体登记管理条例》登记成立的社会团体法人，也包括经相关部门批准的、免于登记的团体。村民委员会属于经县级人民政府批准设立，并且不需登记的社会团体，且有自己的名称、组织机构与场所，能够以自己独立的财产和经费对外承担法律责任，具有刑法理论上作为单位犯罪的全部要件，应认定属于《刑法》第30条规定的"团体"，应成为单位犯罪的主体。由此可见，本案乐山市市中区悦来乡道铧村民委会为本村集体和村民的利益，实施危害社会的行为，应当作为单位犯罪主体承担刑事责任。审理中，法院已建议公诉机关对单位犯罪补充起诉,但公诉机关仍以自然人起诉,故依法按照单位犯罪中直接负责的主管人或者其他直接人员追究被告人李某某、陈某某的刑事责任。

因此,乐山市市中区人民检察院指控被告人李某某、陈某某犯非法占用农用地罪的罪名成立,但造成耕地毁坏的数量应依据乐市国土资函〔2014〕137号鉴定意见59.06亩予以认定,公诉机关指控二被告人行为造成耕地毁坏共计63.03亩不当,法院不予采纳。虽然公安机关已掌握被告人李某某、陈某某犯罪事实,但被告人李某某、陈某某在公安机关尚未对其讯问、未对其采取强制措施时,接到公安机关电话通知后,在无外力强制的情况下,自行到公安机关,并如实供述了犯罪事实,符合自首条件,应认定具有自首情节,依法可从轻或减轻处罚。同时考虑二被告人认罪、主动接受财产刑处罚,确有悔罪表现,又系初犯,其中堆放砂石压占被破坏的29.09亩耕地的可恢复性等,可对二被告人从轻处罚。辩护人提出的相关辩护意见,法院予以采纳,但根据二被告人犯罪行为造成的危害后果,不宜对二被告人适用缓刑。辩护人提出对被告人适用缓刑的辩护意见,法院不予采纳。

裁判结果

法院为保护土地不受非法破坏,打击犯罪,亦本着宽严相济的刑事政策,依据《刑法》第25条第1款、第47条、第52条、第61条、第67条第1款、第342条以及《最高人民法院关于适用〈中华人民共和国刑事诉讼法〉的解释》第283条之规定,判决如下:

1.被告人李某某犯非法占用农用地罪,判处有期徒刑一年,并处罚金人民币5000元(已缴纳);

2.被告人陈某某犯非法占用农用地罪,判处有期徒刑一年,并处罚金人民币5000元。

如不服本判决,可在接到判决书的第二日起十日内,通过法院或者直接向四川省乐山市中级人民法院提出上诉。书面上诉的,应当提交上诉状正本一份,副本二份。

案例评述

随着城镇化、工业化进程的持续推进,相关领域行业对土地的需求日益增加。实践中,一些地方的村民委员会为谋取经济利益,违反土地管理法规,非法占用农用地、非法转让土地使用权的案件时有发生,致使环境资源遭到破坏。

2019 年 8 月 26 日,全国人大常委会通过修改后的《土地管理法》,进一步加强对土地的管理保护。由于立法的滞后性,现行法律和司法解释对村民委员会的单位犯罪主体地位规定不明确,导致判决结果不统一。[①] 本文将以非法占用农用地罪为中心,探讨村民委员会犯罪主体地位及其责任追究问题。

一、研究背景

现行《刑法》总则用两个条文规定了单位犯罪及其处罚原则,《刑法》分则中涉及单位犯罪的罪名有 120 多个,占所有罪名的 1/3。《刑法》第 30 条规定:"公司、企业、事业单位、机关、团体实施的危害社会的行为,法律规定为犯罪的,应当负刑事责任。"第 31 条规定:"单位犯罪的,对单位判处罚金,并对其直接负责的主管人员和其他直接责任人员判处刑罚。本法分则和其他法律另有规定的,依照规定。"可见,我国《刑法》对单位犯罪主要采取双罚制(单位和直接责任人员),是否认定为单位犯罪影响定罪量刑,意义重大,必须谨慎处理。

村民委员会是否构成单位犯罪的主体?迄今为止,没有任何法律和司法解释对此作出明确规定,导致这一问题无论是在理论上还是在司法实践中都存在重大分歧。主要有两种观点:

第一种观点[②]认为,村民委员会不能成为单位犯罪的主体。主要理由包括:我国《刑法》规定的单位犯罪实际上是指法人犯罪,具备法人资格才能成为单位犯罪的主体。根据《村民委员会组织法》的规定,村民委员会是村民自我管理、自我教育、自我服务的基层群众性自治组织,不属于《刑法》第 30 条规定的任何一种主体,自然无法成为单位犯罪的主体。按照罪刑法定原则的要求,现行《刑

---

① 参见姜新平、姜保忠:《论村委会和村民小组的单位犯罪主体地位及其责任追究——以非法占用农用地罪为中心》,载《河南社会科学》2019 年第 12 期。

② 参见张毅:《浅析村委会是否属于单位犯罪主体》,载《河南法制报》2011 年 9 月 1 日,第 12 版。

法》规定的单位犯罪主体包括"公司、企业、事业单位、机关、团体"五种，排除了其他犯罪主体，根据罪刑法定原则，法无明文规定不为罪，因此村民委员会不能成为单位犯罪的主体。

第二种观点①认为，村民委员会可以成为单位犯罪的主体。原因：单位犯罪不等于法人犯罪。虽然我国《刑法》没有采用法人犯罪的概念，《刑法》中规定的单位外延大于法人，既包括企业、事业、机关和团体等法人组织，也包括一些非法人组织，如法人的分支机构或者内设机构、部门等。村民委员会属于经人民政府批准成立并且不需要登记的社会团体，当然可以作为单位犯罪的主体。另外，立法也并没有否定村民委员会作为单位犯罪的主体。如果不把村民委员会作为单位犯罪主体，对其实施的犯罪行为不按犯罪处理，则会放纵犯罪。

二、村民委员会犯罪地位的观点分析

（一）区分单位、法人、团体的概念

1997年《刑法》借鉴国外法人犯罪的概念，首次规定单位犯罪，同时规定了单位的范围，即"公司、企业、事业单位、机关、团体"，但由此造成了概念上的混乱。单位的概念外延显然大于法人，公司、企业、事业单位、机关具有法人资格没有问题，争议较大的是"团体"。村民委员会不同于公司、企业、事业单位、机关，那么，村民委员会是否属于《刑法》第30条规定的"团体"呢？对此有不同的理解。

如本文所引用案例中法院认为：团体是指社会团体，即为了一定的宗旨自愿组成的进行某种社会活动的合法组织，既包括依照《社会团体登记管理条例》登记成立的社会团体法人，也包括经相关部门批准的、免于登记的团体。村民委员会属于经县级人民政府批准设立，并且不需登记的社会团体，且有自己的名称、组织机构与场所，能够以自己独立的财产和经费对外承担法律责任，具有刑法理论上作为单位犯罪的全部要件，应认定属于《刑法》第30条规定的团体，成为单位犯罪的主体。

本文认为，对《刑法》第30条的"团体"不宜做扩大解释，否则单位犯罪的范

---

① 参见高憬宏、杨万名主编：《基层人民法院法官培训教材（实务卷·刑事审判篇）》，人民法院出版社2005年版。

围将无限扩大,有违立法本意。根据《社会团体登记管理条例》,社会团体具有特定含义,常见的如工会、共青团、妇联、学会、协会等。而《村民委员会组织法》规定,村民委员会是基层群众性自治组织,以村民委员会名义从事经营活动时具有营利目的,显然不同于社会团体,某些法院将村民委员会释明为《刑法》第30条的“团体”,缺乏法律依据。

(二)将村民委员会认定为单位犯罪的主体范畴系类推解释

实践中,有观点主张村民委员会成为单位犯罪主体具有法律依据,如《最高人民法院、最高人民检察院关于办理商业贿赂刑事案件适用法律若干问题的意见》,将《刑法》第163条、第164条规定的“其他单位”扩大为包括村民委员会、村民小组等在内的多种常设性组织。《全国法院审理金融犯罪案件工作座谈会纪要》,将单位犯罪界定为“以单位名义实施犯罪,违法所得归单位所有的”,据此,村民委员会应当属于单位犯罪的主体。本文认为,这种理解和处理方式实际上是类推解释。类推解释是填补法律漏洞时采用的方法,在法律没有明确规定的情况下,比照相应的法律规定进行处理。应当明确,无论是刑法总则、《全国人民代表大会常务委员会关于〈中华人民共和国刑法〉第三十条的解释》,还是《最高人民法院关于审理单位犯罪案件具体应用法律有关问题的解释》,都排除了村民委员会作为单位犯罪的主体地位。涉及犯罪主体的规定不宜由地方司法机关作出,某些解释和纪要只是针对具体罪名,不具有普遍适用意义。

综上所述,本文认为,法律和司法应当与时俱进,主动适应社会、经济发展需要,具体到村民委员会的单位犯罪主体问题,罪刑法定原则固然需要坚持,但是应当在探析单位犯罪本质的基础上,考虑社会、经济发展的需要作出认定。

三、村民委员会单位犯罪主体地位的司法认定

为解决理论上的争议和司法实践中存在的同案不同判问题,本文建议:第一,在认定村民委员会、村民小组单位犯罪主体地位时,应当采用交叉视角,坚持刑法总则与刑法分则相结合,刑法和刑法解释相结合,刑法与民法等其他法律相结合的原则。

首先,《刑法》第30条、第31条是对单位犯罪的原则性和概括性规定,适用于所有的单位犯罪;刑法分则规定具体犯罪的构成要件,对单位犯罪有明确规定

的可直接适用。其次，刑法解释是针对特定问题进行的立法、司法或学理解释，立法解释、司法解释可以直接适用，学理解释虽无法律约束力，但对立法和司法工作具有参考价值。最后，在认定单位犯罪时，需要将刑法与民法或其他法律相结合，如民法关于法人的规定，商法关于公司、企业的规定，《村民委员会组织法》关于村民委员会和村民小组的规定，《土地管理法》关于土地保护的规定等。

值得注意的是，2017 年通过的《民法总则》对法人制度作了进一步完善，扩大了法人的种类，在《民法通则》的基础上增加规定"特别法人"，明确赋予村（居）民委员会、农村集体经济组织等法人资格。《民法总则》第 96 条规定："本节规定的机关法人、农村集体经济组织法人、城镇农村的合作经济组织法人、基层群众性自治组织法人，为特别法人。"第 101 条第 1 款规定："居民委员会、村民委员会具有基层群众性自治组织法人资格，可以从事为履行职能所需要的民事活动。"《刑法》在认定单位犯罪时，可以借助民法中的法人制度。对于经过村民委员会或者村民小组集体决议、最终利益归属集体的案件，就应当认定构成单位犯罪，由具备单位犯罪主体资格的村民委员会承担刑事责任。①

第二，及时修改和完善相关法律。现行《刑法》关于单位犯罪主体的规定不具体、不明确，导致理论理解上的混乱和司法实践中出现彼此矛盾的判决结果，影响了法治的严肃和统一。因此，及时启动修法程序，对《刑法》中单位犯罪的规定进行完善，扩大单位犯罪的主体范围，采用列举和概括相结合的方式，是解决村民委员会单位犯罪主体地位问题的最终途径。

四、村民委员会、村民小组单位犯罪的责任追究

在讨论了村民委员会单位犯罪的主体地位后，接下来如何追究其法律责任成为司法机关面临的另一问题。尽管《刑法》对单位犯罪规定了双罚制，也只是在刑法层面解决了被告人的刑事责任，怎样以及通过何种程序弥补被害人的经济损失，则要通过一定的法律程序。

犯罪不仅破坏社会秩序，还会对被害人的人身或者财产造成损害，在弥补被

---

① 参见宋思贵、周娴：《借助法人制度统一单位犯罪主体》，载《检察日报》2017 年 5 月 3 日，第 3 版。

害人经济损失方面,仅有罚金刑显然力所不及。为解决这一问题,我国《刑事诉讼法》规定了附带民事诉讼制度,即司法机关在解决被告人刑事责任问题的同时,附带解决因犯罪行为造成的物质损失的赔偿问题。《刑事诉讼法》第 101 条第 1 款规定:“被害人由于被告人的犯罪行为而遭受物质损失的,在刑事诉讼过程中,有权提起附带民事诉讼。”第 2 款规定:“如果是国家财产、集体财产遭受损失的,人民检察院在提起公诉的时候,可以提起附带民事诉讼。”

2018 年 3 月 2 日,最高人民法院、最高人民检察院联合发布《关于检察公益诉讼案件适用法律若干问题的解释》,正式确立了刑事附带民事公益诉讼制度。该解释第 20 条第 1 款规定:“人民检察院对破坏生态环境和资源保护、食品药品安全领域侵害众多消费者合法权益等损害社会公共利益的犯罪行为提起刑事公诉时,可以向人民法院一并提起附带民事公益诉讼,由人民法院同一审判组织审理。”

刑事附带民事公益诉讼制度为司法机关办理破坏环境资源犯罪案件提供了新思路,在办理涉及村民委员会非法占用农用地罪等单位犯罪案件时,可以引入刑事附带民事公益诉讼制度,在追究村民委员会、村民小组刑事责任的同时,附带解决村民委员会、村民小组的民事赔偿责任问题,除判处村民委员会、村民小组罚金外,判决其承担停止侵害、排除妨碍、恢复原状、赔偿损失等民事责任,以便尽快弥补、修复遭受损害的自然资源和环境。

五、结语

现行法律和司法解释对村民委员会的单位犯罪主体地位规定不明确,导致理论上的混乱和司法实践中相互矛盾的判决结果。在认定村民委员会单位犯罪主体地位时,应当与时俱进,采用刑民交叉视角,借助民法的法人制度,在立法与司法之间寻求平衡,并适时修改和完善相关刑事法律规定。对于追究村民委员会的法律责任,可以通过检察机关提起刑事附带民事公益诉讼的方式来实现。

“三权分置”视角下，论非法占用农用地罪保护法益的诠释*

——以姚某某非法占用农用地案为例**

基本案情

2003年3月15日，被告人姚某某承包位于中心林场西山施业区（尖山）750亩林地植树造林。被告人姚某某将林业点南侧38.5亩林地未经林业主管部门批准作为实验及培育嫁接树种用地，2016年春季姚某某为清除林地中杂草、消除残留农药，组织他人耕种农作物。经宁夏绿森源森林司法鉴定中心鉴定，被占用林地面积38.5亩，为宜林地，种植农作物严重破坏林业种植条件。被告人姚某某于2017年春对涉案土地种植樟子松，经林业部门验收成活率达到90%以上。

扎赉特旗人民检察院以扎检刑诉（2016）447号起诉书指控被告人姚某某犯非法占用农用地罪，于2016年12月28日向法院提起公诉。法院依法组成合议庭，公开开庭审理了本案，扎赉特旗人民检察院指派检察员刘某某出庭支持公诉，被告人姚某某及其辩护人王某某到庭参加诉讼，现已审理终结。

控审意见

扎赉特旗人民检察院指控，2016年春，被告人姚某某将其承包的位于扎赉特旗国营中心林场（以下简称中心林场）西山施业区尖山望火楼东南侧的林间空

* 北京盈科（上海）律师事务所董奥迪律师。

** 案号：（2016）内2223刑初426号。

地承包给高某，并让高某将其中一块林地38.5亩翻耙后种植玉米。认定被告人姚某某的行为构成非法占用农用地，请求依法惩处，提供了认定本案的相关证据。

被告人姚某某辩称，其与中心林场签订的是示范园合同，用以培育苗木的土地，因为杂草较多，影响苗木生长，喷洒了灭草剂，为不影响转年苗木生长种植了农作物进行轮作，没有破坏林地的行为，不构成犯罪。

姚某某的辩护人提出的辩护意见是，被告人不具有主观故意，在经营林苗培育及林木种植过程中为保持土壤良性进行必要的种植轮作是林木种植的必然环节，是防止病虫害及农药残留土壤中的常规做法，不具有擅自改变土地用途的故意。被告人承包750亩造林地，均种植林木，已成效。被告人通过中心林场预留30多亩育苗地，其行为不具备较大的社会危害性，结合被告人的主观动机及行为后果，请求法院对被告人减轻处罚。

法院认为，被告人姚某某与林业部门签订造林合同后，对承包地进行植树造林，对林地做苗木示范园，其间未经林业主管部门批准改变林地用途种植农作物，数量较大，其行为构成非法占用农用地罪。公诉机关指控的罪名成立。对被告人及辩护人提出在经营苗木培育及林木种植过程中轮作是为改善土壤质量，防止病虫害及消除农药残留的常规做法的辩护、辩解意见，法院认为，被告人种植农作物改变土地用途即，未经主管部门批准，且经鉴定"种植农作物严重破坏林业种植条件"。其辩解辩护意见不予采纳。鉴于被告人已对涉案土地种植树木，可酌情从轻处罚。

裁判结果

依照《刑法》第342条之规定，判决如下：被告人姚某某犯非法占用农用地罪，罚金5000元。

案例评述

近年来"三权分置"及其风险防范成为学界的研究热点，但当前有关"三权分置"制度风险防范的法律规制手段的研究主要集中于民法与行政法的角度，鲜见刑法的身影。本文在肯定"三权分置"积极意义及价值意蕴的前提下，深入研究"三权分置"实现途径中潜在的生态风险，指出现行刑法应对"三权分置"生态风险的不足，提出引入《民法典》的“绿色原则”作为非法占用农用地的保护法益，力求使“三权分置”实现最大的制度产出。

一、农用地“三权分置”的实现途径及生态风险

20 世纪 80 年代的农村集体联产承包责任制实现了农用地的两权分离，极大地调动了农民的生产积极性，解决了农民温饱问题。但随着城镇化的提升，家庭承包责任制下的农地细碎化严重阻碍了农业生产规模化、现代化进程。

2016 年中共中央办公厅、国务院办公厅印发《关于完善农村土地所有权承包权经营权分置办法的意见》（以下简称《意见》），将土地承包经营权分为承包权和经营权，实行所有权、承包权、经营权分置并行；2018 年 12 月 29 日出台的《农村土地承包法》第 9 条、第 33 条、第 34 条、第 36 条等条文将承包地“三权分置”的权利结构确立为“所有权 + 土地承包经营权 + 经营权”，“三权分置”政策正式写入法律。

近年来，农用地“三权分置”改革对推进我国农村现代化建设产生多维作用，具有丰富的价值意蕴，破解了农地流转的障碍，实现了农地的规模经营，发掘了农地的融资潜力。“三权分置”的落实，一方面强化了农地的财产属性，实现了农民对农地的财产性权利，让广大农民平等地参与现代化进程，共同分享现代化成果；另一方面用活了经营权，物尽其用，提高了土地资源配置，实现了公平与效率的统一。①

然而，任何创新与变化在带动我们进步的同时，也都潜藏着一定的风险。“三权分置”的实现途径，在一定程度上也引发了某些生态风险。“三权分置”制度设计之初，是为了解决“两权分离”下农地零星化、碎片化状态，形成现代农业的规模化、集约化。而农业经营的规模化、集约化是通过城市工商资本反哺农业与流转农地相结合来实现的。但是工商资本下乡是一把“双刃剑”，在盘活农用地资源的同时，由于其天然具有短期性、逐利性的特点，资本下乡势必要挖掘土地的高效价值，这与农业种植利润回报率低的提点显然背道而驰。因此近年来，资本进入农村后，在土地数量上，农地非粮化、非农化现象加剧，导致耕地数量减

① 参见吴萍：《农用地“三权分置”的生态风险与刑法应对》，载《江西社会科学》2020 年第 12 期。

少;在土地质量上,农地负荷加重,地力下降,污染严重,导致耕地质量降低等问题。[①]

二、非法占用农用地罪司法适用现状

非法占用农用地罪是《刑法》第 342 条的规定,设立初衷在于打击非法占用农用地犯罪,但其在司法实践中一直适用乏力,相关犯罪呈愈演愈烈之势。以"非法占用农用地罪、刑事案由、刑事案件"为关键词在裁判文书网检索,相关案例从 2010 年的 12 起陡升至疫情前 2019 年的 4952 起,增长了 412 倍,而此类案件屡禁不止是因为本罪适用不够精准,无法发挥刑事制裁威慑力。[②] 非法占用农用地罪的保护对象是农用地,而传统的秩序法益说内容涵盖不够全面,并且我国农用地属性较为复杂,以往司法文件中对其权利属性的规定变动会造成刑法上的构成要件认定模糊,导致刑事制裁范围无法确定。

2020 年 5 月 28 日第十三届全国人民代表大会第三次会议通过《民法典》,其承袭并吸收了《民法总则》中规定的绿色原则以及《农村土地承包法》中规定的土地经营权,对非法占用农用地罪的司法适用产生影响。

在《民法典》颁布前,对于非法占用农用地罪刑法解释的研究,在保护法益方面,过去通说认为仅侵犯了农用地管理秩序法益,构成对农用地管理秩序的破坏,加剧了农用地非粮化、非农化现象,并据此提出要强化对非法占用农用地破坏其管理秩序行为的打击,但是在新近研究中,已经有学者关注到非法占用农用地可能导致生态风险,并探讨将生态法益纳入保护法益的范畴。[③]

三、《民法典》对非法占用农用地罪法益保护的影响

《民法典》中承继并强调绿色原则理念,丰富了刑法中法益保护机能的内

---

① 参见吴萍:《农用地"三权分置"的生态风险与刑法应对》,载《江西社会科学》2020 年第 12 期。

② 参见陈禹衡:《转型与完善:〈民法典〉颁布后非法占用农用地罪的刑法解释重构》,载《东北农业大学学报》(社会科学版)2021 年第 1 期。

③ 参见张红良、彭子游:《非法占用农用地犯罪的司法认定及其反映出的法治问题研究——以重庆市某基层检察院办理的此类案件为样本》,载《西南政法大学学报》2012 年第 2 期。

涵,将对应的生态法益纳入保护法益范畴,强调了对农用地生态法益的保护,符合"贯彻绿色原则,对物权的设立和行使进行适当限制"趋势。①

保护生态法益符合非法占用农用地犯罪中法益侵害的实际情况,如本文案例中,姚某某通过耕种农作物玉米进行轮作(倒茬)来改良土壤,实现改善土壤种植条件的作用,最终被认定为非法占用农用地。本案中,放置玉米渣的行为,并没有侵犯任何明确的农用地管理秩序,但是不加以惩处则不利于规制非法占用农用地犯罪行为,所以在裁判文书中采用了生态法益保护观点,认为该行为降低了农用地自我净化、土地复垦以及自然产出能力,侵害了生态法益,最终科处刑罚。

通过梳理现有裁判文书发现,自 2017 年《民法总则》第 9 条规定"民事主体从事民事活动,应当有利于节约资源、保护生态环境"绿色原则以来,司法实践中开始重视对于农用地的生态法益保护,在裁判文书中的叙述从"破坏农用地管理秩序"转向"破坏农用地生产能力",裁判文书网中的非法占用农用地案件也呈逐年上升趋势,侧面印证在强调绿色原则、保护农用地生态法益后,有效提升了对非法占用农用地犯罪的打击力度,避免保护法益出现疏漏,完善了对农用地的保护。

与之相对,如果不能承继并遵从《民法典》中绿色原则指引,那么对于很多未侵犯农用地管理秩序却侵害了农用地生态法益的行为,将无法进行刑法规制,刑法威慑力也会大打折扣。特别是在"三权分置"所引起生态风险下,刑法作为一种社会治理和社会控制的机制,为实现其法益保护机能,理应做出积极回应。

四、《民法典》颁布后非法占用农用地罪法益的重新诠释

(一)引入生态法益的概念

在生态文明建设的时代背景下,农用地不仅承载着巨大的经济价值,同时还蕴含丰富的生态价值,在涉及农用地利用、管理的法律文件已经逐步凸显其生态价值保护的前提下,《刑法》作为强力的制裁手段,更需要结合实际引入生态法

① 参见张明楷:《污染环境罪的争议问题》,载《法学评论》2018 年第 2 期。

益作为保护法益。本文将从实质解释、法律基础和体系解释三个层面证明其作为保护法益的必要性。

在实质解释层面,非法占用农用地行为不仅破坏了农用地管理秩序,同时也侵害了农用地自我净化能力以及自然产出能力,前者则是后者基础,两者都属于农用地生态环境的衡量指标,①构成了农用地生态法益内涵,同时也是对绿色原则的体现。绿色原则视角下对农用地的保护,不能仅着眼于当下价值,而应意识到其是可再生资源,对农用地的攫取和占用会损耗其可持续生产能力。因此在法益保护机能上强调生态法益,围绕自我净化和自我产出能力开展刑法保护,是坚持绿色原则、推行可持续发展理念、构建土地善治、保护农用地的实际需求。

在法律基础层面,由于非法占用农用地罪的司法适用依赖参照性规范,而《民法典》中的绿色原则作为基本原则,相较于《民法总则》中绿色原则规定而言影响更为深远。比如《农村土地承包法》第38条规定"不得破坏农业综合生产能力和农业生态环境",点明了对农用地生态法益的保护,并将农用地生态法益和综合生产能力挂钩,体现两者的内在联系,有助于将绿色原则更好地辐射到农用地保护中,实现对《民法典》绿色原则的落实和回应。

在体系解释层面,一方面,《刑法》中同一章节的罪名在保护法益上一般具有内在一致性,即"法律条文只有当它处于与它有关的所有条文的整体之中才显出它的真正含义",②非法占用农用地罪处于《刑法》中破坏环境资源保护罪章节,则生态法益作为环境资源犯罪的保护法益,理应为非法占用农用地罪所采纳。③ 另一方面,为了配合《民法典》的实施,《刑法》也应该作为最后的保障手段,而《民法典》中的绿色原则,以及其衍生的生态法益,则必然为刑法保护法益吸收,并基于绿色原则调整刑事制裁范围,实现不同法律规范之间的联动和协调。④

值得注意的是,强调基于《民法典》绿色原则保护农用地的生态法益不等于忽视农用地管理秩序法益。一直以来非法占用农用地罪所注重的是土地用途管制,是为了制裁将农用地挪作建设用地或者其他用途的破坏用途管制行为,以保

---

① 参见侯艳芳:《关于非法占用农用地罪之有效惩治的理性思考》,载《人民法治》2018年第2X期。

② [法]亨利·莱维·布律尔:《法律社会学》,许钧译,上海人民出版社1987年版。

③ 参见陈洪兵:《"美丽中国"目标实现中的刑法短板及其克服》,载《东方法学》2017年第5期。

④ 参见张明楷:《罪刑法定与刑法解释》,北京大学出版社2017年版。

障农用地管理秩序。而《民法典》中的相关内容，配合《农村土地承包法》形成了对农用地的综合用途管制秩序。鉴于此，应该结合《民法典》绿色原则所提倡的对农用地生态法益的保护，将非法占用农用地罪的保护法益扩充为农用地生态法益和管理秩序法益，完善刑法的法益保护机能，“刑法并不以特定的价值观为优先，而是保障各种各样的价值观并存”，[①]因此扩充保护法益，不仅有利于非法占用农用地罪的适用，也有助于《刑法》保障《民法典》的施行。

（二）构建生态法益可测量标准

“刑法的任务是保护法益，因此没有或者不允许有不针对特定法益的刑法规定”，[②]而针对非法占用农用地罪中的生态法益，为了避免法益本身陷入抽象化桎梏，需要建立可测量标准，并在相关法律机制的协调配置，进而完成对非法占用农用地罪保护法益的落地。

关于本罪如何定量生态法益，则需结合《刑法》中关于本罪的定罪标准“数量较大以及大量毁坏”，并类型化分析生态法益的损害后果，参照相关规范文件构建量化的可测量标准。

第一，如果非法占用农用地所造成的生态法益损失可以直接转化为财产法益和人身法益，那么可以制定转化规则，并依据转化后的财产法益和人身法益损失判断。在财产法益转化上，应该将农用地生产价值参照周边同等生态环境下的正常农用地的农作物产出加以计算，考虑到农用地“三权分置”改革，尤其是农用地的土地经营权流转以债权实现物权和资本的结合，赋予农用地财产属性并可以在市场中流通。因此在计算财产法益损失时，如果农用地已经处于在市场上流转阶段，则需要根据市场价值变动计算其实时的财产价值，累计其财产法益损失。在对人身法益的转化上，农用地从生态法益损失转化到人身法益损失首先需要确证两者间因果关系，参考日本水俣病案等环境生态法益损害的典型案例，此处宜采取疫学因果关系说，只有证明非法占用导致农用地的生态法益损失和人身法益损失之间有较大的疫学因果联系，才能进一步统计其损失的具体数值。

第二，如果非法占用农用地行为造成的生态法益损害是以农用地作为载体

---

① ［日］西田典之：《日本刑法总论》，王昭武、刘明祥译，法律出版社2013年版。

② ［德］冈特·施特拉腾韦特、洛塔尔·库伦：《刑法总论Ⅰ——犯罪论》，杨萌译，法律出版社2006年版。

的生态环境，无法转化为传统法益保护，可以比照《刑法》中危害性质、危害结果相似或相关罪名评价，进行综合性利益衡量，建立与侵害农地犯罪行为和危害结果相当、可供司法机关裁量的生态法益可测量标准。

（三）借鉴域外经验，成体系的框定量化指标

简言之，构建准确的生态法益衡量标准是破解生态法益损害模糊性的唯一路径，其首要目标是以量化标准帮助区分非法占用农用地在行政违法和刑事违法间界限，而现有评价体系则多从生态环境损害的恢复角度考察，分为污染清理和修复费用、生态环境恢复和资源环境服务损失等内容。

参考域外对于生态法益损害的侵害标准，美国采用自然资源损害评估制度（Natural Resource Damage Assessment），分为预评阶段、评估计划期、评估期、后期评估四个阶段，采用货币化评估方法，在判定损害因果关系后量化生态法益损害，并在后期评估中考虑到将来可能面临的损害。

结合国内非法占用农用地实际情况，构建量化农用地生态法益可测量标准，应该从生态价值评估入手，依托生态法益测量技术进步，协调配套的规范性文件和国家标准，从两方面框定量化指标，并最终呈现为司法解释。

在规范性文件上，可以参照环境保护部 2011 年发布的《环境污染损害数额计算推荐方法》，利用其中规定的耕作修复、土壤清洗等方法，计算农用地生态法益所遭受的经济损失，通过生态评估计算需要投入的生态恢复金额，防止农用地土壤生态贫瘠造成损害，并选取业内能够接受的经济数值作为区分标准。

在国家标准上，可以参照《土壤环境质量农用地土壤污染风险管控标准（试行）》（GB 15618—2018），其中规定了农用地土壤污染风险筛选值和风险管控值，对于农用地中的镉、汞、砷、铅、铬等指标，规定符合科技标准的参数值作为具体的可测量指标。实际上，司法实践中对于非法占用农用地造成的生态法益损害已经利用现有的技术进行评估鉴定，并计算其造成的生态法益损失，在裁判文书中附上《××森林植被恢复费估算表》等计量数据，辅助司法机关定罪量刑。

五、结语

“三权分置”落实了农民对农用地的财产性权利，提高了土地资源配置，实现了公平与效率的统一。但贯彻实施中也潜藏着致使耕地数量减少、耕地质量

降低的因素,引发生态风险。非法占用农用地罪是规制“三权分置”生态风险的最有力手段,但现行《刑法》对生态法益的保护不够,影响了刑罚预防功能的实现。本文建议适时引入《民法典》的绿色原则,使民法和刑法在农用地保护领域形成合力,借助《民法典》补正《刑法》中的法益缺漏。在《民法典》绿色原则的指引下,补充生态法益为保护法益,创设生态法益可测量标准,指导和约束农地流转和使用过程中的生态保护,为“三权分置”的顺利实施保驾护航。

第3章

环境污染篇

通过私设暗管等逃避监管方式环境污染行为如何认定*

——以盛开水务公司污染环境案为例**

基本案情

被告单位南京盛开水务有限公司(化名,以下简称盛开水务公司),住所地南京某工业园区。盛开水务公司于2003年5月成立,主营污水处理业务。2014年10月至2017年4月,该公司在高浓度废水处理系统未运行、SBR(序批式活性污泥处理技术,主要用于处理水中有机物)反应池无法正常使用的情况下,利用暗管向长江违法排放高浓度废水28.46万立方米和含有危险废物的混合废液54.06吨。该公司还采取在二期废水处理系统中篡改在线监测仪器数据的方式逃避监管,向长江偷排含有毒有害成分污泥4362.53吨及超标污水906.86万立方米。上述排污行为造成生态环境损害,经鉴定评估,按照虚拟治理成本法的方式,以单位治理成本总数乘以环境敏感系数,认定生态环境修复费用约为4.70亿元。

控审意见

江苏省南京市鼓楼区人民检察院指控,2014年10月至2017年4月18日,被告单位盛开水务公司在其一期B高浓度废水处理系统未运行、SBR池无法正常使用的情况下,仍多次接收排污企业(管线进水、槽罐车进水)高浓度废水并利用暗管违法排放;多次利用暗管违法排放低浓度废水;在一期、二期废水处理

---

* 北京盈科(上海)律师事务所康烨律师。

** 案号:(2019)苏01刑终525号。

系统中修建暗管用于偷排污泥;人为篡改在线监测仪器数据,逃避环保部门监管,致二期废水处理系统长期超标排放污水;在无危险废物处理资质情况下,接收德××染料(南京)有限公司(另案处理,以下简称德××公司)属于危险废物的混合废液共计118.48吨,利用暗管偷排54.06吨,其余64.42吨尚未排放。生态环境损害数额共计人民币256,093,440.96元至256,759,460.16元。

江苏省南京市鼓楼区人民法院评议:被告单位盛开水务公司作为南京化学工业园区污水处理企业,应明知其所负防治环境污染的社会功能,应明知其偷排等行为的违法性,应明知未经处理的污水直接排入长江对水体生态环境造成的危害,但仍长期利用暗管实施偷排,篡改在线监测仪器数据,逃避监管超标排放污水,行为性质极其恶劣。被告单位盛开水务公司违反国家规定,排放、处置有毒物质和其他有害物质,严重污染环境,后果特别严重,其行为构成污染环境罪。在单位犯罪中,被告人郑某甲系直接负责的主管人员,被告人浦某、李某甲、高某甲、陈某甲、毛某甲、金某、洪某、谷某、夏某、高某乙系其他直接责任人员,应当以污染环境罪对其定罪处罚。被告人赵某甲明知盛开水务公司长期篡改自动监测仪器数据超标排放污水,违反职责放任二期废水处理系统自动监测仪器数据被篡改,并主动帮助盛开水务公司逃避环保部门的监管,致使环境保护主管部门对污染企业的监管处于失控状态,与盛开水务公司构成共同犯罪,应当以污染环境罪追究其刑事责任。江苏省南京市鼓楼区人民检察院的指控罪名成立,法院予以支持。

裁判结果

1. 被告单位盛开水务公司犯污染环境罪,判处罚金人民币5000万元。郑某甲等12名被告犯污染环境罪,判处一年至六年不等的有期徒刑,并处罚金。

2. 被告单位盛开水务公司的违法所得予以追缴,上缴国库。禁止被告人金某、洪某、赵某甲、谷某、夏某、高某乙在缓刑考验期内从事与排污或者处置危险废物有关的经营活动。

案例评述

一、私设暗管等逃避监督污染环境的行为系污染环境犯罪的客观行为表现方式之一

2017 年 1 月 1 日,《最高人民法院、最高人民检察院关于办理环境污染刑事案件适用法律若干问题的解释》(以下简称《解释》)对《刑法》第 338 条中严重污染环境规定了 18 种情形。其中《解释》第 1 条第 5 项明确规定,“通过暗管、渗井、渗坑、裂隙、溶洞、灌注等逃避监管的方式排放、倾倒、处置有放射性的废物、含传染病病原体的废物、有毒物质的”,属于严重污染环境。对于此条的把握重点在两个方面:一是采用逃避监管的方式;二是所排放、倾倒、处置的必须是有放射性的废物、含传染病病原体的废物、有毒物质,二者缺一不可。对于暗管,应当理解为通过隐蔽的方式达到规避监管目的而设置的排污管道。经本案审判机关查明,盛开水务公司具有私设暗管且偷排污水逃避监督污染环境的行为,符合污染环境罪构成要件的客观方面。

二、污染环境犯罪案件当中,认定主观故意采取综合分析的方式

根据《最高人民法院、最高人民检察院、公安部、司法部、生态环境部关于办理环境污染刑事案件有关问题座谈会纪要》(以下简称《纪要》)规定,具有下列情形之一,犯罪嫌疑人、被告人不能作出合理解释的,可以认定其故意实施环境污染犯罪,但有证据证明确系不知情的除外:通过暗管、渗井、渗坑、裂隙、溶洞、灌注等逃避监管的方式排放污染物的;通过篡改、伪造监测数据的方式排放污染物的。

《纪要》同时规定:“判断犯罪嫌疑人、被告人是否具有环境污染犯罪的故意,应当依据犯罪嫌疑人、被告人的任职情况、职业经历、专业背景、培训经历、本人因同类行为受到行政处罚或者刑事追究情况以及污染物种类、污染方式、资金流向等证据,结合其供述,进行综合分析判断。”可见,在污染环境犯罪当中,推定主观故意采取综合分析的方式。

在盛开水务公司污染环境案中,法院分别从被告单位的业务职能、偷排方式、行为后果三个方面,从三个“应明知”角度推定被告单位“应当知道”:被告单

位盛开水务公司作为南京化学工业园区污水处理企业，应明知其所负防治环境污染的社会功能，应明知其偷排等行为的违法性，应明知未经处理的污水直接排入长江对水体生态环境造成的危害，但仍长期利用暗管实施偷排，篡改在线监测仪器数据，逃避监管超标排放污水，行为性质极其恶劣。

三、私设暗管逃避监管污染环境，应重点围绕客观证据予以查明

污染环境案件涉及生产流程、排污设备、管道排线、排污口、排放点等事项。本案中，盛开水务公司是否存在长期利用暗管实施偷排污水、污泥的行为，相关证据审查成为庭审关键，本案公诉机关提供了如下证据：

1. 盛开水务公司交接班日志中一期 B 事故池的打水（偷排污水）、停打水的记载。2014 年 10 月至 2017 年 4 月盛开水务公司打水记录共 440 个，时间共计 3213 小时 50 分钟，平均每次打水时间为 10 小时 58 分钟。

2. 刑事摄影照片、现场勘验笔录，发现埋设于地下的 7 条管路，与原设计图［包括全厂总流程图、水工艺竣工图、一期扩建项目工艺施工图、一期扩建项目工艺竣工图、一期扩建项目竣工图、二期扩建项目工艺图、二期扩建项目工艺图（修）、二期扩建工程工艺竣工图］核对，发现在设计图纸中未出现的管路，认定属私设暗管。各路管道的作用，调查 1#管路至 7#管路：或直接排入总排水池进入外环境；或直接随尾水排放；或经其他管路进入总排水池排入外环境；或将一期工程的污泥混入二期工程的污泥处置系统；或可将二期废水不经处理通过 1#管路排放。

3. 江苏福×工程技术有限公司（以下简称福×公司）对盛开水务公司的施工改造管线图、证人许某甲的证言证实：2013 年 2 月至 2017 年 3 月，福×公司为盛开水务公司施工改造了涉案 3#、4#、5#、6#等 5 根管线。

4. 盛开水务公司第四届董事会第三次、第四次会议记录，2015 年度第一次董事会会议记录，2016 年度第一次董事会会议运行报告，2016 年度第二次董事会会议记录等证据证实：在上述各次董事会中，运行部门提交的报告中均提到“由于无稳定的高浓度污水，盛开一期 B 高浓度系统未运行”，2016 年度第二次董事会会议的运行报告中还提到“目前污泥干化的产量无法达到来水的产泥要求，导致装置内的污泥浓度仍然处于警戒状态，存在较大风险”。

5. 盛开水务公司出具的2015年12月《德××公司废水临时处理方案》以及2016年8月《巴××TBA项目临时高浓度废水进入盛开装置处理说明》、2017年2月《欧德油储临时高浓度废水进入盛开装置处理说明》等证据证实：德××公司废水处理流程中有“单独高级氧化预处理”内容，巴××TBA项目、欧德油储临时高浓度污水处理流程中都有“经过SBR生化反应池”的步骤。

6. 南京市污染源自动监控系统截屏照片证实：熊×公司于2017年1月11日23时19分在南京市污染源自动监控系统填报盛开水务公司二期出水口监测设备pH仪故障，备注“1月11日16时至1月12日11时pH数据异常，经查为探头受潮造成”；于2017年3月1日9时3分在南京市污染源自动监控系统填报盛开水务公司二期出水口监测设备pH仪故障并附有照片，状况详情为“2月28日23:00～3月1日00:00 pH数据异常，经查为pH探头表面有杂物，清洗后恢复正常”，而照片属性显示创建时间为2017年2月23日。

7. 地质勘查资质证书、盛开水务公司管线探测项目成果报告证实：江苏华东八一四地球物理勘查有限公司具有地质勘查资质，该公司受托对盛开水务公司厂区外至长江边排污口之间区域所涉及的一根排污管开展物探勘察工作，勘察结果显示：连接盛开水务公司厂区与长江排口之间的排污管，总长度为5358米，该条排污管在盛开水务公司与长江排口之间的路径内，未发现有其他管线接入的情况，排除了其他介入因素。

法庭结合公诉机关出示以上客观证据，结合盛开水务公司运行部操作工卓某甲、桑某、毛某、吕施、朱某甲、徐某等人的证言，被告人浦某、金某、洪某等人的供述，证实盛开水务公司有利用暗管偷排污水污染环境的行为。

从本案的证据体系来看，值得借鉴的是客观证据的证明作用。第一，证据1证明有偷排水行为。第二，证据2、3可证明通过管道设计图，对照现场勘验，发现在设计图纸中未出现的管路，且被告单位曾经对线路做过相应改造，从而认定属私设暗管。第三，证据4、5证明非法排放的污水具有高度污染环境的具体危险。第四，证据6证明本案污染环境结果已经发生。第五，证据7证明环境污染的结果应当归属于被告单位，能够排除其他介入因素。连接盛开水务公司厂区与长江排口之间总长度为5358米的排污管，未发现有其他管线接入的情况，排除了排污管线被其他主体侵入的可能，加强了因果关系的证明。以上证据从“行为—结果—因果关系—排除介入因素”形成了完整的证据链条，固定了污染环境的事实,证明盛开水务公司存在长期利用暗管实施偷排污水的行为。

四、私设暗管逃避监管方式污染环境的行政、民事法律责任

通过暗管、渗井、渗坑等逃避监管方式在实际中较普遍,且行为人主观上有“长期作战”的准备,监管和查办案件较为困难,且隐蔽排污通常时间较长、数量较大,对环境的危害大。故在行政责任和民事责任方面,均对该等行为规定有相应处罚内容。

行政责任方面,《环境保护法》第 63 条规定,通过暗管、渗井、渗坑、灌注或者篡改、伪造监测数据,或者不正常运行防治污染设施等逃避监管的方式违法排放污染物的;尚不构成犯罪的,除依照有关法律法规规定予以处罚外,由县级以上人民政府环境保护主管部门或者其他有关部门将案件移送公安机关,对其直接负责的主管人员和其他直接责任人员,处 10 日以上 15 日以下拘留;情节较轻的,处 5 日以上 10 日以下拘留。《水污染防治法》第 83 条规定,利用渗井、渗坑、裂隙、溶洞,私设暗管,篡改、伪造监测数据,或者不正常运行水污染防治设施等逃避监管的方式排放水污染物的;由县级以上人民政府环境保护主管部门责令改正或者责令限制生产、停产整治,并处 10 万元以上 100 万元以下的罚款;情节严重的,报经有批准权的人民政府批准,责令停业、关闭。

实务中,私设暗管等逃避监管行为可以推定违法行为人具有行政违法故意。成都清洋宝柏包装有限公司诉成都市郫都区生态环境局、成都市生态环境局行政处罚及行政复议案中,①裁判要旨认定,原告只要存在通过隐蔽的方式达到规避监管目的而设置排污管道,包括埋入地下的水泥管、瓷管、塑料管等,以及地上的临时排污管道的行为,均属于私设暗管排放水污染物的行为。该案行政处罚对主观故意的认定,采取了相较于刑事裁判更为激进的推定,即只要存在排放含有污染物的污水行为,通过隐蔽的方式达到规避监管目的而设置排污管道的,均认定为具有污染环境的主观故意。笔者认为,该案反映了行政司法裁判上的一种态度。

民事侵权责任方面,《民法典》第 1232 条规定,环境污染侵权引入了惩罚性

---

① (2018)川 0191 行初 380 号行政处罚决定书。

赔偿机制。《解释》规定，因环境污染、生态破坏受到损害的自然人、法人或者非法人组织，一般以不超过人身损害赔偿金、财产损失数额的二倍为限，请求判令侵权人承担惩罚性赔偿责任。《最高人民法院关于审理生态环境侵权纠纷案件适用惩罚性赔偿的解释》（法释〔2022〕1 号）第 7 条规定，具有下列情形之一的，人民法院应当认定侵权人具有污染环境、破坏生态的故意：通过暗管、渗井、渗坑、灌注，篡改、伪造监测数据，或者以不正常运行防治污染设施等逃避监管的方式，违法排放污染物的。根据该解释第 4 条，被侵权人主张生态环境侵权人承担惩罚性赔偿责任的，负有举证侵权人具有污染环境、破坏生态故意的证明责任，但是该解释第 7 条降低了被侵权人证明内容，只要举证侵权人通过暗管等逃避监管或不正常运行防治设施的方式，即可认定侵权人具有环境侵权的责任。

综上，针对私设暗管等逃避监管的行为，我国有健全的法律体系规制，作为污染环境的惯常行为之一，实务中采取从严打击态势。企业一旦被认定有私设暗管、弄虚作假的行为，将视情承担环境污染犯罪、行政违法、民事侵权的法律责任，还会被列入严重失信名单，影响市场信誉。

环境污染企业合规不起诉*

——张家港市L公司、张某甲等人污染环境案**

基本案情

张家港市L公司系省级高科技民营企业，张某甲、张某乙、陆某某分别系该公司的总经理、副总经理、行政主管。2018年下半年，L公司在未取得环评的情况下建设酸洗池，并于2019年2月私设暗管，将含有镍、铬等重金属的酸洗废水排放至生活污水管，造成严重环境污染。张家港生态环境局现场检测，L公司排放井内积存水样中总镍浓度为29.4mg/L、总铬浓度为29.2mg/L，分别超过《污水综合排放标准》的29.4倍和19.5倍。2020年6月，张某甲、张某乙、陆某某主动向张家港市公安局投案自首，如实供述犯罪事实，自愿认罪认罚。

合规程序

2020年8月，张家港市公安局以L公司及张某甲等人涉嫌污染环境罪向张家港市人民检察院移送审查起诉。张家港市人民检察院进行办案影响评估并听取L公司合规意愿后，指导该公司开展合规建设。

检察机关的合规程序：

1. 检察机关评估涉案行为的社会危害性，调查公司的生产经营情况；

2. 检察机关听取行政机关意见；

---

* 北京盈科(上海)律师事务所康烨律师。

** 政务：上海市工商联，最高检发布企业合规改革试点典型案，载 https://m.thepaper.cn/baijiahao_13075849。

3. 检察机关审查企业书面承诺；

4. 涉案企业聘请律师对合规建设进行初评，全面排查企业合规风险，制订详细合规计划；

5. 检察机关委托税务、生态环境、应急管理等部门对合规计划进行专业评估；

6. 涉案企业每月向检察机关书面汇报合规计划实施情况；

7. 检察机关组建以生态环境部门专业人员为组长的评估小组，对涉案企业整改情况及合规建设情况进行评估，经评估合格，通过合规考察；

8. 检察机关邀请人民监督员、相关行政主管部门、工商联等各界代表，召开公开听证会，参会人员一致建议对涉案企业作不起诉处理。

裁判结果

检察机关当场公开宣告不起诉决定，并向生态环境部门提出对涉案企业作出行政处罚的检察意见。后由生态环境部门对涉案企业作出行政处罚决定。

典型意义

刑事合规是检察机关针对企业涉嫌具体犯罪，设置企业合规考察期，督促企业作出合规承诺并积极整改落实，经由第三方组织检验评估后，根据相关情况作出宽缓处理。检察机关对污染企业作出不起诉决定后，仍然会对企业是否存在违法、犯罪的潜在风险因子进行跟踪。

本案中，检察机关在办理涉企犯罪案件时，主动审查是否符合企业合规试点适用条件，并及时征询涉案企业、个人的意见，做好合规前期准备。在企业合规建设过程中，检察机关会同有关部门，对涉案企业合规计划及实施情况进行检查、评估、考察，引导涉案企业实质化合规整改，取得明显成效。检察机关召开公开听证会，听取各方面意见后对涉案企业依法作出不起诉决定，以公开促公正，提升司法公信力。同时，检察机关结合企业合规情况，主动做好刑行衔接工作，提出检察意见移送有关主管机关处理，防止不起诉后一放了之。

案例评述

一、环境污染企业合规不起诉的积极意义

当前,我国检察机关正在积极推行的合规不起诉制度,与国外的"合规计划"不尽相同,不仅吸取了量刑激励的思想内核,又与认罪认罚从宽制度相结合。2020 年,最高人民检察院启动了第一批合规试点地区和试点单位,2021 年 3 月又启动了第二批合规试点地区。2021 年 4 月,最高人民检察院下发《关于开展企业合规改革试点工作方案》指出,"开展企业合规改革试点工作,是指检察机关对于办理的涉企刑事案件,在依法作出不批准逮捕、不起诉决定或者根据认罪认罚从宽制度提出轻缓量刑建议等的同时,针对企业涉嫌具体犯罪,结合办案实际,督促涉案企业作出合规承诺并积极整改落实,促进企业合规守法经营,减少和预防企业犯罪,实现司法办案政治效果、法律效果、社会效果的有机统一"。

2021 年 6 月 3 日,最高人民检察院联合司法部、财政部、生态环境部、国务院国有资产监督管理委员会、国家税务总局、国家市场监督管理总局、全国工商联、中国国际贸易促进委员会八个部委共同发布了《关于建立涉案企业合规第三方监督评估机制的指导意见(试行)》(以下简称《意见》)。《意见》所建立的合规企业监督评估机制是以第三方机制为主导的、以违法犯罪行为实施后企业的合规计划、合规计划实施程度为考核指标的评估机制。

《意见》指出,人民检察院在办理涉企犯罪案件时,对符合企业合规改革试点适用条件的,交由第三方监督评估机制管理委员会(以下简称第三方机制管委会)选任组成的第三方监督评估组织(以下简称第三方组织),对涉案企业的合规承诺进行调查、评估、监督和考察。

《意见》第 4 条对于同时符合下列条件的涉企犯罪案件,试点地区人民检察院可以根据案件情况适用本指导意见:(1)涉案企业、个人认罪认罚;(2)涉案企业能够正常生产经营,承诺建立或者完善企业合规制度,具备启动第三方机制的基本条件;(3)涉案企业自愿适用第三方机制。同时《意见》第 5 条开出了不适用企业合规试点以及第三方机制的"负面清单":(1)个人为进行违法犯罪活动而设立公司、企业的;(2)公司、企业设立后以实施犯罪为主要活动的;(3)公司、企业人员盗用单位名义实施犯罪的;(4)涉嫌危害国家安全犯罪、恐怖活动犯罪的;

(5)其他不宜适用的情形。

本案中,检察机关经审查认为,L公司及张某甲等人虽涉嫌污染环境罪,但排放污水量较小,尚未造成实质性危害后果,可以进行合规考察监督并参考考察情况依法决定是否适用不起诉。同时经调查,L公司系省级高科技民营企业,年均纳税400余万元、企业员工90余名、拥有专利20余件,部分产品技术突破国外垄断。如果公司及其主要经营管理人员被判刑,对国内相关技术领域将造成较大影响。2020年10月,检察机关向L公司送达《企业刑事合规告知书》。

L公司在第一时间提交了书面合规承诺以及行业地位、科研力量、纳税贡献、承担社会责任等证明材料。检察机关在认真审查调查报告、听取行政机关意见以及综合审查企业书面承诺的基础上,对L公司作出合规考察决定。随后,L公司聘请律师对合规建设进行初评,全面排查企业合规风险,制订详细合规计划,检察机关委托税务、生态环境、应急管理等部门对合规计划进行专业评估。L公司每月向检察机关书面汇报合规计划实施情况。2020年12月,检察机关组建以生态环境部门专业人员为组长的评估小组,对L公司整改情况及合规建设情况进行评估,经评估合格,通过合规考察。同月,检察机关邀请人民监督员、相关行政主管部门、工商联等各界代表,召开公开听证会,参会人员一致建议对L公司作不起诉处理。检察机关经审查认为,对L公司不起诉符合《意见》精神,当场公开宣告不起诉决定,并依法向生态环境部门提出对该公司给予行政处罚的检察意见。2021年3月,苏州市生态环境局根据《水污染防治法》有关规定,对L公司作出行政处罚决定。

二、宽严相济刑事司法政策之下,环境资源犯罪呈从严打击态势,司法机关严格掌握不起诉条件

从我国环境保护司法政策来看,贯彻“该宽则宽,当严则严”的原则,但总体政策系从严打击。《最高人民法院关于贯彻宽严相济刑事政策的若干意见》指出:当前和今后一段时期,对造成严重后果的重大安全责任事故犯罪,重大环境污染、非法采矿、盗伐林木等各种严重破坏环境资源的犯罪等,要依法从严惩处,维护国家的经济秩序,保护广大人民群众的生命健康安全。2022年3月8日,最高人民检察院工作报告说明:落实用最严密法治保护生态环境,持续从严追诉

非法倾倒危险废物、走私洋垃圾等破坏生态环境资源犯罪成效显现,2021 年起诉4.9 万人,8 年来首次下降。促进源头治理,办理生态环境和资源保护领域公益诉讼 8.8 万件,同比上升 4.7%。2023 年 3 月 8 日,最高人民检察院工作报告说明:公益诉讼守护美丽中国。持续投入蓝天、碧水、净土保卫战,主动衔接中央生态环境保护督察整改,办理生态环境和资源保护领域公益诉讼 39.5 万件,年均上升 12.5%。

最高人民法院、最高人民检察院、公安部、司法部、生态环境部在《关于办理环境污染刑事案件有关问题座谈会纪要》(以下简称《纪要》)中强调:"环境污染犯罪案件的刑罚适用直接关系加强生态环境保护打好污染防治攻坚战的实际效果。……要在全面把握犯罪事实和量刑情节的基础上严格依照刑法和刑事诉讼法规定的条件适用不起诉、缓刑、免予刑事处罚,既要考虑从宽情节,又要考虑从严情节;既要做到刑罚与犯罪相当,又要做到刑罚执行方式与犯罪相当,切实避免不起诉、缓刑、免予刑事处罚不当适用造成的消极影响。具有下列情形之一的,一般不适用不起诉、缓刑或者免予刑事处罚:(1)不如实供述罪行的;(2)属于共同犯罪中情节严重的主犯的;(3)犯有数个环境污染犯罪依法实行并罚或者以一罪处理的;(4)曾因环境污染违法犯罪行为受过行政处罚或者刑事处罚的;(5)其他不宜适用不起诉、缓刑、免予刑事处罚的情形。"

三、涉刑企业如何争取获得合规不起诉

(一)涉案行为具有轻缓处刑的条件

以 L 公司为例,该公司排放井内积存水样中总镍浓度为 29.4mg/L、总铬浓度为 29.2mg/L,分别超过《污水综合排放标准》的 29.4 倍和 19.5 倍。违反《最高人民法院、最高人民检察院关于办理环境污染刑事案件适用法律若干问题的解释》"排放、倾倒、处置含铅、汞、镉、铬、砷、铊、锑的污染物,超过国家或者地方污染物排放标准三倍的""排放、倾倒、处置含镍、铜、锌、银、钒、锰、钴的污染物,超过国家或者地方污染物排放标准十倍以上的"的规定,法定刑在"三年以下有期徒刑或者拘役,并处或者单处罚金"。根据本案介绍,L 公司排放超标,排放行为具有环境污染的抽象危险性,但尚未造成严重环境污染后果。在此前提下,L 公司具备了合规不起诉所要求的"可适用法定刑在三年以下有期徒刑"的前提

条件。因此，对于环境行政主管部门拟移送给公安机关立案的案件，涉刑企业可以提前了解可能被处以的法定刑幅度，主动投案，如实供述，争取获得自首情节。如可能立功的，可以揭发除同案共犯事实以外的其他犯罪行为，争取获得立功情节的认定。

（二）及时采取止损措施

《最高人民法院、最高人民检察院关于办理环境污染刑事案件适用法律若干问题的解释》第5条规定："实施刑法第三百三十八条、第三百三十九条规定的行为，刚达到应当追究刑事责任的标准，但行为人及时采取措施，防止损失扩大、消除污染，全部赔偿损失，积极修复生态环境，且系初犯，确有悔罪表现的，可以认定为情节轻微，不起诉或者免予刑事处罚；确有必要判处刑罚的，应当从宽处罚。"因此，涉刑企业对于暗管等排污的行为，应停止排污，主动消除隐患，排除暗管、渗井、渗坑、裂隙、溶洞等隐蔽排污设施和条件，防止环境损失扩大，降低后期修复成本。不少企业在涉案后，没有及时安排企业后续处置事宜，导致管理秩序混乱，无从采取有力的止损措施，错过了防止损失扩大的最佳时机。

（三）企业具有挽救的必要，且能积极履行环境修复和赔偿义务

涉刑企业可向检察机关提交企业相关资料，以反映企业对于当地经济社会发展、民生就业、纳税有一定贡献，具有挽救的必要。以L公司为例，该企业系省级高科技民营企业，年均纳税400余万元、企业员工90余名、拥有专利20余件，部分产品突破国外垄断。该等企业情况为检察机关在考虑是否进行合规整改时起到了一定作用。另外，涉刑企业如先期被行政机关调查，应当及时主动向行政机关表明积极履行环境修复的意愿，并且承担赔偿义务，缴纳暂扣款用于担保环境修复的费用。如案件被行政机关移交公安机关立案，涉刑企业也应当表明有积极赔偿的愿意，主动承担修复成本，争取获得检察机关对于涉刑企业认罪悔过态度良好的认可。

（四）认真整改，建立企业合规长效机制

涉刑企业在进入刑事诉讼程序后，认真整改，吸取教训，通过积极实施刑事合规计划方案实现自我规范，为今后企业合法合规经营打下基础，用实际行动来展现悔改之心，从而达到企业合规良性发展的效果。经过一定时间的考察，企业整改经由检察部门审查认可后获得不起诉处理的决定。同时，在获得不起诉后，企业仍然实施长效合规，不触犯环保的红线。

层层转包式固体废物倾倒如何确定直接倾倒者、中介人及固体废物产生企业法律责任*

——姚某某等污染环境刑事附带民事公益诉讼案**

基本案情

2017 年 11 月 2 日晚，嘉兴市嘉善县至秀洲区太浦河红旗塘河道发生严重污染，水体呈暗红色，浊度及总磷均超出正常指标数倍。经调查查明：2015 年以来，工业污泥处置中介人姚某某、夏某某、陆某某、朱某某违反国家规定，联系嘉兴某织造有限公司等 5 家污泥产生企业，将取得的全部或部分污泥通过层层转包的方式，交由明知无工业固体废物处置资质的胥某某处置。胥某某组织方某某、段某某等人将 2739 吨工业污泥分多次偷倒入红旗塘嘉善至秀洲段水域。经鉴定，倾倒的工业污泥为"有毒"或"有害"物质，共造成各类损失达 560 余万元。

控审意见

2018 年 10 月 12 日，嘉兴市秀洲区人民检察院向法院提起刑事附带民事公益诉讼，指控 8 名被告人构成污染环境罪，并诉请判令各民事责任主体承担污泥倾倒造成环境污染所产生的应急监测和检测费用、为防止污染扩大所产生的紧急措施费用、对倾倒的污泥进行清理、运输、处置费用和生态损害赔偿费用等共计 560 余万元，各工业污泥产出企业在责任范围内分别与姚某某、胥某某等人承担连带赔偿责任。

---

* 北京盈科（上海）律师事务所康烨律师。

** 案号：（2020）浙 04 刑终 40 号。

一审法院认为,8 名被告人违反国家规定,交叉结伙通过暗管等逃避监管的方式倾倒含有铜、锌、镍、铬、锑、铅、砷等重金属的污染物,严重污染环境,8 名被告人的行为均已构成污染环境罪。因被告单位及被告人非法处置工业固体废物,严重污染环境,损害社会公共利益,依法应当承担侵权责任,赔偿为消除污染而倾倒污泥进行清理处置所产生的费用、生态环境损害费用等损失,其中直接实施倾倒行为的被告人胥某某应对所有损失承担赔偿责任;被告人姚某某、陆某某、夏某某及被告单位嘉善县姚庄镇顺祥人力搬运服务部业主朱某某应当明知胥某某等无固体废物处置资质,仍将污泥交由胥某某等处置,存在严重过错,应当对参与的事实造成的损失承担连带赔偿责任;被告单位金善公司、盛翔公司、宏阳公司、昱辉公司未尽到依法承担污染防治责任,亦应对各自产生的污泥被倾倒造成的损害承担连带责任。

裁判结果

2019 年 12 月 27 日,嘉兴市秀洲区人民法院经公开审理作出一审判决:以污染环境罪判处 8 名被告人一年十个月至五年不等的有期徒刑,并处罚金,同时对检察机关提出的公益诉讼请求全部予以支持。部分附带民事公益诉讼被告单位不服,向嘉兴市中级人民法院提出上诉。2020 年 5 月 11 日,嘉兴市中级人民法院作出二审判决,除因一家工业污泥产出企业进入破产清算程序,对其以确认之诉改判外,其余部分均维持原判。

案例评述

一、层层转包式的固体废物倾倒案件中直接倾倒者的法律责任

污染环境罪,是指违反国家规定,排放、倾倒或者处置有放射性的废物、含传染病病原体的废物、有毒物质或其他有害物质,严重污染环境的行为。① 具体包括三个方面的要件:(1)违反国家规定。即违反《环境保护法》《水污染防治法》

---

① 参见喻海松:《环境资源犯罪实务精释》,法律出版社 2017 年版,第 38 页。

《大气污染防治法》《固体废物污染环境防治法》等环境相关规定。(2)排放、倾倒或者处置放射性的废物、含传染病病原体的废物、有毒物质或其他有害物质。(3)严重污染环境。

从实行行为类别来看,《最高人民法院、最高人民检察院关于办理环境污染刑事案件适用法律若干问题的解释》(以下简称《环境解释》)第1条列举了18项,其中第1~5项采取抽象危险犯的模式,不要求有危害结果发生即可成立犯罪。

从犯罪对象来看,2011年《刑法修正案(八)》将原重大环境污染事故罪改为污染环境罪,行为对象从"其他危险废物"扩大到"其他有害物质",其中包括固体废物。[①] 根据《固体废物污染环境防治法》第124条规定,固体废物包括工业固体废物、生活垃圾、建筑垃圾、农业固体废物、危险废物。本案倾倒物系在工业生产活动中产生的固体废物。本案犯罪对象属于工业固体废物。

从固体废物的法定义务来看,《固体废物污染环境防治法》第37条规定,产生工业固体废物的单位委托他人运输、利用、处置工业固体废物的,应当对受托方的主体资格和技术能力进行核实,依法签订书面合同,在合同中约定污染防治要求。受托方运输、利用、处置工业固体废物,应当依照有关法律法规的规定和合同约定履行污染防治要求,并将运输、利用、处置情况告知产生工业固体废物的单位。产生工业固体废物的单位违反本条第1款规定的,除依照有关法律法规的规定予以处罚外,还应当与造成环境污染和生态破坏的受托方承担连带责任。第39条规定,产生工业固体废物的单位应当取得排污许可证。排污许可的具体办法和实施步骤由国务院规定。

为了防止实践中有些行为人借口运输、贮存、利用固体废物,实为非法处置固体废物的行为,《最高人民法院、最高人民检察院、公安部、司法部、生态环境部关于办理环境污染刑事案件有关问题座谈会纪要》规定,司法实践中认定非法排放、倾倒、处置行为时,应当根据《固体废物污染环境防治法》和《环境解释》的有关规定精神,从其行为方式是否违反国家规定或者行业操作规范、污染物是

---

① 《固体废物污染环境防治法》(2020年修订)第124条规定,本法下列用语的含义:固体废物,是指在生产、生活和其他活动中产生的丧失原有利用价值或者虽未丧失利用价值但被抛弃或者放弃的固态、半固态和置于容器中的气态的物品、物质以及法律、行政法规规定纳入固体废物管理的物品、物质。经无害化加工处理,并且符合强制性国家产品质量标准,不会危害公众健康和生态安全,或者根据固体废物鉴别标准和鉴别程序认定为不属于固体废物的除外。

否与外环境接触、是否造成环境污染的危险或者危害等方面进行综合分析判断。对名为运输、贮存、利用,实为排放、倾倒、处置的行为应当认定为非法排放、倾倒、处置行为,可以依法追究刑事责任。比如,未采取相应防范措施将没有利用价值的危险废物长期贮存、搁置,放任危险废物或者其有毒有害成分大量扬散、流失、泄漏、挥发污染环境的。

从本案来看,客观上,胥某某组织方某某、段某某等人,将 2739 吨工业污泥分多次偷倒入红旗塘嘉善至秀洲段水域;主观上,胥某某、方某某、段某某没有无害化处置措施的能力,无证排放工业污泥,具有污染环境罪的直接故意。胥某某等人的行为达到《环境解释》第 1 条的追诉标准,行为与损害的因果关系明确,直接倾倒人构成污染环境罪。

二、层层转包式的固体废物倾倒案件中中介人员的法律责任

在本案中,呈现出较为明显的环境污染违法犯罪产业化迹象。工业污泥处置中介人姚某某、夏某某、陆某某、朱某某,以工业污泥处置中间商或承运者身份,主动联系、接洽嘉兴某织造有限公司等 5 家污泥产生企业。在获得有偿处置的业务后,通过层层转包的方式交由明知无工业固体废物处置资质及能力的下家胥某某等人处理。经鉴定,倾倒的工业污泥为“有毒”或“有害”物质,共造成各类损失达 560 余万元。为了逃避监管,本案还呈现本省接活,外省倾倒的犯罪特征。

证人曹某证实:一般固体废物的合法处理流程是审核并委托有资质的单位处置,签订合同,固体废物出厂过磅登记,填写跟车转运联单,再由车辆转运到处置单位,由处置单位签字敲章签收。一般这个程序要由固体废物产出单位跟踪监管,最终结账由处置单位出具发票和产出单位结算。转运联单是产出单位填写,具体内容包含产生单位,吨数,日期,现场人员签字,产生单位敲章,接下来转运联单是跟车走的,最终到处置单位,由处置单位签收之后,在转运联单上签字敲章确认,留底一份,把剩下的转运联单交还产出单位。

被告人姚某某以污泥处置中间商身份,假借处置单位名义签订污泥处置合同,多次假冒处置单位的转运联单,但实际从未将污泥运至处置单位处置。接受固体废物后,中间商没有跟踪监管,没有将处置情况告知产废单位,更是对胥某

某无资质处置固体废物主观明知。在犯罪过程中，中间商与直接倾倒者各有作用，不分主次，直接导致本案污染环境后果的发生，构成污染环境罪。

三、层层转包式的固体废物倾倒案件中固体废物产生企业的法律责任

本案中，附带民事诉讼的5家企业并未指控为环境犯罪的共同被告，原因：

第一，污染环境罪为法定犯，均要求行为人具有法定注意义务为前提。二审法院认为5家企业“未尽谨慎注意义务”，说明在审查主观责任要素时，法院注意到5家企业并非危险废物产出企业，属于工业固体废物的产出企业，不需要达到高度注意义务。5家企业尽到了部分注意义务，故法院在审理过程中，采取相对谨慎态度，并未客观归罪。

第二，在对本案主观责任要件的审查中，二审法院认为“涉案企业与八名被告人缺乏污染环境的意思联络”，不具有与实行犯的“共同故意”。因此一审、二审法院均未对5家企业认定犯罪。

然而，对于危险废物[①]产出企业，法律法规要求企业负有高度注意义务，未尽到该义务，构成环境污染犯罪共同犯罪处理。《环境解释》第7条规定，明知他人无危险废物经营许可证，向其提供或者委托其收集、贮存、利用、处置危险废物，严重污染环境的，以共同犯罪论处。申言之，只需要证明行为人明知对方无经营许可资质，无须证明行为人明知对方会实施后续污染环境具体行为，即可对行为人以污染环境的共同犯罪论处。例如，2019年8月至2020年11月，被告人李某在明知广陵区某汽车维修保养中心经营过程中所产生的废机油是危险废物，且明知刘某某（已判决）没有处置危险废物相关资质的情况下，仍然多次向刘某某出售废机油共3.06吨，非法获利5720元。被认定构成污染环境犯罪。[②]

可见，危险废物排污企业相较于一般排污企业负有更高的注意义务，因为危险废物一旦泄漏具有对环境生态的高度致害性。行为人违反《环境解释》第1条第1项、第2项的数量标准，即可构成严重污染环境，不要求有实际危害后果

① 《固体废物污染环境防治法》（2020年修订）第124条规定，危险废物是指列入国家危险废物名录或者根据国家规定的危险废物鉴别标准和鉴别方法认定的具有危险特性的固体废物。

② 李某污染环境罪刑事一审刑事判决书，（2022）苏0682刑初65号。

发生，排放行为一经发生具有刑事可罚性。同时，由于排放行为还可能与非法处置进口的固体废物罪、投放危险物质罪等犯罪发生竞合，《环境解释》采取较重处罚，也表明了行为具有高度致危险性应予负以高度注意义务的立场。

四、刑事附带民事的共同侵权责任认定

《固体废物污染环境防治法》第123条规定，构成犯罪的，依法追究刑事责任；造成人身、财产损害的，依法承担民事责任。《民法典》第1229条规定，因污染环境、破坏生态造成他人损害的，侵权人应当承担侵权责任。第1231条规定，两个以上侵权人污染环境、破坏生态的，承担责任的大小，根据污染物的种类、浓度、排放量，破坏生态的方式、范围、程度，以及行为对损害后果所起的作用等因素确定。

本案中，关于共同侵权部分，二审法院认为上诉人四家企业的行为与环境污染结果存在因果关系，构成共同侵犯。二审法院认为：四上诉人（四家排污企业）作为工业固体废物产生单位，负有依法处置工业固体废物的法定义务。工业固体废物的无序流转存在极大环境风险，故产生单位对所产污染物的处置必须尽到谨慎注意义务，采取一切必要、可行措施防止污染物被倾倒；委托处置的，对污染物产生后一直到安全运抵合法处置单位之前均负有监管责任。在案证据证实各上诉人均明知一般工业固体废物的正规处置流程，却未能尽到谨慎注意义务和监管责任。盛翔公司、宏阳公司未与处置单位签订书面合同，未审查陆某某所提供委托手续等复印件的真实性；昱辉公司未核实处置公司的主体资格和技术能力；金善公司对姚某某提供的营业执照复印件等材料未尽到审慎核查义务，且任凭姚某某出具非合同单位接受工业固体废物的转运联单。四上诉人还存在固体废物处置单位在外省却未经环保部门同意、未及时申报、转运联单填写及流转不规范、费用交由运输人收取等问题。综上，四上诉人并未严格履行法律规定的污染防治义务，疏于审查或放任没有资质的姚某某等人运输、处置工业固体废物，在污染防治义务上的不作为与本案环境损害后果的发生存在法律上的因果关系，属于法律规定的污染者，应当承担侵权责任。

上诉人四家企业与姚某某、胥某某等人的犯罪行为相互结合共同导致本案环境损害结果的发生，应在各自产生的污泥被倾倒所造成的损害范围内与胥某

某等人承担连带责任。

综上,对该起案件,笔者认为固体废物的产出企业应当严格按照国家规定,做好防污治污的第一道屏障。本案中,如果相关企业依法履行查验相关资质和手续,对污染物的去向进行跟踪,本案大概率是不会发生的。

如何认定“直接负责的主管人员”与“直接责任人员”*

——以浙江晋巨化工有限公司、吴某某、黄某某等污染环境罪案为例**

基本案情

2017 年 12 月，被告单位浙江晋巨化工有限公司（以下简称晋巨公司）将其硫酸厂产生的污泥渣拌入矿渣去湿，产生混合固体废物。被告人潘某某，系晋巨公司分管安全环保部副总经理，经环保部门约谈后，未采取整改措施。被告人吴某某，系该公司安全环保部主管，将上述固体废物交由无资质的被告人黄某某等人处置。2018 年 1 月，被告人黄某某、刘某某将 2327.48 吨混合固体废物运至浙江省江山市露天堆放。2018 年 2 月至 3 月，刘某某等人将相关固体废物共计 1924.48 吨从浙江省衢州市运往福建省浦城县堆放、倾倒、填埋。后经应急处置，挖掘清运受污染泥土混合物共计 4819.36 吨，上述行为造成应急处置、监测、评估等各项费用损失共计 307 余万元。上述行为系 2018 年 3 月 9 日案发，环保部门经调查取证后，于 2018 年 3 月 20 日移送公安机关。

控审意见

2018 年 1 月至 3 月，晋巨公司既未与黄某某、刘某某签订工业品销售合同和处置协议，也未审查处置人员资质和跟踪处置地点，即允许黄某某和刘某某将其管理的硫酸厂内混合固体废物拉走处置。2018 年 1 月，公司安全环保部主管

---

* 北京盈科（上海）律师事务所康烨律师。

** 案号：（2018）闽 0722 刑初 258 号。

吴某某私下与黄某某联系，让黄某某以何家山水泥厂的名义免费拉走销售牟利，后经刘某某组织车辆，运至江化热电厂旁的空地上露天堆放，场地未硬化，未进行防渗、防漏措施处理。案发后，该堆放点的固体废物经过磅，重量为 2327.48 吨。经检测，提取的渗滤液中，铜含量超过国家标准 1049 倍，镉含量超过国家排放标准 19.6 倍。

2018 年 2 月，吴某某和黄某某商定，先以电化厂每吨 98 元固体废物处置标准补贴运输费，由黄某某处置废渣，结束后再定补贴金额。后经刘某某联系李某某，以每吨 27 元的好处费由李某某帮助处置。李某某又与廖某某、詹某某合伙，约定将废渣倾倒于廖某某煤场处置，双方默认利益均分。2018 年 2 月至 3 月，刘某某等人运往浦城倾倒的固体废物共计 1924.78 吨，其中运往廖某某煤渣厂倾倒填埋的有 1598.74 吨，经环境检测认定，倾倒的固体废物均为有毒物质，可对周边环境造成污染。2018 年 3 月 9 日廖某某等人在安排三车较稀的固体废物倾倒在荣华山产业组团内的填方地块时被当场查获，其中已倾倒的一车 58.72 吨，经检测认定为有毒物质，扣押未倾倒的两车 142.2 吨，提取的车上渗滤液中铜含量超过国家排放标准 1123 倍，镉含量超过国家排放标准 24.2 倍，以上倾倒的地点经环保部门认定均为渗井与渗坑。2018 年 3 月 10 日，经刘某某和诸某某联系，又从硫酸厂拉走两车固体废物 124.82 吨至浦城仙阳诸帅启煤渣厂，准备晾干后售卖用于制砖原料，后被环保部门查获，经检测认定为含有重金属的危险废物。

另外，2017 年 3 月黄某某与刘某某曾有合伙经营硫酸厂的污泥处置业务，因公司未予跟踪处置，发生固体废物露天堆放，未做好"三防"措施，碱性液体渗出污染环境等不规范处置事件，衢州市环保局对潘某某、吴某某等人进行了约谈，提出了整改要求。而本次晋巨公司在处置混合固体废物期间，潘某某作为公司分管安全环保部的副总经理，未尽到管理和注意义务，发生工业固体废物交由无处置资质的社会闲散人员代理处置，未做好定向处理和处置跟踪，导致发生跨省倾倒和填埋固体废物，严重污染环境。2018 年 3 月 9 日案发后，浦城县环保局工作人员于 3 月 10 日到硫酸厂调查取证，该公司及分管领导仍未采取有效防止措施，放任黄某某和刘某某在没有处置资质的情况下，在 3 月 10 日至 16 日仍然拉走混合固体废物达 1821.94 吨，直至公安机关介入调查。该案共造成公私财产损失 3,072,741.91 元，给晋巨公司造成的直接损失为 2,262,741.91 元，晋巨公司国有占股比例为85.02%，经折算致使国家利益遭受直接损失为1,923,783.17元。

裁判结果

福建省浦城县人民法院一审认为，被告单位晋巨公司将固体废物交由无资质人处置；被告人黄某某、刘某某将固体废物露天堆放，渗滤液铜和镉含量超出国家污染物排放标准10倍以上，严重污染环境；被告人刘某某等人跨省运输、处置固体废物，导致公私财产损失100万元以上，后果特别严重，均已构成污染环境罪。被告人吴某某系晋巨公司单位犯罪的直接责任人员，依法应承担相应的刑事责任。一审法院以污染环境罪判处晋巨公司罚金55万元；判处吴某某等8人有期徒刑三年六个月以下不等，并处罚金；以国有公司人员失职罪判处潘某某有期徒刑一年八个月，缓刑二年。

案例评述

一、本罪单位犯罪如何认定

与自然人相比，公司、企业等单位掌握着充足资源，对环境有着很强的控制力，是众多环境污染产生的源头。单位在谋求自身经济利益的过程中往往会牺牲环境利益，产生的破坏远重于自然人犯罪，因此我国《刑法》第346条对单位环境污染犯罪作了明确规定。同时，《最高人民法院、最高人民检察院关于办理环境污染刑事案件适用法律若干问题的解释》（以下简称《环境解释》）第11条规定了单位环境污染犯罪定罪量刑的适用标准。但在实践中单位环境污染犯罪案件在整个环境污染犯罪案件中所占的比例极低。原因是多方面的，主要原因在于单位意志难以判断。鉴于此，《最高人民法院、最高人民检察院、公安部、司法部、生态环境部关于办理环境污染刑事案件有关问题座谈会纪要》（以下简称《纪要》）明确了认定单位意志的四种情形：

（1）经单位决策机构按照决策程序决定的；

（2）经单位实际控制人、主要负责人或者授权的分管负责人决定、同意的；

（3）单位实际控制人、主要负责人或者授权的分管负责人得知单位成员个

人实施环境污染犯罪行为,并未加以制止或者及时采取措施,而是予以追认、纵容或者默许的;

(4)使用单位营业执照、合同书、公章、印鉴等对外开展活动,并调用单位车辆、船舶、生产设备、原辅材料等实施环境污染犯罪行为的。

其中,第一种情形是单位经合法程序形成的意思表示,是单位真正的意志表现形式。第二种、第三种情形则是将个人的意志拟制为单位的意志,这些个人主要是对单位的行为具有控制力和支配力的人,足以影响单位的决策,因此其意志可被视为单位的意志。第四种情形则走得更远,仅仅通过能够代表单位行为的客观事实即可进行认定,这是对单位主观意志的推定。如此规定扩大了认定单位犯罪的范围,使单位入罪的门槛降低。

在对单位犯罪责任的追究问题方面,《刑法》规定了单位环境污染犯罪应当对单位主管人员和其他直接责任人员定罪处罚。准确确定责任人是进行追责的前提,但《刑法》和《环境解释》对此未作具体规定。在《纪要》中对此进行了明确。"直接负责的主管人员"主要是单位实际控制人、主要负责人或者授权的分管负责人、高级管理人员等,这些人对单位有很强的控制力,对单位犯罪起着决定性作用,其无论是明知故犯还是默示纵容都会被追究责任。"其他直接责任人员",一般是指在直接负责的主管人员的指挥、授意下积极参与实施单位犯罪或者对具体实施单位犯罪起较大作用的人员。按照宽严相济的刑事政策,直接负责的主管人员作为环境污染行为的决策者和领导者,对环境污染行为的产生具有决定作用,将是惩治的重点,要比其他执行人员承担更重的责任。

此外,《纪要》对单位环境污染犯罪的诉讼程序作了更严格的要求,在遗漏单位作为起诉对象时,检察院有权要求公安机关补充侦查,法院应当建议检察院补充起诉。这使得单位侥幸脱责的可能性大大降低。

二、如何认定本罪单位犯罪当中"直接负责的主管人员"与"直接责任人员"

本案吴某某提出自己作为安全环保部的部门副职,属中层,对单位的事务没有决策权力,不是直接负责的主管人员,不构成污染环境罪。法院认为,本案证据证实,晋巨公司有授权安全环保部主管处置固体废物权限和签署合同的权限,吴某某在处置固体废物的时候对外以单位的名义,谋取的是单位利益,目的是利于硫酸厂生产的正常进行,在案发之后晋巨公司对于非法处置固体废物的行为,亦认可单位行为,以单位名义补签了工业品销售合同,以单位销售部名义与黄某某补签了处置协议,基于以上,应当认定晋巨公司构成单位犯罪。吴某某系晋巨公司安全环保部主管,负有硫酸厂环保管理、检查、监督职责,其违反本单位的固体废物污染防治管理规定,将固体废物交由无处置资质的黄某某等人处置,亦未跟踪监督处置地点,对于可能会发生污染环境的危害行为,其主观上明知,客观上主动实施,从而导致黄某某、刘某某等人擅自跨省处置固体废物,严重污染环境,吴某某应作为直接责任人员承担刑事责任,综上,晋巨公司和吴某某均构成污染环境罪,辩护意见不予采纳。

单位犯罪中的"直接负责的主管人员",一般是指对单位犯罪起决定、批准、组织、策划、指挥、授意、纵容等作用的主管人员,包括单位实际控制人、主要负责人或者授权的分管负责人、高级管理人员等;"其他直接责任人员",一般是指在直接负责的主管人员的指挥、授意下积极参与实施单位犯罪或者对具体实施单位犯罪起较大作用的人员。

《环境解释》第11条规定,单位实施本解释规定的犯罪的,依照本解释规定的定罪量刑标准,对直接负责的主管人员和其他直接责任人员定罪处罚,并对单位判处罚金。

在《纪要》发布之前,《最高人民法院关于审理单位犯罪案件具体应用法律有关问题的解释》(法释〔1999〕14号)、《最高人民法院关于审理单位犯罪案件对其直接负责的主管人员和其他直接责任人员是否区分主犯、从犯问题的批复》(法释〔2000〕31号)、《全国法院审理金融犯罪案件工作座谈会纪要》(法〔2001〕8号,对单位犯罪直接负责的主管人员和其他直接责任人员作出了认定)等文件对单位犯罪进行了规定和认定,但是对单位意志的认定标准并未进行过系统的规定。

《纪要》提出了认定"单位意志"的判断标准,即为了单位利益,实施环境污染行为,并具有下列情形之一的,应当认定为单位犯罪:

(1)经单位决策机构按照决策程序决定的;

(2)经单位实际控制人、主要负责人或者授权的分管负责人决定、同意的;

(3)单位实际控制人、主要负责人或者授权的分管负责人得知单位成员个人实施环境污染犯罪行为,并未加以制止或者及时采取措施,而是予以追认、纵容或者默许的;

(4)使用单位营业执照、合同书、公章、印鉴等对外开展活动,并调用单位车辆、船舶、生产设备、原辅材料等实施环境污染犯罪行为的。

此次《纪要》关于单位犯罪认定的内容,实际上是扩大了对单位犯罪的认定范围。

并且,《纪要》还提到,对于应当认定为单位犯罪的环境污染犯罪案件,如公安机关未作为单位犯罪移送审查起诉,人民检察院应当退回公安机关补充侦查。对于应当认定为单位犯罪的环境污染犯罪案件,如人民检察院只作为自然人犯罪起诉,人民法院应当建议人民检察院对犯罪单位补充起诉。

三、实务建议

《纪要》明确:会议认为,办理环境污染犯罪案件,认定单位犯罪时,应当依法合理把握追究刑事责任的范围,贯彻宽严相济刑事政策,重点打击出资者、经营者和主要获利者,既要防止不当缩小追究刑事责任的人员范围,又要防止打击面过大。企业环境污染案件通常是因基层业务人员的违规操作而引发,具体实施涉案行为的人员往往首先被认定为直接责任人员。

但在环保刑事案件中,刑事实务对案件背后企业的单位刑事责任及决策层、管理层的刑事责任给予了重点关注,个人与企业之间存在责任牵连的刑事风险。这主要体现在,刑事实务中降低了单位犯罪的认定标准。根据《纪要》,除了单位决策实施犯罪外,单位主管人员对违规行为未加制止、未采取应对措施,以及使用单位证照、使用单位车辆和生产设备实施违规行为的,都可直接认定为单位犯罪。相应地,根据单位犯罪双罚制的特点,发挥决策、审批、授权、监督等治理职能的高级管理人员也将在单位犯罪中面临刑事处罚。同时,对于存在"纵容""默许"以及对违规行为未加以制止等情节的高级管理人员,也会被认定为刑事责任主体。

因此,笔者建议,辩护律师在梳理涉案企业及相关人员时,单位对员工的犯罪行为知情或至少知道实施犯罪行为的情形要优先分析。对于单位事先不知情的情形,要从员工行为是否包含在内部授权范围内、所得利益是否归属于单位等角度,作出员工行为是否归属于单位责任的判断。而在判断员工行为是否超出授权范围时,则应着重考虑业务管理的惯例、单位授权文书、公司内部任命邮件、员工职责范围等作出综合分析。

三大公益诉讼助力保护海洋自然资源与生态环境*

——海南省海口市人民检察院诉海南A公司等三被告非法向海洋倾倒建筑垃圾民事公益诉讼案**

基本案情

海口市秀英区人民检察院在“12345”平台发现，群众多次举报有运泥船在美丽沙海域附近倾倒废物，随后通过多次蹲点和无人机巡查，拍摄到船舶向海洋倾倒建筑垃圾的行为。海口市人民检察院检察官在前期工作基础上，2018年12月14日与海洋行政执法人员共同出海，联合开展特定海域调查行动，在海上截获一艘已倾倒完建筑垃圾正返回临时码头的开底船。经查明，2018年，海口B公司中标美丽沙项目两地块土石方施工工程后，将土石方外运工程分包给海南A公司。陈某（A公司实际控制人）以A公司的名义申请临时码头，虚假承诺将开挖的土石方用船运到湛江市某荒地进行处置，实际上却组织人员将工程固体废物倾倒于海口市美丽沙海域。经委托生态环境部华南环境科学研究所（以下简称华南所）鉴定，倾倒入海的建筑垃圾中含有镉、汞、镍、铅、砷、铜等有毒有害物质，这些有毒有害物质会进入海洋生物链，破坏海洋生态环境和资源，生态环境损害量化共计860.064万元。

控审意见

2019年11月，海口市人民检察院以A公司、陈某、B公司为共同被告向海口海事法院提起民事公益诉讼，请求判令：（1）被告A公司赔偿生态环境损害费

---

* 北京盈科（上海）律师事务所康烨律师。

** 案号：（2019）琼72民初227号。

860.064万元,被告陈某和B公司承担连带赔偿责任。(2)三被告在全国发行的媒体上公开赔礼道歉。(3)三被告承担本案鉴定费47.5万元及公告费。检察机关申请了财产保全,法院查封了陈某名下的房产、船舶,冻结了陈某、B公司的银行账户。

裁判结果

2020年3月26日,海口海事法院当庭宣判,支持检察机关的全部诉讼请求。三被告对一审判决不服,向海南省高级人民法院提出上诉。主要理由:定案的关键证据即鉴定意见在资质、程序、检材取样、计算方式、依据的法律法规等方面存在重大错误;倾倒的淤泥、土方并非建筑垃圾;倾倒物未造成海洋生态环境损害;倾倒入海的建筑垃圾仅1.5万立方米等。

2020年8月13日,二审开庭审理。海南省人民检察院指派2名检察官,与海口市人民检察院检察官共同参加庭审活动。出庭检察官围绕诉讼请求及争议焦点进行了举证,以视频、数据、鉴定意见和评估报告等,证明三被告共同实施了污染海洋环境侵权行为,依法应当承担赔偿损失等民事责任。海南省人民检察院出庭检察官参加了整个庭审活动,并阐明:所倾倒对象的性质并非疏浚物,而属于建筑垃圾;案涉倾废数量认定依据准确,符合法律、司法解释的规定;鉴定意见认定倾倒垃圾对海洋生态环境造成的损害数额清楚、取样程序规范。华南所参与鉴定的专家出庭接受质询,对30多个问题进行了专业解答。2020年11月23日,海南省高级人民法院作出二审判决,驳回上诉,维持原判。

案例评述

本案系2019年最高人民检察院发布第二十九批指导性案例之一,本案办理过程集中反映了最高人民检察院近几年在环境公益诉讼过程中能动性司法理念。本案办理过程中启动以下三种公益诉讼模式:

一、行政公益诉讼

本案检察机关启动了行政公益诉讼,检察机关先是于2018年12月17日,针对行政机关对相关海域多次违法倾倒建筑垃圾行为存在未依法履职问题,作出了行政公益诉讼立案决定。2019 年 1 月 2 日,海口市人民检察院向海口市海洋与渔业局送达检察建议,要求查处非法倾废行为,并追究违法行为人生态环境损害赔偿责任。2019 年 5 月 16 日,海口市海洋与渔业局对 A 公司及公司实际控制人陈某各处 10 万元罚款。由于海洋与渔业局在检察建议下,履行了行政职权,检察机关根据《人民检察院公益诉讼办案规则》第 79 条第 1 项,作出终结案件决定。

行政公益诉讼制度开端于 2017 年 6 月,全国人大常委会修订《行政诉讼法》,增加了检察机关提起行政公益诉讼的规定。根据修订后的法律,检察机关发现对生态环境和资源保护负有监督管理职责的行政机关违法行使职权或者不作为,致使国家利益或者社会公共利益受到侵害的,应当向行政机关提出检察建议,督促其依法履行职责。行政机关不依法履行职责的,检察机关应当向人民法院提起诉讼。上述规定标志着我国检察机关提起公益诉讼制度的正式确立。

2018 年 3 月,最高人民法院、最高人民检察院发布《关于检察公益诉讼案件适用法律若干问题的解释》(2020 年进行了修正),细化了人民检察院在履行职责启动行政公益诉讼立案、检察建议、提起行政诉讼等事项规定。

值得注意的是,针对海洋自然资源与生态环境公益诉讼案件,最高人民法院、最高人民检察院于 2022 年 5 月 10 日发布《关于办理海洋自然资源与生态环境公益诉讼案件若干问题的规定》。该规定第 5 条明确了人民检察院起出检察建议的行政机关系有监督管理职责的部门,提起行政公益诉讼的管辖法院系被诉行政机关所在地的海事法院。

二、刑事附带民事公益诉讼

根据《最高人民法院、最高人民检察院关于检察公益诉讼案件适用法律若干问题的解释》第 20 条第 1 款规定,“人民检察院对破坏生态环境和资源保护,食品药品安全领域侵害众多消费者合法权益,侵害英雄烈士等的姓名、肖像、名誉、荣誉等损害社会公共利益的犯罪行为提起刑事公诉时,可以向人民法院一并提起附带民事公益诉讼,由人民法院同一审判组织审理”。

在本案调查过程中,对可能涉嫌污染环境罪的线索,海口市人民检察院公益诉讼检察部门于 2019 年 1 月 21 日将其移送刑事检察部门审查。根据调查情况及鉴定意见,依据《刑法》第 338 条及有关司法解释的相关规定,海口市人民检察院刑事检察部门与公安机关刑侦部门经研究认为现有证据不能认定该倾废行为已构成污染环境罪。故而,检察机关转向启动民事公益诉讼。

三、民事公益诉讼

本案中,检察机关调查发现,A 公司无海洋倾废许可,倾倒的海域亦非政府指定的海洋倾废区域。申请美丽沙临时码头时 A 公司声称将开挖出的建筑垃圾运往湛江市某经济合作社,但经实地调查,建筑垃圾均未被运往湛江进行处置,相关合同系伪造。陈某系 A 公司实际控制人及船舶所有人,经手办理涉案合同签订、申请码头、联系调度倾废船舶等事宜,并获取大部分违法所得。B 公司虽在招标时书面承诺外运土方绝不倾倒入海,却通过组织车辆同步运输等方式积极配合 A 公司海上倾废活动,B 公司对海洋生态环境侵害构成共同侵权,依法应当承担连带责任。

检察机关还发现,行政处罚认定的非法倾废量为 1.57 万立方米,与当事人接受调查时自报的数量一致,但该数量明显与事实不符。根据工程结算凭证等证据,检察机关查明 A 公司海洋倾废量至少为 6.9 万立方米。

检察机关书面建议海口市自然资源和规划局(承接原海洋与渔业局相关职能)依法启动海洋生态环境损害赔偿程序,该局于 2019 年 8 月 11 日回函称,因正处于机构改革中,缺乏法律专业人才和诉讼经验,请求检察机关提起民事公益诉讼。

《民事诉讼法》赋予检察机关提起公益诉讼的职责,《民事诉讼法》(2021 年修正)第 58 条规定:“对污染环境、侵害众多消费者合法权益等损害社会公共利益的行为,法律规定的机关和有关组织可以向人民法院提起诉讼。人民检察院在履行职责中发现破坏生态环境和资源保护、食品药品安全领域侵害众多消费者合法权益等损害社会公共利益的行为,在没有前款规定的机关和组织或者前款规定的机关和组织不提起诉讼的情况下,可以向人民法院提起诉讼。前款规定的机关或者组织提起诉讼的,人民检察院可以支持起诉。”

《最高人民法院、最高人民检察院关于办理海洋自然资源与生态环境公益诉讼案件若干问题的规定》第3条规定,人民检察院在履行职责中发现破坏海洋生态、海洋水产资源、海洋保护区的行为,可以告知行使海洋环境监督管理权的部门依据本规定第2条提起诉讼。在有关部门仍不提起诉讼的情况下,人民检察院就海洋自然资源与生态环境损害,向有管辖权的海事法院提起民事公益诉讼的,海事法院应予受理。

检察机关在告知海洋渔业部门提起诉讼,但由于机构改革,该主管部门建议检察机关提起公益诉讼。检察机关依法履行了公告程序。[①] 检察机关于2019年8月23日发布诉前公告,公告期满,没有其他适格主体提起民事公益诉讼。检察机关遂于2019年11月,以公益诉讼起诉人身份,以A公司、陈某、B公司为共同被告向海口海事法院提起民事公益诉讼。

2020年3月26日,海口海事法院开庭审理此案。三被告辩称,鉴定评估在资质、取样、程序、依据等方面均存在问题,损害赔偿金量化为860.064万元与事实不符;实际海洋倾废数量没有6.9万立方米。A公司还辩称,美丽沙项目用地原系填海造地,倾倒的土方原本就来源于海洋,系清洁疏浚物,不是建筑垃圾,且鉴定和监测显示有毒有害物质均未超标,倾倒的土方对海洋无损害。陈某辩称其与A公司不存在财产混同,不应承担连带责任;涉案土方均倾倒于政府规定的海域;已被处以20万元行政罚款,不应再承担巨额赔偿。B公司辩称,合同已明确要求A公司要合法合规处置建筑垃圾,作为发包人其不再负有任何义务;起诉认为其通过组织车辆同步运输等方式积极配合海洋倾废没有事实根据。

检察机关根据调查收集的档案、书证、询问笔录、视听资料、鉴定意见等56份证据,进行了有针对性地举证、质证和辩论。根据无人机拍摄的现场视频等证据,涉案建筑垃圾倾倒入海的地点即美丽沙海域;根据现场开挖情况、车辆运输、工程款支付等结算证据,可以证明倾倒入海的建筑垃圾量至少为6.9万立方米;检察机关依法委托的华南所是生态环境部编制的《环境损害鉴定评估推荐机构名录(第一批)》推荐的环境损害鉴定评估机构,具备水环境、土壤环境、固体废物处置、环境风险评估、污染损害评估等多方面专业评估资质,其出具的环境损

---

① 根据《最高人民法院、最高人民检察院关于检察公益诉讼案件适用法律若干问题的解释》第13条第1款规定,人民检察院在履行职责中发现破坏生态环境和资源保护,食品药品安全领域侵害众多消费者合法权益,侵害英雄烈士等的姓名、肖像、名誉、荣誉等损害社会公共利益的行为,拟提起公益诉讼的,应当依法公告,公告期间为30日。

害鉴定评估报告程序规范,量化生态环境损害赔偿金为 860.064 万元的结论具有专业性和科学性;倾倒入海的建筑垃圾虽未达到危险废物标准,但含有毒有害物质,已对海洋生态环境造成损害;民事赔偿与行政处罚系不同法律性质的责任形式,不能相互替代,陈某应承担的环境损害民事赔偿责任不应因受到行政处罚而免除;B 公司作为建筑垃圾的直接生产单位,陈某作为 A 公司的实际控制人和倾废船舶的所有人,与 A 公司三方分工协作,相互配合,共同完成非法倾废行为,实际上是以合同分包为名,行非法倾废之实,构成共同侵权,依法应当承担连带赔偿责任。

环境污染案件中的专门性问题的认定*

——程某某、肖某某等污染环境案**

基本案情

2017年11月30日,被告人程某某时任湖北中油水环境治理有限公司(以下简称湖北水环境公司)的总经理,其明知宿迁中油优艺环保服务有限公司(以下简称宿迁优艺公司)污水处理站的设备、工艺等不能规范处理该公司在处置危险废物过程中产生的工业废水,无法降低废水中盐分、重金属等,且明知该污水处理站曾经采用偷排污水的方法逃避监管,仍代表湖北水环境公司以每月7万余元的服务费与宿迁优艺公司签订《委托运营服务合同》,承接宿迁优艺公司的污水处理站的经营业务,在污水站的日常运营管理过程中,多次将未经处理的含有铅等重金属污水直接偷排至东侧电缆沟注入外环境,导致环境污染。一审认定湖北水环境公司与5名被告人犯污染环境罪。后程某某等人上诉,二审法院裁定维持一审判决。

控审意见

江苏省宿迁市宿城区人民检察院指控:被告人程某某明知宿迁优艺公司污水处理站的设备、工艺不能规范处理该公司在处置危险废物过程中产生的工业废水,仍代表湖北水环境公司承接宿迁优艺公司的污水处理站的经营业务,并安排被告人肖某某负责该污水站的日常运营管理。2017年12月1日至2018年4月27日,湖北水环境公司接手该污水处理站运营业务,被告人程某某多次指示

---

* 北京盈科(上海)律师事务所康烨律师。

** 案号:(2019)苏1302刑初27号。

或者默许被告人肖某某通过加水稀释或直接偷排的方式非法排放污水。被告人肖某某遂通过被告人褚某或者直接安排工人偷排污水，后被告人仇某某、周某某多次将未经处理的含有铅等重金属污水直接偷排至东侧电缆沟注入外环境。

公诉机关提供了相关证据，并据此认为被告单位湖北水环境公司及被告人程某某、肖某某、褚某、仇某某、周某某的行为均触犯了《刑法》第338条的规定，要求以污染环境罪追究其刑事责任。

法院认为：2017年11月30日，被告人程某某时任湖北水环境公司的总经理，其明知宿迁优艺公司污水处理站的设备、工艺等不能规范处理该公司在处置危险废物过程中产生的工业废水，无法降低废水中盐分、重金属等，且明知该污水处理站曾经采用偷排污水的方法逃避监管，仍代表湖北水环境公司以每月7万余元的服务费与宿迁优艺公司签订《委托运营服务合同》，承接宿迁优艺公司的污水处理站的经营业务，并安排被告人肖某某负责该污水站的日常运营管理。被告人仇某某及被告人周某某、褚某经湖北水环境公司安排分别于2017年12月、2018年4月到该公司工作，其中被告人仇某某、周某某从事操作工工作，被告人褚某担任小组长。被告单位、被告人程某某等5名被告犯污染环境罪。

裁判结果

1. 被告单位湖北水环境公司犯污染环境罪，判处罚金人民币100万元；

2. 被告人程某某等5名被告犯污染环境罪，判处有期徒刑九个月至二年三个月不等，并处罚金；

3. 追缴被告单位湖北水环境公司违法所得148,600元上缴国库；

4. 禁止被告人程某某、肖某某在刑满释放或假释期满五年内从事污染治理等相关工作；禁止被告人周某某在缓刑考验期内从事排污等相关工作。

案例评述

一、环境监测是行政执法的重要依据

本案在行政调查阶段,被告人在电缆沟排放污水时经他人举报案发,宿迁市宿豫区环境监测站两名工作人员赶赴现场,先后完成对宿迁优艺公司污水处理站调节池东侧电缆沟、北侧调节池、东北侧电缆沟与园区一企一管交汇处以及蒸煮冷凝水、污水处理站南侧调节池内废水的取样工作。监测报告是行政执法的重点依据,监测报告作为行政证据,应当符合法律法规、规章和最高人民法院有关行政执法和行政诉讼证据的规定,并经查证属实才能作为认定事实的依据。

环境监测是指人们对影响人类和其他生物生态和发展的环境质量状况进行监视性测定的活动。①《环境保护法》第 17 条规定:"国家建立、健全环境监测制度。国务院环境保护主管部门制定监测规范,会同有关部门组织监测网络,统一规划国家环境质量监测站(点)的设置,建立监测数据共享机制,加强对环境监测的管理。"2021 年 12 月 28 日,生态环境部印发《"十四五"生态环境监测规划》,据统计在"十三五"期间已建成 1946 个国家地表水水质自动监测站,组建全国大气颗粒物组分和光化学监测网,布设 38,880 个国家土壤环境监测点位并完成一轮监测。

《固体废物污染环境防治法》第 26 条规定:"生态环境主管部门及其环境执法机构和其他负有固体废物污染环境防治监督管理职责的部门,在各自职责范围内有权对从事产生、收集、贮存、运输、利用、处置固体废物等活动的单位和其他生产经营者进行现场检查。被检查者应当如实反映情况,并提供必要的资料。实施现场检查,可以采取现场监测、采集样品、查阅或者复制与固体废物污染环境防治相关的资料等措施。检查人员进行现场检查,应当出示证件。对现场检查中知悉的商业秘密应当保密。"

《环境行政处罚办法》②第 32 条规定:"环境行政处罚证据,主要有书证、物证、证人证言、视听资料和计算机数据、当事人陈述、监测报告和其他鉴定结论、

---

① 参见王新程:《环境科学大辞典》,中国环境科学出版社 1991 年版,第 297 页。

② 《环境行政处罚办法》(环境保护部令第 8 号),2010 年 3 月 1 日实施,现行有效。

现场检查(勘察)笔录等形式。证据应当符合法律法规、规章和最高人民法院有关行政执法和行政诉讼证据的规定,并经查证属实才能作为认定事实的依据。”第35条规定:“环境保护主管部门组织监测的,应当提出明确具体的监测任务,并要求提交监测报告。监测报告必须载明下列事项:(一)监测机构的全称;(二)监测机构的国家计量认证标志(CMA)和监测字号;(三)监测项目的名称、委托单位、监测时间、监测点位、监测方法、检测仪器、检测分析结果等内容;(四)监测报告的编制、审核、签发等人员的签名和监测机构的盖章。”第36条规定:“环境保护主管部门可以利用在线监控或者其他技术监控手段收集违法行为证据。经环境保护主管部门认定的有效性数据,可以作为认定违法事实的证据。”第37条规定:“环境保护主管部门在对排污单位进行监督检查时,可以现场即时采样,监测结果可以作为判定污染物排放是否超标的证据。”

二、监测报告可以作为刑事案件定案依据

根据《刑事诉讼法》第54条第2款规定,“行政机关在行政执法和查办案件过程中收集的物证、书证、视听资料、电子数据等证据材料,在刑事诉讼中可以作为证据使用”。《最高人民法院关于适用〈中华人民共和国刑事诉讼法〉的解释》(2021年)第75条第1款规定:“行政机关在行政执法和查办案件过程中收集的物证、书证、视听资料、电子数据等证据材料,经法庭查证属实,且收集程序符合有关法律、行政法规规定的,可以作为定案的根据。”

因环境资源案件具有一定专业性,且时效性强,证据一旦灭失难以补救,为保障环境保护行政执法与刑事司法的有效衔接,《最高人民法院、最高人民检察院关于办理环境污染刑事案件适用法律若干问题的解释》(以下简称《环境解释》)第12条第1款规定:“环境保护主管部门及其所属监测机构在行政执法过程中收集的监测数据,在刑事诉讼中可以作为证据使用。”

《最高人民法院、最高人民检察院、公安部、司法部、生态环境部关于办理环境污染刑事案件有关问题座谈会纪要》(以下简称《纪要》)提到,“15.关于监测数据的证据资格问题,会议针对实践中地方生态环境部门及其所属监测机构委托第三方监测机构出具报告的证据资格问题进行了讨论。会议认为,地方生态环境部门及其所属监测机构委托第三方监测机构出具的监测报告,地方生态环

境部门及其所属监测机构在行政执法过程中予以采用的,其实质属于《环境解释》第十二条规定的'环境保护主管部门及其所属监测机构在行政执法过程中收集的监测数据',在刑事诉讼中可以作为证据使用。"

《环境保护行政执法与刑事司法衔接工作办法》第 20 条规定:"环保部门在行政执法和查办案件过程中依法收集制作的物证、书证、视听资料、电子数据、监测报告、检验报告、认定意见、鉴定意见、勘验笔录、检查笔录等证据材料,在刑事诉讼中可以作为证据使用。"

以上规定,笔者认为,从上述规定内容上来看,《纪要》和《环境保护行政执法与刑事司法衔接工作办法》扩大了《刑事诉讼法》行政程序证据可在刑事诉讼程序中适用的范围,《刑事诉讼法》虽然规定"物证、书证、视听资料、电子数据等证据材料",但是应当仅限于物证、书证、视听资料、电子数据四类证据,不宜扩大到意见性的证据,《环境解释》第 12 条规定的监督数据,可类比电子数据作为数据类的证据使用。

三、收集程序不符合有关法律、行政法规规定的环境监测报告,不可作为定案的根据

本案中,关于鉴定与检测问题,程某某的辩护人提出:原判认定偷排缺乏直接证据,涉案污水的取样、送检不符合法律规定,无法确保样本同一,由此形成的监测报告不能证明宿迁优艺公司存在偷排之事实。

针对辩护人的辩护意见,二审法院认为:宿迁市宿豫区环境监测站两名工作人员完成取样工作,于当日送检、当日提交测试,两名工作人员均通过环境监测技术考核,具有水质采样工作资质,其所取样本、送检程序均符合法律规定。宿迁市宿豫区环境监测站于次日编制水质检测报告,结果显示电缆沟内总铅浓度达到 173mg/L,远超过国家污染物排放标准,该报告经过编制、审核和签发程序,相关人员亦具备相应资质,监测程序合法,监测报告以及监测结果可以作为定案证据使用。

从本案二审的裁判理由可知,二审法院审查了监测报告所依据的样本的来源、送检程序、取样人员身份,检测主体、检测过程、检测依据,从而认可监测报告及监测结果。相较于一审法院仅以系检测工作人员到达取样点的裁判理由,更

加注重审查检验报告的鉴真。在证据法学上,对于这种保证实物证据同一性的方法,一般称为“鉴真”方法。……假如这些实物证据是否存在过,究竟存在于何处等,都无法得到清晰的说明,其本身所包含的事实信息也就更难以得到鉴别了。因此,在针对实物证据的司法鉴定程序启动之前,提交实物证据的一方至少需要证明该证据是来源可靠、提取合法和保管完善的,也就是说明该证据确实属于提交证据的一方所声称的“那份证据”,那么,接下来进行的鉴定才是有意义的。① 监测报告的鉴真,可以从以下方面进行审查:

1. 违法行为是否符合立案条件。行政证据是行政主体依据合法的行政调查权所获得的证据。因此,立案是行政程序启动的前提,没有经过立案程序,行政主体不具有合法的行政调查权。《环境行政处罚办法》第 22 条第 1 款规定:“环境保护主管部门对涉嫌违反环境保护法律、法规和规章的违法行为,应当进行初步审查,并在 7 个工作日内决定是否立案。”第 24 条规定:“对需要立即查处的环境违法行为,可以先行调查取证,并在 7 个工作日内决定是否立案和补办立案手续。”故,紧急案件先行调查取证,未补办立案手续,该取证活动不具有合法性,所获证据相应不具有合法性。②

2. 监测样品来源合法性审查。是审查环境违法事实是否清楚的依据,行政机关收集的证据证实样品来源必须做到真实可靠。环境执法中往往需要取样进行分析化验,以确定被检查对象是否违法和违法程度如何。为保证样品与监测报告的对应关系,提高证据的证明力,有必要对取样过程进行记录。③ 以拍照、录像记录现场情况是行政执法的重要取证手段,通过现场拍照、录像制作的照片、视频可以作为行政处罚证据使用。监测报告取样程序违法的情况下,不仅不能作为行政处罚的依据,更不能作为刑事案件定案根据。④

3. 监测报告的内容应当完整性。监测报告是环境行政处罚的重要证据之

---

① 参见陈瑞华:《刑事证据法》(第 4 版),北京大学出版社 2021 年版,第 239 ~240 页。

② 湖北省水利水电规划勘测设计院与武汉市环境保护局东湖生态旅游风景区分局环境保护行政管理(环保)案[案号:(2017)鄂0192 行初 31 号]。

③ 《环境行政处罚办法》(2010 年修订)第 34 条规定,需要取样的,应当制作取样记录或者将取样过程记入现场检查(勘察)笔录,可以采取拍照、录像或者其他方式记录取样情况。

④ 海南桑德水务有限公司与海南省儋州市生态环境保护局环保行政处罚纠纷案[案号:(2016)琼97 行终 70 号]。

一，是判断是否违法和违法程度的重要依据。[①] 环境保护主管部门组织监测的，应当提出明确、具体的监测任务，并要求提交监测报告。例如，《环境行政处罚办法》第 35 条第 2 款规定监测报告必须载明相关事项。环境监测的内容及成果通过监测报告反映出来，监测报告必须做到数据准确、分析透彻、表达清晰。

4. 监测过程应当符合监测技术规范。(1)做出环境监测报告的机构具备相应资质，监测人员取得上岗合格证；(2)环境监测的监测仪器及标准物质应符合相关技术规定；(3)环境监测的全过程应符合相关技术规定。环境监测报告应当符合监测技术规范，例如，生态环境部于 2002 年、2019 年制定《地表水和污水监测技术规范》(HJ/T 91—2002)、(HJ/T 91—2019)，[②]制定污水手工监测的监测方案，规定采样点位，监测采样，样品保存、运输和交接，监测项目与分析方法，监测数据处理，质量保证与质量控制等技术要求。

四、关于专门性问题的鉴定

为满足环境损害诉讼需要，加强环境发展、环境保护和环境修复工作，推进生态文明建设，2015 年 12 月 21 日，最高人民法院、最高人民检察院、司法部经研究，决定将环境损害司法鉴定纳入统一登记管理范围。2016 年 12 月 23 日，最高人民法院、最高人民检察院发布《环境解释》，其中第 14 条规定："对案件所涉的环境污染专门性问题难以确定的，依据司法鉴定机构出具的鉴定意见，或者国务院环境保护主管部门、公安部门指定的机构出具的报告，结合其他证据作出认定。"截至 2020 年 4 月 29 日，已有三批《生态环境损害鉴定评估推荐机构名录》公布。

会议认为，根据《环境解释》相关规定的精神，对涉及案件定罪量刑的核心或者关键专门性问题难以确定的，由司法鉴定机构出具鉴定意见。实践中，这类核心或者关键专门性问题主要是案件具体适用的定罪量刑标准涉及的专门性问

① 新化县石冲口镇胜利煤矿与娄底市生态环境局新化分局行政处罚案[案号：(2020)湘 1382 行初 34 号]。

② 类似检测规范还包括 HJ 168《环境监测分析方法标准制修订技术导则》、HJ 630《环境监测质量管理技术导则》、HJ/T 92《水污染物排放总量监测技术规范》、HJ/T 372《水质自动采样器的技术要求及检测方法》、HJ/T 373《固定污染源监测质量保证与质量控制技术规范(试行)》。

题，比如公私财产损失数额、超过排放标准倍数、污染物性质判断等。对案件的其他非核心或者关键专门性问题，或者可鉴定也可不鉴定的专门性问题，一般不委托鉴定。比如，适用《环境解释》第1条第2项"非法排放、倾倒、处置危险废物三吨以上"的规定对当事人追究刑事责任的，除可能适用公私财产损失第二档定罪量刑标准的以外，则不应再对公私财产损失数额或者超过排放标准倍数进行鉴定。涉及案件定罪量刑的核心或者关键专门性问题难以鉴定或者鉴定费用明显过高的，司法机关可以结合案件其他证据，并参考生态环境部门意见、专家意见等作出认定。

最高人民法院法官喻海松指出，在《环境解释》确立了环境专门性问题鉴定意见与检验报告"两条腿走路"原则的基础下，不能因为鉴定意见与检验报告的形式而当然采纳鉴定意见，而应当进行实质审查判断。[①] 其中一条理由是环境污染专门性问题的判断十分复杂，特别是污染行为与损害因果关系、污染损害评估等方面，对于这些问题存在不同认定意见的情况下，对鉴定意见和检验报告的进一步审查，对于更好地判定专门性问题，更为准确地查明案件事实，确保案件的公正处理，具有积极意义。

---

① 参见喻海松：《环境资源犯罪实务精释》，法律出版社2017年版，第161页。

第4章

动物篇

人工繁殖与野外生存对实质危害的认定影响*

——以南京鹦鹉案为例**

基本案情

2016 年 10 月至 2017 年 5 月，被告人吴某某未经野生动物主管部门批准，向他人非法出售非洲灰鹦鹉、白凤头鹦鹉、太阳锥尾鹦鹉、杜氏凤头鹦鹉、米契尔氏鹦鹉、小葵花鹦鹉、和尚鹦鹉共 24 只。案发后，侦查人员在吴某某的家中现场查获非洲灰鹦鹉、红肩金刚鹦鹉、太阳锥尾鹦鹉共 5 只。经鉴定，上述 29 只鹦鹉中，被列入《濒危野生动植物种国际贸易公约》(以下简称《公约》)附录Ⅰ共 15 只，列入《公约》附录Ⅱ共 14 只。

审理经过

南京市玄武区人民检察院 2018 年 1 月 4 日以宁玄检诉刑诉〔2018〕1 号《起诉书》向南京市玄武区人民法院提起诉讼，指控被告人吴某某犯非法出售珍贵、濒危野生动物罪，被告人徐某等 12 人犯非法收购珍贵、濒危野生动物罪，其中被告人吴某某犯罪情节特别严重。

被告人吴某某及其一审辩护人对于指控事实本身无异议，吴某某称其出售的鹦鹉系人工繁殖的动物，并非野生动物，其行为不构成犯罪。辩护人称，吴某某无犯罪故意，其出售的鹦鹉系驯养繁殖的动物，且在了解到贩卖可能违法时即主动停止出售，请求判处被告人吴某某无罪。

南京市玄武区人民法院于 2018 年 4 月 20 日作出(2018)苏 0102 刑初 19 号

---

* 北京盈科(上海)律师事务所辛本华律师。

** 案号:(2018)苏 01 刑终第 402 号。

刑事判决，以非法出售珍贵、濒危野生动物罪判处吴某某有期徒刑十年，并处罚金人民币10万元；以非法收购珍贵、濒危野生动物罪判处徐某等12人有期徒刑或者拘役并适用缓刑，并处数额不等罚金。

一审宣判后，被告人吴某某、徐某等5人向南京市中级人民法院提起上诉，南京市中级人民法院于2018年8月31日公开开庭审理本案，上诉人及其辩护人与出庭检察员围绕涉案鹦鹉是否属于人工饲养繁殖的鹦鹉这一核心关键问题展开了激烈交锋。除此之外，辩护人还就本案的保护法益、《公约》与《野生动物保护法》的关系、前置法对《刑法》规定的限制、本案的量刑轻重发表了相应的辩护意见，2018年11月23日南京市中级人民法院作出二审判决，采纳了吴某某及其辩护人关于涉案鹦鹉为人工驯养繁殖的主张，对于关于一审量刑过重的辩护意见予以采纳，据此对上诉人吴某某依法改判有期徒刑三年，并处罚金人民币10万元；对上诉人张某某撤回上诉予以准许；维持了一审法院对徐某等3名上诉人的裁判结果。判决结果报最高人民法院核准后生效。

2020年6月5日，吴某某服刑期满，恢复了人身自由。

2022年1月20日，最高人民法院作出(2021)最高法刑核57146384号《刑事裁定书》，正式核准了南京市中级人民法院关于吴某某的刑事判决。

案件评判

本案二审发生于最高人民法院正式核准"深圳鹦鹉案"不久之后，最高人民法院在"深圳鹦鹉案"中明确表达了继续坚持2000年《关于审理破坏野生动物资源刑事案件具体应用法律若干问题的解释》(已失效)的立场，因此，基于二审的主要目标是争取量刑的改变，笔者作为二审辩护人经过会见吴某某后，与吴某某共同确定了以量刑辩护为主、以定性辩护为辅、程序让步服从于实体结果的基本辩护思路。

在与承办法官沟通时，辩护人充分发表了对本案的基本看法，承办法官带着书记员对相关观点进行了详细记录，当辩护人提到人工饲养繁殖的鹦鹉与真正野外生存的鹦鹉实际危害性明显有别、应当区别对待时，承办法官也坦诚地向辩护人表达了本案中对吴某某的量刑确有不当、明显过重的观点，辩护人当即表达放弃对案件管辖问题的异议，只希望本案能尽快公正、妥当地予以处理，这一意见得到了承办法官的积极响应。在与出庭检察员当面沟通时,出庭检察员也明确表示,如果能证明涉案鹦鹉确为人工饲养繁殖的物种,亦认可原审法院量刑过重需要依法纠正的观点。应当说,本案庭前的积极沟通,对于司法机关的态度转变起到了重要作用。

但是在本案二审开庭时,出庭检察员认为在案证据不能证明涉案鹦鹉确为人工饲养繁殖物种,不同意对一审判决改判。辩护人当庭对检察员的观点予以反驳:首先,查清案件事实是司法机关的基本责任,遇到事实争议,检察机关基于客观立场应当积极查证;上诉人的供述与辩解能够与侦查机关扣押的饲养工具相印证,且侦查机关负有核实义务,检察机关应当指导并督促侦查机关对于犯罪嫌疑人的供述与辩解进行核实,未予核实的责任在于司法机关,其不利后果不能由被告人承担;本案中涉案物种均属于《公约》保护的物种,在中国境内野外并无分布,出售的鹦鹉均为幼鸟,且中国与非洲仅在广州有定期航班,单程航程要长达十几个小时,从国内飞往非洲捕捉鹦鹉幼鸟,成本巨大,没有必要性与可行性,且乘坐飞机有严格的安检措施,无法携带大量幼鸟通行,因此,检察员的观点不合逻辑和常理;基于疑点利益归于被告人的基本原则,应当认定为人工饲养的品种。

庭审结束后,合议庭基于慎重立场,走访了多位从事野生动物保护的专家,印证了辩护人的观点是能够成立的。随后于 2018 年 11 月 23 日作出(2018)苏 01 刑终第 402 号刑事判决,对上诉人吴某某从一审的有期徒刑十年改判为二审的有期徒刑三年,对于其他上诉人均予以维持,并依法报请最高人民法院核准后生效。

在报请核准过程中,辩护人一度有过担心,主要担心的并不是吴某某的改判过轻,而是二审法院对于其他涉案数量较少的上诉人和原审被告人没有相应予以适当减轻刑期,担心最高人民法院会以量刑不平衡为由发回重审。经过漫长的等待,2022 年 1 月 20 日,最高人民法院作出(2021)最高法刑核 57146384 号《刑事裁定书》,正式核准了南京市中级人民法院关于吴某某的刑事判决。本案终于尘埃落定。

典型意义

本案一审宣判发生于"深圳鹦鹉案"二审改判之后不久,最高人民法院也核准了深圳市中级人民法院的二审判决,因此,以涉案鹦鹉为人工饲养繁殖为由主张无罪已绝无可能，但是依据相应的裁判精神对刑期进行适当调整是二审最务实的方案。因此，笔者与上诉人经过沟通，提出了以量刑辩护为重点、定性辩护为辅助的辩护方案，与一审诉讼阶段的辩护方案存在明显的差别，取得了委托人和当事人的充分理解与认可。

作为辩护律师，笔者还是基本认同“深圳鹦鹉案”律师无罪的基本观点，但是又在此基础上进行了一定的调整，即根据《公约》第 7 条的规定，只认可把人工饲养繁殖的《公约》附录Ⅰ物种纳入打击范围，对于《公约》附录Ⅱ物种的保护只限于真正野外生存的物种。在当庭发表辩护意见时，笔者注意到合议庭成员中有法官开始拿笔进行记录，虽然最终在二审判决时对此观点予以回应，但是最终量刑调整的降幅超出当事人和辩护律师的预期，应当与这一观点有关。

由于不久前经最高人民法院核准的“深圳鹦鹉案”中王某出售 2 只鹦鹉及 45 只鹦鹉被认定为犯罪未遂，其最终刑期为有期徒刑二年。而南京鹦鹉案中吴某某涉及的附录Ⅰ物种就有 15 只，涉及的附录Ⅱ物种也有 14 只，虽然预计二审会改判，但是具体能改轻多少谁心里也没数，只能与委托人按照有期徒刑五年的预期去争取，没想到二审改判幅度如此之大，超出想象。

南京鹦鹉案二审裁判标准成为笔者之后进行其他动物犯罪案件辩护的参照标准，最终影响了较多的案件处理结果，具有里程碑的重要意义。

需要附带指出的是，江苏省关于环境资源刑事案件的管辖是较为特殊的，即一审法院按照地域管辖行使管辖权，但是所有的二审上诉案件都统一由南京市中级人民法院集中管辖，在本案二审改判以后，网络上能够查询到的江苏省涉人工养殖的动物刑事案件裁判标准相对统一，最高刑期基本维持在三年有期徒刑。这样的做法值得全国法院系统借鉴。

本案在审理期间，斯伟江大律师向笔者提供了“深圳鹦鹉案”二审判决书，成为南京市中级人民法院在审理本案时的重要参考，对于斯伟江大律师的帮助深表感谢。

从程序出发的综合辩护对案件结果的积极影响*

——以杭州鹦鹉案为例**

基本案情

2016年5月至2017年8月，被告人蔡某某将私自驯养繁殖的鹦鹉，通过线上交易、线下托运的方式对外出售。因下家案发被牵连涉案，被杭州警方从温州市苍南县抓获。

2018年11月22日，杭州市上城区人民检察院向杭州市上城区人民法院提起公诉，《起诉书》指控被告人蔡某某非法运输、出售珍贵、濒危野生动物鹦鹉共计10只，且系情节特别严重，依法应当在十年以上有期徒刑幅度内量刑。同时，该检察院还提起了杭州市第一起涉及野生动物犯罪的附带民事公益诉讼。该案由检察长亲自带领2名检察官出庭支持公诉，相应地，法院组成了由院长亲自担任审判长的7人大合议庭，当事人及家属压力巨大。

由于笔者辩护的南京鹦鹉案当时二审已经改判，且该案中吴某某的级别和数量远超过蔡某某，经南京鹦鹉案委托人卜女士推荐，2018年12月蔡某某的妻子和妹妹决定委托本人加入辩护。

2019年2月18日，杭州市上城区人民检察院作出上检公诉刑变诉〔2019〕1号《变更起诉决定书》，追加起诉鹦鹉7只，最终追诉的鹦鹉数量共计17只，其中附录Ⅰ物种7只，附录Ⅱ物种10只。

---

* 北京盈科(上海)律师事务所辛本华律师。

** 案号:(2021)浙01刑终147号。

审理经过

2019年4月26日下午，杭州市上城区人民法院公开开庭审理了本案，控辩双方从程序、证据、定性、量刑以及附带民事公益诉讼等诸多方面进行了全面对抗，案件庭审持续达六七个小时之久。

庭审结束后，辩护人经与委托人沟通，决定以附带民事公益诉讼部分让步以换取刑事部分的缓刑，于是与法院沟通，表达了如果可以考虑缓刑则可以对附带民事公益诉讼进行让步的想法，但是法院一直没有正面回应。2019年10月16日，在蔡某某经过一年五个月零八天的羁押后，一审法院突然决定对蔡某某及同案犯沈某取保候审，这个决定让被告人及家属有了缓刑的希望。又过了几天，检辩双方达成了附带民事公益诉讼部分的调解，法院出具了调解书予以确认。

2020年2月，武汉突然大规模暴发新冠疫情，2月24日全国人大常委会作出了《关于全面禁止非法野生动物交易、革除滥食野生动物陋习、切实保障人民群众生命健康安全的决定》。2020年4月底，一审法院突然通知蔡某某家人，要求按照调解书的约定缴纳赔偿款，并定于2020年4月29日下午宣判。蔡某某的妻子于当日上午缴纳了4万元的赔偿款。但是下午的宣判结果令人意外，一审法院以非法运输、出售珍贵、濒危野生动物罪判处蔡某某有期徒刑三年六个月，并处罚金2万元；以非法收购、运输、出售珍贵、濒危野生动物罪判处沈某有期徒刑一年九个月，并处罚金1万元。尽管如此，蔡某某妻子还是于第二日将赔偿款差额部分缴纳完毕。

2020年5月初，蔡某某与沈某均对一审判决提起上诉。杭州市中级人民法院受理上诉后曾一度决定不开庭审理。对于这起一审事实有重大争议理应依法开庭审理的二审案件，辩护人向二审法院邮寄了《二审公开开庭审理申请书》，以本案有新证据为由，要求必须开庭审理。在此情况下，杭州市中级人民法院最终决定开庭审理本案。在庭审过程中，除了坚持在一审时的辩护意见外，蔡某某与辩护人还坚持原一审判决书于2020年4月23日签发，对于4月29日、30日上诉人的赔偿情节未予考虑，应当依法改判并对上诉人适用缓刑，但是出庭检察员一方面对于辩方提供的重要证据不持异议，另一方面又认为一审认定事实、适用法律正确，程序合法，建议二审法院对一审判决予以维持。2020年9月15日杭州市中级人民法院作出（2020）浙01刑终350号刑事判决，维持了杭州市上城区人民法院(2018)浙 0102 刑初 409 号刑事判决。

鉴于本案属于法定刑以下减轻处罚案件,依照《刑法》第 63 条第 2 款的规定,应当逐级上报至最高人民法院,由最高人民法院核准后才能生效。蔡某某及本辩护人对于二审法院的错误裁定继续质疑,认为原一审判决和二审裁定确有错误,由律师起草了给浙江省高级人民法院的复核阶段的意见,并在浙江省高级人民法院复核期间,协助当地警方抓捕网上追逃人员,公安机关据此出具了蔡某某构成立功的书面材料。

浙江省高级人民法院组成的合议庭,对于法定刑以下减轻处罚进行复核,于 2021 年 2 月 8 日作出(2020)浙刑核 61684886 号刑事裁定,认为"根据罪责刑相适应原则,对二原审被告人仍可在原判基础上进一步从宽处理",将本案发回杭州市中级人民法院重审,要求杭州市中级人民法院对量刑部分进行纠正。

案件发回杭州市中级人民法院重审后,杭州市中级人民法院又以原审判人员组成合议庭,对此辩护人坚决提出反对意见。经过辩护人的坚持,杭州市中级人民法院对原合议庭成员全部更换,重新组成合议庭。

在重审二审期间,杭州市中级人民法院在蔡某某向法院提交了新的立功材料的情况下,仍然拒不开庭审理,辩护人又向法院提交了《二审开庭审理申请书》,要求依法对本案公开开庭审理,理由是"证据必须当庭举证、质证,经查证属实后才可以作为定案的根据",但是合议庭仍然不予置评。辩护人在提交书面辩护意见中,建议对蔡某某的刑期进行大幅减轻,认定蔡某某具有自首和立功情节,建议对蔡某某适用缓刑。合议庭在报请省高级人民法院批准延长一次审限后,未开庭于 2021 年 6 月 11 日作出(2021)浙 01 刑终 147 号刑事判决,认可了蔡某某构成立功,决定改判蔡某某有期徒刑一年四个月,并处罚金 2 万元;决定改判沈某有期徒刑一年四个月,并处罚金 1 万元。判决还宣布本判决为终审判决,不再逐级报请最高人民法院核准。

案件评判

笔者介入本案辩护时,案件已经进入法院一审阶段,笔者就成为蔡某某的第四位辩护律师。杭州市上城区人民检察院《起诉书》已经明确认定蔡某某的行为属于情节特别严重的情形,应当在十年以上有期徒刑幅度内量刑。笔者介入本案是由于南京鹦鹉案家属的推荐，在蔡某某妻子委托辩护时，已经领取了南京鹦鹉案的二审判决书，尽管本案中蔡某某涉案的鹦鹉数量达 17 只（其中《公约》附录Ⅰ物种 7 只、附录Ⅱ物种 10 只），但仍然显著低于吴某某的数量，在此情况下辩护律师与委托人确定了争取缓刑的辩护目标。

在与承办检察官和承办法官当面沟通时，辩护人感觉他们都很客气，很重视律师的意见，但是对于辩护律师提出的建议都不作正面回应，因此本案的辩护仍然难度较大、辩护结果依旧具有明显的不确定性，尤其是杭州市上城区人民检察院试点杭州地区首例关于动物资源的附带民事公益诉讼案件，决定了本案辩护不是一件容易的事情。

在本案一审庭审时，系当地第一起该类型附带民事公益诉讼试点案件，检察长亲自出庭与检察员共同支持公诉，并与另一位代理检察员代理附带民事公益诉讼，一审法院也组成了以院长为审判长、2 名审判员和 4 名人民陪审员组成的 7 人合议庭的超级豪华阵容。本案庭审异常激烈，检察院反驳辩护律师的基本思路与深圳市中级人民法院对王某案二审改判的思路基本一致，但是没有建议法院在法定刑以下量刑而是提出了十年以上有期徒刑的量刑建议。在一审时，辩护人提出了不认可构成运输而只是出售、坚持对于人工饲养繁殖的鹦鹉认定数量应当以《公约》附录Ⅰ物种为限、经传唤到案并如实供述构成自首、不应机械套用司法解释关于野生动物的数量标准以及不应支持检察机关附带民事公益诉讼请求等方面发表了详细的意见，庭审持续七八个小时且中途无休。

在庭审结束后，经过公益诉讼达成调解以及蔡某某、沈某取保候审，在长达半年漫长的等待中，原本当事人和辩护人满心期待可能判处适用缓刑，但在 2020 年 4 月 29 日，一审法院对蔡某某审告判处有期徒刑三年六个月、沈某有期徒刑一年九个月，没有适用缓刑。庆幸的是，一审法院并没有作出逮捕的决定，蔡某某和沈某依然保持了人身自由。在之后的诉讼阶段，尽管控辩冲突不断，但是杭州市中级人民法院也没有变更强制措施，这一点确实值得称赞。

此后，本案经过杭州市中级人民法院二审，浙江省高级人民法院发回重审，通过辩护人在程序、证据方面不懈坚持，最终二审法院在重审没有开庭审理的情况下，仍然给予了蔡某某较大幅度地减轻，从一审的有期徒刑三年六个月改判为有期徒刑一年四个月，减少了二年二个月的刑期，应当说改判力度之大，超出当事人和辩护人的预料。由于蔡某某已经在看守所实际羁押一年五个月零八天，超过了改判的一年四个月，不需要再去服刑，结果非常理想。

虽然重审的二审阶段杭州市中级人民法院作出了重大改判，但是二审没有开庭审理以及改变了原来的上报最高人民法院核准的程序，是非常令人遗憾的。杭州鹦鹉案的辩护过程之曲折，持续时间之长，前后历时 3 年之多，非常考验被告人和辩护人的坚守精神，本案最终守得云开见月明，深刻地印证了坚持就是胜利的道理，能够给其他案件当事人以鼓舞，穷尽所有程序和所有手段，坚持不懈地维护自己的合法权益，树立了一个很好的榜样。

第5章

矿产篇

涉案矿砂的环境资源价值、经济价值*

——高某某非法采矿罪案件减轻处罚

基本案情

2021年3月，长江航运公安局上海分局会同上海市公安局成功破获一起非法采矿案，共抓获犯罪嫌疑人27人，查扣涉案采砂船5艘、运砂船4艘。经查，2021年1月以来，犯罪嫌疑人高某龙等人多次在长江上海段吴淞、北港等水域，利用"三无"吸砂船非法盗采江砂20余次，并通过多艘运输船将盗采江砂偷运至上海、浙江等地码头进行销赃，查明涉案江砂4.2万余吨，涉案金额200余万元。

控审意见

侦查机关指控，2020年12月至2021年3月，在未取得长江河道采砂许可证的情况下，樊某平伙同李某山调度"三无"船只进行非法采砂。其间，高某龙安排×号船只进行采砂。另外，在上述非法采矿次犯罪行为中，高某龙为吸砂船提供小艇用于船员的上下船及望风。到案后，犯罪嫌疑人高某龙拒不交代犯罪事实。

公诉机关指控，2020年12月至2021年3月，在未取得长江河道采砂许可证的情况下，樊某平伙同李某山调度"三无"船只进行非法采砂，其中高某龙安排×号船只进行了两次采砂，获利5000余元，在上述非法采矿次犯罪行为中，高某龙为吸砂船提供小艇用于船员的上下船及望风。被告人高某龙在犯罪中起次要作用，系从犯，应当减轻处罚；各被告人均认罪认罚，可以从宽处理；在法院审理阶段，被告人高某龙具有退赃表现，可以酌情从轻处罚。

---

* 北京盈科(上海)律师事务所张温娴律师。

裁判结果

被告人樊某平犯非法采矿罪,判处有期徒刑四年六个月,并处罚金10万元;被告人李某山犯非法采矿罪,判处有期徒刑三年六个月,并处罚金8万元;被告人高某龙犯非法采矿罪,判处有期徒刑一年四个月,并处罚金2万元……

案例评述

一、矿产品价值以及矿产资源破坏的价值被作为非法采矿类案件社会危害性标准之一

根据《刑法》第343条规定,违反矿产资源法的规定,未取得采矿许可证擅自采矿,擅自进入国家规划矿区、对国民经济具有重要价值的矿区和他人矿区范围采矿,或者擅自开采国家规定实行保护性开采的特定矿种,情节严重的,处三年以下有期徒刑、拘役或者管制,并处或者单处罚金;情节特别严重的,处三年以上七年以下有期徒刑。

最高人民法院、最高人民检察院在《关于办理非法采矿、破坏性采矿刑事案件适用法律若干问题的解释》(以下简称《非法采矿、破坏性采矿案件解释》)中对于“情节严重”“情节特别严重”的判断标准作出了更为详细的规定,其中,矿产品价值以及矿产资源破坏的价值被作为直接的判断标准之一。由此可见,所开采矿产的种类直接决定着案件的基本走向。

“两高”同样已经关注到了这一专业问题的重要性,《非法采矿、破坏性采矿案件解释》第13条、第14条作出明确规定,矿产品的价值以销赃价值为准,如无销赃金额或者以销赃金额为标准明显不当的,则以专业机构出具的证据或者鉴定意见、报告进行综合认定。

司法实务中,公诉机关较为常见的做法是通过价格机构或者鉴定机构出具有关价格、环境价值的专业意见,以此作为《非法采矿、破坏性采矿案件解释》中的判断标准适用。但是需要注意的是,此时的价格机构专业意见也好,司法鉴定意见书也好,都应当经过庭审质证才能作为定案依据。在以本案为例,根据《鉴定意见通知书》记载,船上涉案江砂鉴定意见为“检测结果小于GB/T 14684—

2011 中细砂的相关要求，为特细砂（二氧化硅含量为 87.3%）”。而按照 GB/T 14684—2011《建筑用砂》的国家标准规定，建筑用砂分为“天然砂”“机制砂”两类，规格分为粗、中、细三种规格，并无鉴定意见通知书中的“特细砂”分类。

4.2　规格

砂按细度模数分为粗、中、细三种规格，其细度模数分别为：

——粗：3.7～3.1；

——中：3.0～2.3；

——细：2.2～1.6。

（图片来源：GB/T 14684—2011《建筑用砂》）

另外，就涉案矿砂是否为石英砂而言，鉴于国家对于石英砂并未出具过国家、行业标准，上海市相关部门也未就该类矿砂的认定标准出台相关文件，参考安徽省质量监督局发布的《DB34T1056－2009－石英砂》地方标准，石英砂分为六类级别，即使是二氧化硅含量最低的普通石英砂，按照标准要求含量不得低于 98.5%。而本案中，鉴定意见书明确，涉案矿砂的二氧化硅含量为 87.3%，远低于石英砂的标准含量。

综合以上两点，考虑到非法采矿罪保护的主要法益为环境资源，而涉案的矿砂并非《矿产资源实施细则》中所列明的矿产，环境资源价值相对有限，行为的环境资源侵害度相对较轻。

在该案中，对于《鉴定意见书》的意见，使得案件对于关键证据的判断，回归到证据体系本身。对于类似案件的处理，仍需要特别关注矿砂的类型、价值的认定这一客观要素的判断，一旦在这个判断上出现差错，案件的整体可能出现罪不当罚的情况。

二、涉案开采地是否为禁采区以及限制开采区为待证事实，在案如无相应证据证明该部分事实，则应当作出存疑有利于被告的认定

并非所有的采矿行为都可能构成非法采矿犯罪，行为发生的地方是否为禁采区或者限制禁采区，禁采区设立、限制禁采区的限制是否合法、限制范围如何等都是判断非法采矿行为是否构成犯罪的关键法律事实，需要严格依据在案的证据进行判断。

具体到本案中，涉案的采矿区域是否为长江禁采区对于本案罪名的认定具有重要意义。该判断作为事实判断，应当由侦查机关出具相应证据证明，但本案侦查机关移送的证据中并无该部分证据。即本案涉及的长江上海段×××号锚地是否为长江禁采区，缺乏控方证据证明。

同理，如欲认定李某山等人的行为对河道环境造成的损害，仍然需要有相关鉴定意见。根据国土资源部（部门现已撤销，规范仍有效）于2005年8月31日发布的《非法采矿、破坏性采矿造成矿产资源破坏价值鉴定程序的规定》第3条“省级以上人民政府国土资源主管部门对非法采矿、破坏性采矿造成矿产资源破坏或者严重破坏的价值出具的鉴定结论，作为涉嫌犯罪的证据材料，由查处矿产资源违法案件的国土资源主管部门依法移送有关机关。属于根据公安、司法机关的请求所出具的鉴定结论，交予提出请求的公安、司法机关”和第5条“省级以上人民政府国土资源主管部门设立非法采矿、破坏性采矿造成矿产资源破坏价值鉴定委员会，负责审查有关鉴定报告并提出审查意见。鉴定委员会负责人由本级国土资源主管部门主要领导或者分管领导担任，成员由有关职能机构负责人及有关业务人员担任，可聘请有关专家参加”的规定，本案同样缺乏控方证据证明。就“存疑有利于被告”的角度而言，在没有证据证明该部分事实的情况下，宜作出对涉案人员更有利的认定。

三、涉案被告人的行为，仍应当坚持一行为一认定的严格证据原则，对涉案行为进行逐一证据链条判断

在非法采矿类案件中，行为往往呈现多人共同行为，多次行为、上下游长链条行为的特征。案件的审查判断中，自然也因此面临着证据类型较多、证据链条冗长、证据数量较大的困难。如何在庞杂的关系网中，通过证据，准确、公正地认定每一个被告人的行为及责任，也是这类案件处理中的难点所在。

本案行为人作案时间跨度将近3个月，在对本案的证据质证中，从侦查机关、公诉机关、司法机关到辩护律师，都采用了“一行为一组证据”的质证方式，坚持将每个行为人参与非法采矿的次数、数量以及相应的赃款数量均予精细区分。从最终的裁判内容来看，实现了对每一位被告人犯罪期间以月计的差异化量刑，令每一位被告人都得到了公正判处，真正做到了精准裁量。

采矿权许可期间的取得物再利用不违法*

——以徐某发非法采矿无罪案为例**

基本案情

2018年12月至2020年，被告人徐某发擅自在上饶市广信区搭建了碎石设备，利用原采石厂遗留在当地的花岗岩边角料作为原料，雇请挖掘机、破碎机，将花岗岩边角料进行破碎加工，生产出的碎石出售给邓某录用于工程建设用材。

2020年6月2日，上饶市广信区自然资源局发现徐某发的违法行为，责令徐某发停止并改正在望仙乡望仙村黄岗小组路边违法开采碎石并进行加工的行为。上饶市广信区自然资源局在处理过程中认为被告人徐某发涉嫌犯罪，遂移送给上饶市广信区公安局侦办。经查证，被告人徐某发共出售给邓某录4422.5立方米的花岗岩碎石，销售额为22.1万元。经南昌矿产资源监督检测中心鉴定，被告人徐某发非法开采的花岗岩属于中细粒黑云母钾花岗岩。根据《矿产资源法实施细则》的规定，建筑用花岗岩属于非金属矿产。2021年3月16日，被告人徐某发经公安机关电话通知到案后，如实供述了犯罪事实。2021年3月22日，被告人徐某发向上饶市广信区公安局退缴违法所得10万元。

控方意见

公诉机关指控，2018年12月至2020年1月，被告人徐某发违反矿产资源法

---

* 北京盈科(上海)律师事务所康烨律师、张温娴律师。

** 案号:(2021)赣1104刑初287号。

的规定，在未办理采矿许可证的情况下，擅自在上饶市广信区开采4422.5立方米的花岗岩出售给邓某录用于建筑工程，销售额达22.1万元。经国家资源部南昌矿产资源监督检测中心鉴定，被告人徐某发非法开采的花岗岩属于中细粒黑云母钾花岗岩。根据《矿产资源法实施细则》的规定，建筑用花岗岩属于非金属矿产。2021年3月16日，被告人徐某发经公安机关电话通知到案后，如实供述了犯罪事实。公诉机关认为，被告人徐某发违反矿产资源法的规定，未取得采矿许可证，擅自开采花岗岩，价值22.1万元，其行为触犯了《刑法》第343条第1款之规定，应当以非法采矿罪追究其刑事责任，被告人有自首情节，自愿认罪认罚，建议判处被告人徐某发有期徒刑八个月，缓刑一年，并处罚金。

审方意见

法院认为，被告人徐某发的行为不构成非法采矿罪，理由如下：

第一，被徐某发用于破碎的石材原料不属于自然状态的矿产资源，不属于非法采矿罪的犯罪对象。《矿产资源法实施细则》第2条第1款规定："矿产资源是指由地质作用形成的，具有利用价值的，呈固态、液态、气态的自然资源。"本案被徐某发用于破碎的石材原料，是2008年以前旧石材厂丢弃的边角料，并非自然形成，不符合自然状态的属性，不应成为非法采矿罪的犯罪对象。

第二，徐某发挖掘用于破碎的石材原料不属于采矿行为。徐某发用于破碎的石材原料，是原石材厂开采遗留下来的废弃物，开采行为已经完成。徐某发将被弃于石材厂边上的边角料加工、出售，不宜认定为采矿行为。

第三，挖掘用于破碎的石材原料是否需要办理采矿许可证，并无明确的法律规定。国家发展和改革委员会、科学技术部、自然资源部等十部委于2021年3月18日联合发布的《关于"十四五"大宗固体废弃物综合利用的指导意见》(七)尾矿(共伴生矿)。稳步推进金属尾矿有价组分高效提取及整体利用，推动采矿废石制备砂石骨料、陶粒、干混砂浆等砂源替代材料和胶凝回填利用，探索尾矿在生态环境治理领域的利用。加快推进黑色金属、有色金属、稀贵金属等共伴生矿产资源综合开发利用和有价组分梯级回收，推动有价金属提取后剩余废渣的规模化利用。依法依规推动已闭库尾矿库生态修复，未经批准不得擅自回采尾矿。

以上规定未要求采矿废石需要经过新立采矿权的程序才可开采，仅规定尾矿的回采需要经过批准。故本案的采矿废石，没有法律规定需办理采矿许可证才可采挖。而《刑法》第343条规定，非法采矿罪的构成要件之一就是未取得采矿许可证擅自采矿。

综上，本案被告人徐某发采挖、加工、出售旧石材厂的采矿废石的行为，不构成非法采矿罪。但徐某发擅自办理碎石厂，属于违法行为，应当对其进行相应的行政处罚。公诉机关指控的罪名不成立，法院不予支持。依照《刑事诉讼法》第200条第2项之规定，判决如下：

被告人徐某发无罪。

案例评述

一、对于矿产资源“地质作用形成的自然资源”特征的理解

自然资源之所以受到法律严格保护，归根结底是因为资源本身的不可再生性、稀缺性。《矿产资源法实施细则》第2条第1款规定，“矿产资源是指由地质作用形成的，具有利用价值的，呈固态、液态、气态的自然资源”。《复函》规定，“具有利用价值的煤矸石属于矿产资源”。

本案的审判法院，在裁判文书中对于矿产资源认定的特征进行了详尽的归纳、总结，指出：“矿产资源应当具备以下特征：一是地质作用形成的；二是自然资源；三是具有利用价值。”该归纳、总结内容，将矿产资源在法律上的特征进行了专业的解读。

从“矿产资源”具有“地质作用形成的自然资源”特征出发，法官将自然状态下的矿产资源界定为本罪的犯罪对象，本案的裁判要旨：处于自然状态之下，属于矿产资源，可以成为非法采矿的犯罪对象，在未取得采矿许可证的情况下擅自开采的，可以构成非法采矿罪；若系采矿权人在合法采矿权期间开采出来丢弃的，则不能成为非法采矿的犯罪对象，进行采挖出售的，不构成非法采矿罪。可以说，这一要旨，在犯罪对象“矿”的内涵中加入了“自然状态”的限制，对“矿产资源”特征的归纳、适用，可以较好地实现非法采矿罪适用的对象的定型化，由此实现了本案的出罪目的，值得肯定。但同时需要指出的是，本案属于实质上的

无罪,本案的矿产资源及附属物原本处于“非自然状态之下”,系在采矿权许可期间获得,故而再利用于法不悖。

二、关于“采矿行为”的法律界定

我国《刑法》及其相关司法解释除了对“违反矿产资源法”“未取得采矿许可证”做了相应解释,对于“采矿行为”未做定义,究其根本在于“采矿行为”本身较易为公众理解、司法机关作出判断,即将矿产资源从地底(井下)或浅层地表挖掘、采取出地表的行为。

然而,现实中有些被挖掘出地表的废料、废石、矿渣等矿产资源,由于受限于当时的生产技术和生产工艺,不能被有效利用而闲置于自然界中甚至与自然环境融为一体,对于该种废料的权属容易产生不同理解。一种理解认为原所有权人对废料已抛弃,故其所有权应归属国有,开采需要重新办理采矿许可;另一种理解认为采矿权人只有在采矿权期间的矿产资源及附属物具有所有权,在采矿权期间届满后,不具有所有权。

笔者认为,两种观点均不正确。前一种观点所认为的抛弃,不应以默示的方式作出,而应以明示方式作为。因为矿产及附属物系特定物,具有资源性、稀缺性的特点,一时废之不用不等同于永久弃用,而且废料、废石因体量硕大,一般不会搬离矿区,当所有权人对物具有占有外观时,社会中的一般人也不会产生该物被所有权人抛弃的理解。实务中也发生过偷盗废矿料,按侵权责任追究法律责任的案例,即在裁判当中也确认了所有权人系被侵权人,具有法律上的物权人地位。后一种观点其实更容易反驳,基于采矿权而获得的物权,具有绝对性、排他性、永续性,不因时间久远而丧失,公民的合法财产受法律保护,不能以与自然环境混同为由收归国有。《民法典》第 241 条规定,财产所有权是指所有人依法对自己的财产享有占有、使用、收益和处分的权利。故,哪怕系废品、废料,所有权人对之处分也应受法律保护。如果将合法采矿所获得的附属物进行“再利用行为”解释为“开采行为”,从解释论角度有违生活常识,公众也会对这样的解释结论产生明显的突兀感,容易产生“与民争利”的社会负面评价。

本案徐某发挖掘用于破碎的石材原料,恰恰不是将矿产资源从地底(井下)或浅层地表挖掘、采取出地表的行为,而是“废料再利用”,系获得所有权人授权的合法行为。徐某发的行为被法院认定为“徐某发挖掘用于破碎的石材原料不属于采矿行为。徐某发用于破碎的石材原料，是原石材厂开采遗留下来的废弃物，开采行为已经完成。徐某发将被弃于石材厂边上的边角料加工、出售，不宜认定为是采矿行为”。这种理解是正确的。

三、非法采矿罪作为法定犯，司法应在环境保护与资源利用中划清界限

非法采矿罪作为典型的法定犯，本案判决当中，在分析利用原矿废料是否应办理采矿许可，从行政规范文件当中，得出了无须办理采矿许可的结论。法院援引了国家发展和改革委员会、科学技术部、自然资源部等十部委于 2021 年 3 月 18 日联合发布的《关于“十四五”大宗固体废弃物综合利用的指导意见》（以下简称《指导意见》）“（七）尾矿（共伴生矿）。稳步推进金属尾矿有价组分高效提取及整体利用，推动采矿废石制备砂石骨料、陶粒、干混砂浆等砂源替代材料和胶凝回填利用，探索尾矿在生态环境治理领域的利用。加快推进黑色金属、有色金属、稀贵金属等共伴生矿产资源综合开发利用和有价组分梯级回收，推动有价金属提取后剩余废渣的规模化利用。依法依规推动已闭库尾矿库生态修复，未经批准不得擅自回采尾矿”。

《指导意见》在“提高大宗固体废物资源利用效率”部分中也明确以列举方式将煤矸石与粉煤灰、尾矿（共伴生矿）、冶炼渣、建筑垃圾处于同一类别下，做了相应再利用的指导。该规定也在另一起该院审理的（2021）赣 1104 刑初 214 号孙某某等人非法采矿罪宣告无罪一案中予以援引。

法院认为，“以上规定未要求采矿废石需要经过新立采矿权的程序才可开采，仅规定尾矿的回采需要经过批准。故本案的采矿废石，没有法律规定需办理采矿许可证才可采挖。而刑法第三百四十三条规定，非法采矿罪的构成要件之一就是未取得采矿许可证擅自采矿”。表明法院将该行政规范性文件作为判断行为合法性的前置规范。同时，也对环境保护与资源再利用作出了区分。

本案的审理，法院秉持市场主体“法无禁止即可为”、政府部门“法无授权不可为”理念，通过一个案例划清公权与私权的边界，让司法在环境保护与资源利用之间起到能动作用，既为保护青山绿水提供司法屏障，也为大宗固体废物资源利用留下合法空间。

鉴定报告在非法采矿行为认定中的作用及局限性*

——以杨某非法采矿罪、污染环境罪案为例

基本案情

源矿业公司于2006年经招商引资到三都县,2007年注册了洪源矿业公司,2007年至2010年先后投资了三都牛场铅锌矿,2010年开始对三都县坝街乡五坳坡陆续投资探矿。洪源矿业公司是个人独资企业,该公司主要经营范围是法律法规允许的矿产品的投资、加工及销售、股权投资、企业收购及兼并等,2007年4月10日至2015年4月10日申请获得三都县五坳坡铅锌多金属矿区探矿权证,法人兼总经理曾某源委托副总经理佘某春、杨某二人负责公司全面工作。

在公司未取得采矿权证且越界开采的情况下,从2014年1月至8月请当地货车多次从该公司五坳坡矿区五个矿洞"新八井,老八井、33号井、大塘井、洪源井(又称弘圆井、28号井)"运送1938.35吨(86.51吨查获未处理)锑矿渣到三都县钟南实业有限公司选厂进行浮选。浮选出锑精粉后销售得款人民币52万元。2013年10月至2014年1月,洪源矿业公司副总经理杨某因五坳坡矿区五个矿洞历年来采出2339.57吨锑原矿处理出售。经贵州省地质矿产勘查开发局一〇五地质大队鉴定认定:该公司破坏锑矿资源量10,661.075吨,破坏价值426,443元。

洪源矿业公司负责生产安全副总经理的被告人杨某从2013年8月至2014年5月在环保部门两次对该公司五坳坡矿区进行检查并下发相关执法通知书,且对被告人杨某进行一次约谈,其认为自己能够自行处理只是电

* 北京盈科(上海)律师事务所张温娴律师。

话向曾某源汇报，曾某源默认杨某自行处理，之后杨某未按环保部门的要求进行整改，曾某源未对环保整改进行跟踪监督并落实整改，对公司行为造成环境污染负有连带责任，导致五坳坡矿区五个矿洞生产废水锑含量超出《污水综合排放标准》《贵州省环境污染排放标准》所规定的标准。

控方意见

三都县人民检察院指控：

1. 被告人杨某任洪源矿业公司副总经理，直接负责五坳坡矿山安全生产，具体安排、组织矿洞的收购、生产、管理工作。2013 年洪源矿业公司在办理环评报告时，经测量发现该公司在探矿施工的五个矿洞不在其探矿证范围内，杨某在明知存在越界的情况下仍继续施工作业，且 2013 年 4 月洪源矿业公司申请探矿权保留获得通过，在探矿权保留期间没有勘察实施方案，也未聘请其探矿证上载明的施工单位进行探矿作业，而是擅自进行探采，经鉴定：造成矿产资源破坏量达 42 万元。

2. 洪源矿业公司在未取得环评手续的情况下，从 2010 年生产至今，杨某在负责矿山生产作业期间，环保部门两次下达执法通知，对其进行过一次约谈，要求其对五坳坡矿洞进行整改，但在未整改到位的情况下，边整改边排放，造成周边环境的污染，经鉴定：洪源矿业公司在五坳坡的五个矿洞所排放生产废水的锑含量均已超过相关规定的排放标准 3 倍。

公诉机关据此认定被告人杨某作为该公司矿山生产直接负责人，在明知公司没有采矿权证，超出其探矿证范围，也没有勘查实施方案的情况下，擅自施工作业，其行为破坏了国家矿产资源，并造成了环境污染，触犯了《刑法》第 343 条第 1 款和第 338 条之规定，应当以非法采矿罪、污染环境罪追究被告人杨某的刑事责任。

审方意见

关于非法采矿的相关证据和鉴定，均没有分清洪源矿业公司到五坳坡铅锌多金属矿矿区探矿前和探矿后所采矿的数量和范围位置，虽有贵州省地质矿产勘查开发局一〇五地质大队勘查作出《贵州省三都县五坳坡铅锌多金属矿非法开采矿产资源破坏价值鉴定报告》,但未经法定程序评审确认洪源矿业公司非法采矿的事实,根据《国土资源部非法采矿、破坏性采矿造成矿产资源破坏价值鉴定程序的规定》(国土资发〔2005〕175 号)第 7 条、第 8 条和《贵州省国土资源厅关于非法采矿和破坏性采矿造成矿产资源破坏的价值鉴定暂行办法》(黔国土资发〔2006〕113 号)的规定,对非法采矿的鉴定报告不能确认。公诉机关指控被告人杨某犯非法采矿的犯罪事实和罪名不成立。

案例评述

一、矿产类型以及数量在量刑中的重要作用

2011 年《刑法修正案(八)》的修订中,对非法采矿罪的构成要件进行了调整,原文中的"经责令停止开采后拒不停止开采"的规定被删除,"造成矿产资源破坏""造成矿产资源严重破坏"的要件被调整为"情节严重""情节特别严重"。2016 年最高人民法院、最高人民检察院发布《关于办理非法采矿、破坏性采矿刑事案件适用法律若干问题的解释》(以下简称《非法采矿司法解释》),针对犯罪情节的具体判断,列出了包括"矿产品种类"、"矿产品数量"以及"矿产品价值"在内的具体指标。由此可见,类型以及数量在量刑中所能起到的重要作用。

就证据的角度而言,对于矿产品价值的认定,《非法采矿司法解释》第 13 条规定,"非法开采的矿产品价值,根据销赃数额认定;无销赃数额,销赃数额难以查证,或者根据销赃数额认定明显不合理的,根据矿产品价格和数量认定。矿产品价值难以确定的,依据以下机构出具的报告,结合其他证据作出认定:(一)价格认定机构出具的报告;(二)省级以上人民证据国土资源、水行政、海洋等主管部门出具的报告;(三)国务院水行政主管部门在国家确定的重要江河、湖泊设立的流域管理机构出具的报告"。从该规定内容可见,矿产品价值认定的证据较为有限,出具的机构也受到严格的限定,同时也可以看出,司法解释对于报告的使用,采取的仍是综合其他证据进行认定的方式。

二、矿产数量及价值作为关键法定事实的证据认定困境

面对矿产数量与价值的关键作用,在证据方面的认定困境也尤为凸显。

《非法采矿司法解释》虽然在第13条对于证据的认定方式作出了严格的规定,但由于价格认定机构在刑事司法实践中并不常见,且对于价值的认定程序非常严苛,实践中仍有较多的司法机关,会采用更为熟悉的司法鉴定方式进行价格的认定。

我国司法鉴定行业的混乱与整顿一直在路上,2015年全国人民代表大会常务委员会发布《关于司法鉴定管理问题的决定》加强鉴定人和鉴定机构的管理。该决定对鉴定类型进行了严格的法定,具体包括"法医类"、"物证类"、"声像资料"以及"环境损害"四类,"数量""价值认定"的鉴定并不在法定的"四大类"范围之中。

在此情况之下,上位规范的缺位,直接造成了没有统一登记、管理的司法鉴定机构和司法鉴定人能够对矿产品数量与价值进行认定,鉴定的程序与标准更是无从说起。对于此类困境,各地办案机关采用的方式有所不同,常见的做法包括委托地质勘查单位估算、委托矿业专业、科研机构进行评估、委托测绘机构进行开采面积的测绘等方式。

本案中,办案机关所采取的就是贵州省地质矿产勘查开发局一〇五地质大队勘查的方式,但是显然,在法院的认定中,由于该勘查方式并无上位法律的支持,勘查结论并未得到支持。从判决书中可以看到,也正是由于该结论被排除,最终导致了非法采矿罪的不成立。

行文至此,可以看出,数量与价值认定在罪名的认定以及量刑之中,起到了至关重要的作用,但是由于在实践落地的过程中,出现了证据要求与实践可行性的脱节,导致了现有证据无法使用却无更新指导规则的困境。

三、现有证据体系下的证据认定坚持

在困境之下,问题来了,面对困境应当采取怎样的过渡方式与处理方式。证据作为法律事实认定的基石,尤其在刑事案件的事实认定中,更应当坚持以证据为根本。

在证据问题未有解决路径之前,如果出现销赃数量难以认定的现实问题,则应当从"存疑事实有利于被告认定"的原则出发,作出对被告人更有利的事实认定,即认定不存在"情节严重"的犯罪事实。

笔者之所以采取该案例作为书写案例，也系在案例库中搜索后发现，对于司法实践中常见的勘查记录，虽然有法律的明确规定并非法定司法鉴定范围，司法解释也未将其列入其中，但是少有法院在裁判文书中对该类证据的效力作出直接回应。

每个案件的裁判固然有其复杂的环境与背景，但是无论如何选择，都应当坚持"证据为先，法定为先"。"情节严重""情节特别严重"作为犯罪构成的一部分，更应当坚持由严格的证据链条进行证明，如在现有体系下，实践中无法进行证据出具，也应当作出对被告人有利的认定。

第6章

国际视野篇

大众“排放门”的高昂后果*

——美国诉大众汽车公司案

案件背景

《美国清洁空气法》(Clean Air Act,CAA)最初于1963年颁布,此后经过多次修订,是美国第一部也是最有影响力的现代环境法之一,由美国国家环境保护局与州、地方和部落的政府协调管理。《美国清洁空气法》旨在通过控制有害排放、抑制空气污染源来保护人类健康和自然环境。根据该法,所有在美国销售的汽车尾气排放都必须符合美国国家环境保护局所制定的排放标准,只有在经过美国国家环境保护局的测试和认证后,才能获得合格的质量证书。

在该前提下,2014年5月西弗吉利亚大学一所实验室突然发布了一项研究报告,称大众公司生产的汽车的废物排放量违反了法定标准,美国环保部门也针对该问题展开了调查。起初,大众公司对外不承认公司存在任何问题,并对外宣称汽车工艺复杂,可能是实验室使用的研究方法出了错。但该报告曝光后,越来越多的调查结果证实大众汽车的排气排放量确实高于法定标准,面对公众和社会的质疑,大众公司迟迟无法做出回应。

2015年9月,美国国家环境保护局发布了一份指控大众汽车在其柴油车上使用非法软件的通知。这种软件可以识别何时车辆正在进行排放测试,并在测试期间减少柴油车的排放量。然而,在正常使用中,车辆会产生远高于测试期间的排放量。此举被认为违反了《美国清洁空气法》的规定,可能面临多项指控。

---

* 北京盈科(上海)律师事务所龚梦婕律师。

诉讼过程

在美国国家环境保护局发布公告后,2016 年 1 月,美国联邦司法部环境和自然资源局的官员代表美国国家环境保护局对大众公司提起诉讼。起诉书称,大众公司销售的近 60 万辆柴油动力汽车安装了非法的欺诈软件和设备。这些软件和设备如果识别出汽车是处于被检测状态,将在检测期间开启尾气排放控制措施。但是在正常驾驶状态下,这些涉案汽车的尾气排放控制设备并不开启,导致其尾气排放量很大,超过法定排放标准的 40 倍。起诉书认定,大众公司这些不达标的汽车污染了环境,损害了人体健康。检察官依据《美国清洁空气法》第 204 条和第 205 条等规定,对大众公司提起诉讼,并申请相关禁令。

而大众公司及其高级管理人员面临的刑事指控主要涉及单位犯罪和自然人犯罪。在单位犯罪方面,检察官对大众公司提起三项重罪指控,认为其涉嫌共谋罪(Conspiracy)、妨害司法公正罪(Obstruction of Justice)以及申报虚假陈述罪(Entry of Goods by False Statement)。根据公开文件,这些指控源于该公司的一个长期商业计划——大众公司计划在美国销售约 59 万辆柴油车。为了顺利推进该计划,大众公司不惜使用特殊装置,在美国国家环境保护局和加利福尼亚州空气资源委员会规定的排放测试中作弊,并且在生产经营的过程中屡次撒谎和妨碍司法。指控称,2006 年 5 月至 2015 年 11 月,大众公司一直在对相关监管机构和顾客掩饰隐瞒关于自己的车辆是否符合美国排放标准的真相。在自然人犯罪方面,检察官也对大众公司的几名管理人员和雇员提起了刑事指控,主要罪行涉及阴谋欺骗美国及其消费者、电信欺诈、违反清洁空气法等。这些公司员工分别担任大众公司品牌开发主管、发动机研发主管、质量管理和产品安全主管等职务。①

裁判结果

2016 年 6 月 28 日,大众公司与美国政府达成首次和解协议,解决了与 50 万辆汽车有关的诉讼纠纷。这些争议涉及了多个领域,如清洁空气法、健康法、公平竞争法和贸易法。为了达成和解,大众公司支付了高达 147 亿

① 杨先德:《美国大众“排放门”事件诉讼进程观察》,载《检察日报》2017 年 8 月 1 日,第 3 版。

美元的巨额赔偿款项。根据和解协议，大众公司同意支付100.3亿美元，用于回购那些存在问题的汽车，或终止消费者的汽车租约。

对于消费者来说，他们有两种选择，一种选择是，可以按照2015年9月（事件爆发时间）的零售价格要求大众公司回购问题车，大众公司根据具体情况作价回购；另一种选择是，车主也可以保留经大众公司维修改进的问题车。同时，大众公司也将投入47亿美元用于治理这些问题汽车所造成的污染，并研发绿色汽车技术，这笔资金将采用信托形式管理和使用，大众公司会将这笔资金投入一个专门的信托基金，由一个独立的受托人执行和管理。受益人包括问题车所涉及的各州政府、哥伦比亚特区、印第安部落等，他们可以向受托人申请使用这笔资金，用于减少和治理污染。最后，经过联邦贸易委员会申请，法院颁发禁令禁止大众公司采用虚假广告、虚假陈述等方式欺骗消费者。

2016年12月10日，大众公司与美国政府相关部门就另一版本的问题汽车达成第二次和解，其解决方案与第一次和解类似，和解花费高达40亿美元。

2017年1月11日，大众公司与美国国家环境保护局、关税和边境保护局等机构之间达成第三次和解，大众公司同意支付14.5亿美元民事罚款。在这次和解中，美国政府要求大众公司建立产品开发和产品合格检测分立制度、内部举报制度、年度环境管理制度、审计报告制度等相关防止欺诈、环境违法行为的制度。此外，由于大众公司违反了美国金融领域关于禁止利用金融市场实施欺诈的有关规定，其还支付了5000万美元的民事罚款。①

而针对刑事部分，经协商，大众公司已同意对这些指控认罪并签署认罪协议，愿意支付28亿美元的罚款。根据认罪协议的条款，大众公司同意全面配合司法部正在进行的调查，负有责任的个人被判缓刑三年，并由独立的企业合规监督员对公司进行至少三年的监督。2017年4月21日，法院接受了该认罪协议，作出了有罪判决，大众公司需要支付28亿美元的罚款，相关人员被判缓刑三年，大众公司需要被独立的企业合规监督员进行至少三年的监督。

---

① 杨先德：《美国大众“排放门”事件诉讼进程观察》，载《检察日报》2017年8月1日，第3版。

案例评述

一、《美国清洁空气法》介绍

《美国清洁空气法》是美国联邦法律，于1963年首次颁布，后于1990年进行了全面修订。该法律的主要目的是保护人类健康和环境，通过控制和减少空气污染物的排放来改善空气质量。

该法律规定了美国国家环境保护局对空气污染物的标准，包括二氧化硫、氮氧化物、挥发性有机化合物、颗粒物和臭氧等。同时，该法律还制定了各种监测、报告和计划要求，以确保达到和维持这些标准。

为了实现该法律的目标，它还规定了许多措施，包括发放污染物排放许可证、限制新工厂和设施的污染、控制移动污染源（如车辆）、实施空气质量标准、制定国家和地方排放标准以及制订紧急事件计划等。

该法律的修订中还规定了对酸雨、臭氧层损耗和全球气候变化等问题的解决方案。此外，该法律还规定了民事和刑事惩罚，以及对破坏环境的行为者进行赔偿的措施。

总体来说，《美国清洁空气法》是美国环境保护政策的重要组成部分，对美国及全球的环境保护和人类健康都产生了深远的影响。

二、本案中大众公司需要承担的责任

大众公司的这桩案件被舆论称为历史以来最大的系统性公司诈骗案，该事件的发生导致大众股票下跌了31%，公众对于品牌的信任程度降到历史最低，品牌形象一落千丈，公司的丑闻给大众的品牌和声誉带来了极其严重甚至无法挽回的恶劣影响。在该事件发生后，时任大众公司CEO马丁·文德恩也引咎辞职。

大众公司需要承担的不仅是刑事责任，因为其同时也违反了环境保护、市场竞争相关的法律，司法部的检察官除了刑事指控外，还对大众公司提起了民事诉讼。通过该案件我们可以发现，美国对于环境污染的保护是多维度且环环相扣的，可以通过行政、民事和刑事渠道同时进行处理，这意味着公司一旦出现相关

事件，除了刑事罚款外，还面临高价的民事赔偿，这有些类似于我国检察机关提起的民事公益诉讼。

贾学胜教授在《美国对环境犯罪的刑法规制及启示》一文中就提到，与传统犯罪的检察官不同，环境犯罪的检察官更倾向于寻求刑事惩罚和清理利益整体效果的最大化，而不是拘泥于刑期长短和罚金数额。如果某个方案可以更好地消除污染而更有利于环境治理和保护，比起通过刑事惩罚威胁潜在犯罪者来保护环境的传统做法，检察官更乐于接受这样的方案。他们甚至愿意放弃针对企业或个人的刑事指控，或者降低刑罚的严厉程度或罚金的数额，来换取比法律要求显著提高的清理承诺。[①]

其实在中国，我们也有类似的思路，比如在环资犯罪中常使用的“生态修复费”就是其中一种。我国环资犯罪中，常存在附带的破坏生态环境和资源保护民事公益诉讼，其中就包含“生态修复费”，目的就是使被告人支付相关的生态修复费用，以挽回相关自然资源损失，修复生态环境。

① 贾学胜：《美国对环境犯罪的刑法规制及启示》，载《暨南学报》（哲学社会科学版）2014 年第 4 期。

环资犯罪中被告人的犯罪故意问题*

——美国诉 Weitzenhoff 案

案件背景

本案是美国第九巡回法院 1993 年处理的一宗环境犯罪案件，虽然时间较早，但属于美国环资犯罪领域的经典案例，该案例厘清了美国环境法对犯罪故意以及被告人主观认识程度的相关规定，在美国影响深远，有近 20 篇法律学术期刊文章对该案例进行了分析和解读，并被纳入法律课程的刑法案例书中。

本案被告 Michael H. Weitzenhoff 和 Thomas W. Mariani 是夏威夷东檀香山社区服务污水处理厂的经理，该工厂在一个冲浪海滩附近，并持有国家污染排放许可证，该许可证限制了 30 天内平均每天可以排放的纯化固体和化学品的总量，同时，该许可证还规定了监测和取样要求。在处理废物的过程中，会产生的一种固体物质，即废活性污泥，合法的处理方式是需要将它们泵入位于设施内的单独的储罐中，最后集中运走处理。

1988 年 4 月至 1989 年 6 月，两名被告人违反了《清洁水法》(the Clean Water Act)的相关要求，直接将处理厂的废活性污泥倾倒到海洋中，数量超过 40 次，重量超过 436, 000 磅，严重超过了倾倒废物许可证上的次数限制，且废物排放没有记录，也没有受到监测或采样要求的约束，违反了国家污染排放消除系统许可证所规定的工厂每日排放限值。有其他员工作证说，他们在这两个人的命令下，半夜偷偷将废物倾倒到海洋中，并且在倾倒废物时依照二人的指示对监测系统做了手脚，导致部分废物绕过监测系统，没有被

---

* 北京盈科(上海)律师事务所龚梦婕律师。

计算在倾倒的废物总量中,二人当然也没有将该非法倾倒的情况向美国国家环境保护局或美国卫生部报告。

最终两名管理人员承认他们下令员工倾倒过废物,但坚持认为因为他们工厂有许可证,而且自己不知道具体法律的要求,所以不构成犯罪。

诉讼过程

Weitzenhoff 和 Mariani 在地方法院中被指控违反《清洁水法》,并犯有共谋罪等。地方法院的法官在审理本案时,在主观方面(mens rea)起了争执,认为二名被告明确知道他们正在将废物倾倒到海洋中,因此可以认定存在"犯罪故意",陪审团最终裁定二人有罪,Weitzenhoff 被判入狱 21 个月,而 Mariani 被判入狱 33 个月,二人提出上诉。

在上诉中,上诉人辩称:首先,法官在他对法规的解释和对陪审团的指示方面犯了错误,他们认为法官故意诱导陪审团,没有告知陪审团检察官需要证据来证明他们主观上存在故意,而目前没有证据可以证明他们知道自己的行为是非法的,并且法官没有告知陪审团上诉人在实施涉案行为时,错误地以为自己有权根据许可证倾倒废物,所以主观上不存在污染环境的故意。

上诉人以 Liparota v. United States 一案作为辩护理由,在该案中,美国最高法院将法规中的"故意"一词解释为"对违法行为的实际了解",但他们实际上并不确切地知道他们的行为超过了许可证所允许的范围。其次,上诉人强调,这些污染物本身并没有毒性,排放这些污染物之所以非法,仅是因为他们在 14 个月的时间内超过了工厂许可证所允许排放数量的 6%,这超过了许可证所允许的范围,但本案所涉及的行为实质上是无害的,由于本案实际上并不真正地涉及危害公共安全的行为,因此不能对他们追究刑事责任。

美国第九巡回法院经过审判后,决定支持对上诉人定罪,理由是 United States v. International Minerals & Chem. Corp. 案更适用于本案的情况,在该案中,美国最高法院裁定当处理废物和危险材料时,假定行为人本来就已经了解了相关法规的具体规定,所以第九巡回法院维持了地区法院的判决。

案例评述

本案作为美国环境资源犯罪的经典案例之一，最激烈的争论点就在于行为人是否必须认识到许可证的规定和具体条件才能认定主观故意。且在本案中，被告虽然故意将部分处理的污水排入海洋，根据《清洁水法》确实需要被判以多项重罪，但是这些污染物本身并没有毒性，排放这些污染物之所以非法仅仅是因为违反了工厂许可证所允许排放数量。

根据《清洁水法》的规定，明知违反相关许可证条件或限制，实施根据§402中的任何规定的行为是重罪。由于政府认为《清洁水法》属于公共福利法规，因此，在对许可证规定条件的认识上，应适用公共福利犯罪原则，即对许可证规定的认识实行严格责任。① 而被告认为，《清洁水法》并不是公共福利法律，309(c)(2)条款中的短语“明知违反”将该罪与其他《清洁水法》的刑事指控区别开来，“明知”必须被解读为要求实际认识的证明。换言之，该法要求政府证明被告明确知道排放违反了许可证的限制规定。在本案中，地区法院采纳了政府的观点，认定犯罪成立。

由此可见，在美国的具体司法实践中，《清洁水法》的立法目的系维护公共福利，确保公共的健康和生命，因此适用严格的刑事责任，环境犯罪中关于过失的规定被最小化。基于严格责任，美国对环境犯罪实行有限公司管理责任制。这些政策和制度实际上预防了环境犯罪，保护了公共利益，减轻了检察部门的举证责任，提高了诉讼效率，在保护环境方面发挥了重要作用。

然而，美国的严格责任制度在中国不能完全照搬。主要原因在于，中国的刑法体系与美国两大构成要件构成的刑事宪法体系不同，如果完全引入严格责任，将对中国的刑法宪法体系产生严重影响，这与中国的实际情况严重不符。在中国，法官必须严格依法办案，他们的自由裁量权集中在量刑领域。严格责任制度的适用在理论界存在争议，在实践中没有统一的标准，容易引起争议。

---

① 贾学胜：《美国对环境犯罪的刑法规制及启示》，载《暨南学报》(哲学社会科学版)2014年第4期。

日本环境刑事法律体系的展开*

——以“日本大阪国际机场噪声诉讼案”为切入

案件背景

提起环境公益诉讼,就不得不提日本大阪国际机场噪声诉讼案。1959年1月,日本正处于高度经济成长期,日本政府决定将原本的“大阪第二飞行场”改名为“大阪国际机场”,并开辟国际航线。在1970年大阪万国博览会期间,大阪国际机场开辟了一个新的起降跑道,并引进喷气式飞机。随着喷气式飞机的引进,机场周边的航空噪声峰值可达110dB,这就使得原本就备受航空噪声困扰的居民受害更加严重。

在此背景之下,机场周边的居民和民间组织开始寻求法律途径解决航空噪声问题,机场所在地的日本伊丹市更是提出“大阪国际机场搬出城市”的诉求。遂原告于1969年12月以日本政府为被告,向大阪地方法院提起第一次起诉,本案前后历经14年,争讼至日本最高法院,直至1984年才因和解成立而暂告终结。本案中原告围绕航空噪声的损害赔偿请求权和停止侵害的权利,首次提出“环境权”的概念,成为日本乃至世界处理环境诉讼案件的典型案例。

诉讼过程

一、大阪地方法院一审

对于大阪机场周边居民的反对声音,日本政府却未表现出国家该有的积极

---

* 北京盈科(上海)律师事务所董奥迪律师。

态度,1967年8月国家制定并颁布了《航空器噪音防止法》,该法对于治理航空噪声源头的对策只字未提,也未规定民宅的防音工程制度,仅仅规定了设置航线前的公示制度。《航空器噪音防止法》更加剧了对大阪机场反对的声音,1969年12月15日,28名原告向大阪地方法院提起了第一次诉讼。

大阪地方法院先后接到了三起关于大阪国际机场的诉讼,原告方近300名诉讼代表提出基于日本政府在大阪机场建设发展中不顾居民反对,实行飞机大型化、喷气式化,并且机场使用频繁,噪声严重超越忍受程度,危害原告身心健康,被告对居民抗议未采取任何防止措施等事实,依据《日本国宪法》第13条"国民享有幸福追求权"的规定,提出夜间禁飞(21时至次日7时)、环境侵权损害赔偿、已经遭受的精神损失赔偿和未来确定遭受的公害精神损失等诉讼请求。基于三个诉讼的高度一致性,大阪地方法院决定将三次诉讼合并审理。

诉讼开始后,被告以航空交通的公共性辩称,机场飞机噪声对居民的损害在其忍受的限度内,居民应予忍受;对于禁止飞机在一定时间段起降的请求,属于运输大臣的行政权范畴,法院无权变更;国家已采取了相应的减少和控制噪声的措施,包括在原告起诉不久,交通运输省已决定大阪国际机场的飞机在晚10时至第二日上午7时禁止起降。

经审理,大阪地方法院一审认为,大阪国际机场存在对原告精神损害的事实,原告基于人格权起诉是妥当的,国家应负损害赔偿责任;认定国家机场管理行为违法。故判决:除非十分紧急的情况,禁止被告大阪国际机场的飞机在每日晚10时至第二日上午7时起降;并判处被告日本政府赔偿243人共计868万日元;驳回原告的其他诉讼请求,诉讼费用由被告负担。

二、大阪高等法院二审

对大阪地方法院的第一审判决,原告、被告双方均不服,向大阪高等法院提出上诉。原告上诉认为,一审法院对原告合理要求及其赔偿没有作出公正合理的判决。被告上诉认为,基于人格权作出的禁飞判决于法无据法院借审判之名行使本应由行政权处理的事项,系司法权对行政权的严重侵犯。

二审1974年7月2日第一次辩论至1975年5月29日最终辩论,经历了14次法庭辩论,原告、被告双方最大的争议点:禁飞时间。虽然一审法院基本认可了原告关于夜间禁飞的诉讼请求，只是将原告要求的每日晚 9 时至第二日上午 7 时的禁飞时间判定为每日晚 10 时至第二日上午 7 时，但原告认为一审法院的这一判决是过于偏重公共性而忽视了人的生命和健康。

大阪高等法院二审认为，一审认定的大阪国际机场对原告的损害事实可以采信；机场管理和设施建设方面国家存在瑕疵，应承担赔偿责任；从原告请求的合法性、被告对被害人人格权和环境权的侵害、请求禁飞的范围等方面分析，综合考虑，认定夜间飞行严重危害了当地居民的生活，虽然大阪国际机场具有重要的公共性，但为了减轻对居民的损害，对加害行为应予必要的限制；可以推定原告将来会遭受同样的损害，所以对将来的损害赔偿请求应予支持。故判决支持原告提出的夜间禁飞请求，并判处被告日本政府赔偿 272 人共计总额 2 亿日元的赔偿，并支持了原告对于将来损害的赔偿请求。大阪高等法院的二审，可谓是原告方的全面胜利。

三、最高法院再审

大阪高等法院作出二审判决后，被告日本政府不服向日本最高法院提出申诉，其认为：二审法院无权作出禁飞判决，其判决系司法权对行政权的严重侵害；二审判决仅考虑了原告的生命健康，而未综合考虑大阪国际机场具有极高的公共性特点；即使认为机场产生了公害，也仅是利用措施上的不合理，二审法院适用《国家赔偿法》第 2 条第 1 款的规定（国家的设施、管理上的瑕疵的赔偿责任）也存在错误。

最终，日本最高法院 15 名大法官 13 人参加评议，形成了 9 人的多数意见和 4 人的少数意见。多数人的意见是，原告的夜间禁飞和对将来因被告继续飞行造成的损失予以赔偿的诉讼请求，因不具备诉讼条件予以驳回。对原告的赔偿维持大阪高等法院的判决。少数人的意见是，大阪高等法院以“人格权”为判决依据，对于请求机场在一定时间内停飞这样十分困难的问题，是一种积极的探索式审理，多数人的意见没有考虑该案实质性的问题，把飞机的起降是否合法作为前提本身就不合法，有违《宪法》第 23 条规定的“国民有选择审判的权利”。

1981 年 12 月 16 日日本最高法院以多数人的意见作出终审判决。由于该判决撤销了大阪高等法院二审支持原告的夜间禁飞和对将来因被告继续飞行造成的损失予以赔偿的诉讼请求，引发了日本民众对该判决的强烈指责。

四、最终和解

日本最高法院终审判决后，在大阪高等法院和大阪地方法院的不懈努力下，1984 年 3 月 17 日达成和解，被告日本政府赔偿原告各项损失共计 13 亿日元，原告放弃其他的诉讼请求，诉讼费用各自负责。

案例评述

日本环境保护问题始于公害事件，19 世纪 60 年代的日本，在经济高速发展的同时，公害事件也频繁进入人们的视野，它不仅对生态环境本身产生了严重影响，更对人们的健康和私有财产造成了严重侵害。在此情况下，日本政府迅速反应，治理公害事件，防止影响的进一步扩大，其很大程度上得益于优化和改进环境行政管理体制措施和在完善环境法制方面所做出的努力。大阪国际机场噪声诉讼案就是在这一背景下发生的纠纷案例，其涉及面广、诉讼规模庞大、起诉次数多、获得巨额赔偿等特点，对今后日本乃至世界环境纠纷的处理，都具有重要的启发。

日本的环境法律大致可以分为 1970 年前和 1970 年后两个阶段。1970 年前，日本的环境法制对定公害事件的规定不完善，且于处罚上也较轻。1970 年后，大众环境保护呼声越发高涨，日本国内也召开了多次关于公害问题的研讨会，在此之后，环境保护法制也逐渐受到重视。在 1970 年年底召开的第 64 届国会，专门审议通过了有关公害的 14 部法律法规，1971 年政府专门成立了“环境厅”，1972 年颁布《自然环境保护法》。至此，日本有关环境保护方面的法律开始健全。

就具体内容而言，日本的法律保护体系大致分为民事、行政、刑事三个层次。本文将着重对刑法方面进行说明。

首先，在民事方面，公害事件的利益受害人可以提交公害纷争处理机关进行处理，公害纷争处理机关可以召集当事人进行斡旋、调停，也可以在当事人愿意的情况下进行仲裁，并作出裁定；利益受害人也可以直接提起损害赔偿诉讼和停止侵害诉讼，适用民事侵权行为理论获得民事法律救济。但是，这种民事私益诉讼只能解决个别性的环境侵害问题，无法解决地域性的环境公害问题。

其次，行政诉讼方面，日本的行政诉讼对于保护生态环境本身具有一定的作用。行政诉讼可以分为对行政处分不服的诉讼、对许可争议的诉讼、对环境标准和行政计划的诉讼、防止侵害诉讼、国家赔偿诉讼和居民诉讼，行政诉讼在监督政府的环境执法和环境保护职责履行上发挥了重要作用，也能够保证环境问题的及时有效解决，因为维护好、建设好优美的生态环境是政府的首要职责。尤其是日本居民诉讼制度极大地保证了任何公民都可以提起诉讼的权利，无论与其利益相关与否，只要经过居民督察请求程序，都可以对建设工程影响生态环境的行为提起诉讼，大阪国际机场噪声诉讼案是居民诉讼案件的具体体现。

最后，作为处罚最为严厉的刑事法律方面，规定的最为完善和详尽。刑事环境法律总体上分为三个位阶，即以《日本国宪法》为根本法，以《公害对策基本法》为指引，制定出具体单行刑法、刑法典和附属刑法等多种部门法，形成了有机协调统一的刑事环境法律体系。

1947 年 5 月 3 日施行的《日本国宪法》为刑事法律的确立奠定了宪法基础。《日本国宪法》第 13 条规定人民享有追求幸福的权利，第 25 条又规定，这一权利受到国家一切生活部门的保护。这就为环境犯罪的立法有了可供参考的上位法渊源。在此基础上，1970 年日本国会审议通过了《公害对策基本法》，该法是环境保护法体系中地位最高的基本法，它全面地规定了企业、国家和公共团体关于防治公害的方针、义务和措施。其作为刑事环境法领域内的基本法，为整个环境保护法律的调整指明了方向和路线。

紧接着，在《公害对策基本法》之下又包含三个子体系：一是公害救济法。主要是关于受害者因公害污染所遭受的损失应适当得以解决的法规，如《大气污染防治法》《水质污染防治法》等。二是公害控制法。这类法规体现了环境刑法的技术性特征。由于环境刑法不仅协调人与人的关系，也协调人与自然的关系，因此环境刑法必须与环境科学技术相结合，体现自然生态科学规律的要求，这些要求往往通过一系列技术规范、环境标准、操作规程等形式体现出来。三是公害防治事业法。这里指主要靠社会综合力量来防治公害的法规，如《自然公园法》等。

说完体系，我们再来看具体刑罚内容。总体而言，日本环境刑法具有刑罚种类有别的特点,基本上体现了轻重有别的量刑幅度,做到重罪重罚、轻罪轻罚,罪刑相称,罚当其罪。其主要体现:(1)重财产刑,轻自由刑。在一般行政刑法如《水质污染防治法》《噪声控制法》《海洋污染防治法》中,自由刑最高为二年徒刑,而罚金可高达20万日元;在特殊刑法中,如1970年日本颁布了当时世界上独一无二的环境刑事单行法《关于危害人体健康的公害犯罪制裁法》,自由刑最高为七年徒刑,而罚金最高可判处500万日元。从这一点上可以看出日本的环境犯罪将罚金刑作为短期自由刑的替代,对于环境犯罪"轻刑犯"的处罚有轻缓趋势,这对于"轻刑犯"回归社会起到了很好的作用。(2)自然人、法人的双罚制度。虽然日本的刑法对法人犯罪持否定态度,但在环境犯罪中规定了"双罚制"。即不仅追究犯罪企业的个人责任,还对法人科以罚金刑,这种双罚制所规定的惩罚次序是从个人到单位。如《公害罪法》第4条规定,再如《水质污染防治法》第34条、《大气污染防治法》第36条、《恶臭防治法》第22条规定。这些规定与我国《刑法》类似,只是处罚的顺序略有不同。由于现代刑事责任制度是以个人责任为基础建构,因而日本法的双罚制顺序更为合理,值得我国刑事环境立法借鉴。

综上所述,日本能够成功治理环境问题,最根本的秘诀在于其环境理念的变革,逐步摒弃产业发展优先的单向思维,自觉将可持续发展理念作为治国理政的思想指南。这与我国现阶段的环境理念不谋而合,面对生态环境损害频繁发生,日本较早地开始尝试用法律的手段来救济生态环境损害。以《公害防治法》为代表的生态环境损害责任立法在救济生态环境损害的司法实践中发挥了重要作用。人类社会发展有共同的规律,对日本生态环境损害责任立法进行考察,为我国生态文明建设的法治道路提供借鉴,对于我国少走弯路,尽快完善生态环境损害责任制度具有十分重要的意义。

欧盟环境保护法律体系的展开*

——以多瑙河大坝案(加布奇科沃-大毛罗斯项目案)为引

案件背景

多瑙河是连接北海和黑海的重要通航要道,对沿岸国家的经济和社会发展具有重要作用,这使沿岸国的相互依赖性大大增加,国际合作显得极为重要。20世纪60年代,许多国家开始拦湖筑坝、兴建各种水利设施,大规模改造自然环境。在这种背景下,相互毗邻的匈牙利和捷克斯洛伐克决定在流经两国的多瑙河上修建水坝。

1977年9月,捷克斯洛伐克和匈牙利缔结一项条约,决定两国联合在多瑙河上修建一座水坝系统,用来发展水电、改善通航、防洪和促进多瑙河沿岸区域的开发。工程分为两部分,位于上游的捷克斯洛伐克负责在其本国境内建造一座水坝和一个水库,用于储存洪峰;位于下游的匈牙利负责在该国境内建造水电站。待工程完工后,这一跨国系统工程将由两国共同运营、共同收益。

项目开工后,该工程在匈牙利国内遭到了严厉的批评,匈牙利国会认为该河流的生态效益应高于项目的经济利益。故在1989年5月,匈牙利政府决定在有关机构完成环境评价前,暂停项目的施工。停工一直持续了4个月,直到同年10月,在国内强大的舆论压力下,匈牙利政府正式决定放弃大毛罗斯工程。在此期间,匈牙利和捷克斯洛伐克之间也曾展开了谈判,并且捷克斯洛伐克还积极地提出7种替代解决方案,但双方谈判进行得十分艰难,未取得任何实质性进展。在此情况下,捷克斯洛伐克于1991年11月决

* 北京盈科(上海)律师事务所董奥迪律师。

定开始采取单方面行动，在本国境内的多瑙河进行单方面改道，将其2/3的水流引进捷克斯洛伐克境内，单独进行水坝建设。

1992年4月，欧共体出面调解双方的争议，遗憾的是没有取得有效结果。随后，匈牙利政府宣布终止有关该项目的条约。

诉讼过程

1993年7月，匈牙利和捷克斯洛伐克签订特别协定，将争端提交国际法院。并请求国际法院对以下四个问题作出裁决：

(1)匈牙利是否有权中止其所承担的水坝发电系统的建设；

(2)捷克斯洛伐克是否有权于实施替代解决方案，并于1992年10月以后采取单方面行动，对本国境内的多瑙河进行改道；

(3)匈牙利关于终止条约的通知是否有效；

(4)双方还请求法院判决善后事宜中双方的权利和义务。

1997年3月至4月，国际法院就该案件举行了听证。1997年4月，国际法院到加布奇科沃－大毛罗斯项目现场进行了视察。

听证中，匈牙利和捷克斯洛伐克两国都援引"可持续发展"原则为自己辩护。匈牙利方认为，建造水坝系统有损多瑙河流域内的水土环境，造成不可预知的破坏和风险；捷克斯洛伐克方则认为，建成水坝系统，是人类利用自然、与自然和谐相处的表现，如果水坝系统得以建造，则"可持续发展"将得以实现。

裁判结果

1997年9月，国际法院正式对本案作出了判决。其认为：

1. 匈牙利无权中止建设水坝系统位于本国的部分。

法院认为，首先关于一项公约是否有效、履行是否正确要根据条约法来决定。《维也纳条约法公约》①第60条至第62条对条约的终止或暂停作了详细规定，虽然1977年匈捷两国的签订条约之时，《维也纳条约法公约》还未生效，不能直接适用，但1977年条约的暂停或终止问题在1980年之后，

① 1969年5月23日签订于维也纳，于1980年1月27日生效。

无疑应适用该公约的规定。

匈牙利以"危急情况"的存在作为其暂停或终止条约的理由,法院认为虽然"危急情况"是国际习惯法认可的用来排除国际义务不法性的根据,但这种根据只是在例外的情况下才能被适用。国际法委员会《国家的国际责任的条约草案》①第 33 条对此作了规定。(1)必须是实施不法行为的国家的根本利益与其某一国际义务相冲突;(2)利益必须受到了重大的紧急的威胁;(3)该不法行为必须是保护其利益的唯一措施;(4)该行为不准损害另一当事方的根本利益;(5)实施该不法行为的国家不得促成该"危急情况"的产生。这些条件都反映了国际习惯法的要求。但事实证明实施本案中的大坝工程所造成的影响即使是重大的也不是紧急的,匈牙利完全可以采取其他方法来避免危险而不是暂停或放弃工程的兴建。并且双方的协商正在进行,很有可能达成协议放宽工程的期限以及重新对工程进行评估,也没有必要终止工程。

另外,即使存在危急情况,匈牙利也不能以此为理由暂停或终止条约,因为是其自身的行为促成了这种危急情况的发生。因此,匈牙利没有权利于 1989 年暂停和随后放弃其国内的工程。

2. 捷克斯洛伐克具有实施"替代方案"的权利,但在未经匈牙利许可的情况下,不得单方面的实施替代方案分流多瑙河。

针对匈牙利提出的捷克斯洛伐克实施"替代方案"构成了重大违约的说法,捷克斯洛伐克利用"接近适用"原则来证明其付诸"替代解决"的合理性,它认为只有这样才能既满足条约的目的又继续善意地履行义务。但是法院认为即使"接近适用"是一般国际法原则,实施"替代方案"也未能满足其基本条件。工程是统一不可分割的一个整体,所有的工作都不能通过单方面的行动来完成。尽管"替代方案"与原工程的规定在物理性质上存在相似性,但在法律性质上则相差太远,捷克斯洛伐克在实施替代方案时没有根据 1977 年条约的规定,明显违反了条约的某些条款,构成了国际不法行为。

对于捷克斯洛伐克提出的"由另一方的不作为而遭受损害的一方,必

① "Responsibility of States for Internationally Wrongful Acts" (2001).

须努力减少其所遭受的损失是一项一般法律原则，它实施替代方案是为了尽量减少所遭受的损害”的理由，法院认为，对多瑙河的改道不是一项合法的对策，因为它不符合比例要求，该原则不能被用来证明一项不法行为的正当性。捷克斯洛伐克仅有权于 1991 年 11 月采纳“替代方案”，但是没有权利于 1992 年将该方案付诸实施。

3. 匈牙利关于项目条约和有关文件的通知不具有终止该条约和有关文件的法律效力，该条约至今仍然有效。

针对匈牙利用来证明其暂停或终止条约的通知的有效性和合法性的五个理由：(1)危急情况的存在；(2)条约履行不能；(3)情况发生根本改变；(4)捷克斯洛伐克重大违约；(5)国际环境法新标准的发展。法院认为：

(1)即使存在危急情况，也不能以此为理由终止条约，它只能被用来免除国家因未能履行条约而导致的国家责任。

(2)没有必要决定《维也纳条约法公约》第 61 条中的“标的物”这个术语是否被理解为包含法律制度，即使是包含法律制度，该法律制度仍然存在。1977 年条约仍能够使当事双方，以协商并采取行动来对“经济效益”和“生态效益”做出调整的方式，继续履行条约。

(3)1977 年条约缔结时欧共体的经济体制运作良好。法院认为，随后的环境科学与环境法的新发展是完全可以预见的，并且，条约第 15 条、第 19 条、第 20 条正是为了防止该情况的发生而设置的。因此，法院认为匈牙利所指的变化的情势没有根本改变为了完成工程双方所必需履行的义务的范围。

(4)匈牙利的主要依据是捷克斯洛伐克建设和实施替代方案。法院认为，捷克斯洛伐克于 1992 年 10 月将多瑙河水域改道进入附属航道时违反了条约，但在 1991 年 11 月实施替代方案的工程时，捷克斯洛伐克并没有违反条约，因此匈牙利无权以重大违约为由在 1992 年 5 月 19 日终止条约。

(5)任何一方都没有主张 1977 年条约缔结后出现了新的强行环境法。但法院认为新发展的环境法规则与条约的履行是相关的，条约不是静止的，而是开放的，以适应不断出现的新的国际法标准。双方都同意需要对环境问题认真对待并采取必要的预防措施，只是不同意这些对合作工程所带来的后果。法院认为双方都没有遵守 1977 年条约所规定的义务，但双方的不法行为既没有使条约无效也没有成为证明条约终止的正当理由。因此，匈牙利于 1992 年 5 月 19 日终止条约的通知是无效的。

4. 对于匈牙利的违约行为造成捷克斯洛伐克的损失，匈牙利承担赔偿责任；对于擅自引流行为对匈牙利造成的损害，捷克斯洛伐克负赔偿责任。同时，法院还敦促两国以“可持续发展”原则为指导，积极解决善后事宜，并向国际法院报备。

法院判决，匈牙利和捷克斯洛伐克必须根据目前的形势善意地协商，必须根据双方协定的方式和 1977 年条约的宗旨采取必要的措施；除非双方另有约定，必须根据 1977 年条约建立联合运作机制；除非双方另有约定，匈牙利必须赔偿捷克斯洛伐克由于其暂停和放弃其承担的那部分工作而遭受的损失；捷克斯洛伐克也应该赔偿匈牙利因捷克斯洛伐克实施替代方案而遭受的损失和维修费用。

案例评述

本案是国际法院首例关于国际河流利用争端的裁决案例，也是“可持续发展原则”在国际法院的第一次应用。本案大法官在判决书附件中写道：“通观历史，人类由于经济或者其他原因一直不断地干扰自然。人类在过去从事这种干扰时，从不考虑其对环境的影响。由于科学知识的发展，人们日益认识到以欠考虑和未减缓的速度从事这种干扰对人类所带来的危险。在过去 20 年里，一大批文件制定了新的规范和标准。这些文件不仅应当考虑开展新的活动时注重可持续发展，在继续进行已开始的活动时，更要对可持续发展足够重视。”该案的判决在国际环境问题的处理上产生了深远的影响，由于“可持续发展”原则在国际环境法领域具有普遍指导意义，使得人们对发展和环境保护之间的矛盾越来越重视，开始在发展和环境之间选择一条中间路线。即不得以损害后代的发展能力为代价，满足当代人发展的需要，在地球资源的利用方面，达到当代人的需要和后代人的需要之间的平衡。

欧盟作为传统的大陆法系国家，面对生态环境的损害一直沿着民事侵权责任法的思路寻找应对之策。自该案发生之后，关于环境责任的立法活动在其内部已经悄然开始。《跨界有害废物运输指令》(84/631/EEC)的草案最早提出环境责任条款;1989 年欧盟制定了《废物损害民事责任指令草案》;1993 年,欧盟制定了环境责任绿皮书;在此基础上,2000 年欧盟委员会通过了环境责任白皮书;随后,欧盟又制定了《关于危害环境的活动造成损害的民事责任公约》,在近20 年的时间里,欧盟制定了一系列环境责任的绿皮书、白皮书和指令。经过不断的立法实践,2004 年,欧盟委员会通过了《关于环境损害的预防和补救方面的环境责任指令》(又称环境责任指令)。环境责任指令是欧盟关于生态环境损害责任迄今最成熟、最完善的统一立法,其要求在 2007 年 4 月之前各成员国实现国内法的转化。

环境责任指令将环境侵害区别为传统侵权和新型损害,这种新型的损害针对的是生态环境本身,环境责任指令针对新型的环境损害提出了法律上的预防和救济责任。针对生态环境损害本身具有的特性,诸如损害的长期性、复杂性,损害对象是公共利益,传统的民事救济机制无法应对,因此,欧盟逐步从民事赔偿道路转向了行政救济。环境责任指令旨在遵循污染者付费的原则,建立环境责任机制,从而达到预防和救济环境损害的目的。环境责任指令将环境损害分为对受保护物种和自然栖息地的损害(damage to protected species and natural habitats)、对水的损害(water damage)和对土地的损害(land damage)三类。环境责任指令将损害定义为可计量的环境要素的不利变化或者可计量的环境服务功能的损失。

环境责任指令规定了环境损害之前的预防行动和损害发生之后的救济行动,规定了救济费用的承担与索赔,明确了主管机关、自然人和法人对生态环境损害的追究权限。环境责任指令从行政救济的角度对生态环境损害建立了专门的责任制度,为生态环境损害救济提供了十分重要的立法保障。正是在欧盟环境责任指令的影响下,德国在 2007 年制定了《环境损害预防及恢复法》,该法是欧盟环境责任指令国内法转化的典范,建立了行政手段救济自然环境本身受损的责任机制,该法确立了责任人的信息报告义务,危险预防义务和恢复义务,十分注重环境损害的预防和损害发生后的修复。

此外,作为一个区域性国际组织,尽管欧盟只享有有限的环境刑事立法,而不像主权国家那样可以制定详细而具体的环境刑法规范。但欧盟还是“通过刑法保护环境”的环境政策在向世人表明欧盟不会容许严重损害环境的行为。

欧洲作为大陆法系的起源地,我国作为大陆法系国家的继承地,在立法思维上具有巨大的一致性和相似性,欧盟的生态环境损害救济起初寄希望于传统的民事侵权救济机制,但是在充分考虑生态环境损害的特殊性之后,逐步改变了固有的思维模式,专门建立了生态环境损害责任制度,制定了针对环境损害的环境责任指令,同时,以“通过刑法保护环境”的环境政策作为重要补充,形成了欧盟完善生态环境损害责任制度体系和司法实践,为我国生态环境损害责任立法提供了有益的参考和借鉴。

美国能源巨头因过失排放石油付出惨痛代价*

——美国俄亥俄州诉杜克能源公司过失排放石油案

案件背景

《清洁水法》(Clean Water Act,CWA)确立了美国水域排放污染物和规范地表水质量标准的基本结构规范,旨在通过控制有害排放,控制水污染源来保护人类健康和自然环境。《清洁水法》的前身于1948年颁布,被称为《联邦水污染控制法》,1965年、1972年、1977年、1981年和1985年多次修改。其中1972年和1977年的修改较大,1972年正式被改名为《清洁水法》。随后《清洁水法》成为该法的通用名称,美国通过《清洁水法》减少污染物排放,恢复和维持国家水域的完整性。

2014年8月18日,杜克能源公司造成约9000加仑柴油从其位于俄亥俄州新里士满的Walter C. Beckjord发电站设施泄漏到俄亥俄河。

案发时,杜克能源公司一位运营商从三个容量为705,000加仑的油箱中转移燃料,转移过程中输送泵运行时间过长,导致两个容量为30,000加仑的地上油箱过满。柴油从油箱溢出口溢出到混凝土二级安全壳区域,杜克能源公司的其他员工不正确地打开了二级安全壳区域的阀门,导致溢出的柴油从安全壳区域溢出并直接进入了俄亥俄河。俄亥俄河上的浮油从排放处向水面延伸了大约15英里。

俄亥俄河是肯塔基州和俄亥俄州居民的饮用水水源。由于杜克能源公司过失排放石油,2014年8月19日北肯塔基、大辛辛那提和路易斯维尔的供水入口关闭,直至在饮用水水样中未检测到柴油燃料后,才于次日重新开

---

* 北京盈科(上海)律师事务所徐娇娇律师。

放了供水入口。

此后，至少35个政府机构和私营部门在处理与污水排放相关的应急响应和清理工作中投入了大量人力、物力，而杜克能源公司虽然有所反应并采取了措施开展积极清理工作，也只回收了一小部分石油。

诉讼过程

事件发生后，俄亥俄州检察机关及美国联邦司法部环境和自然资源局依据《清洁水法》第1319条和第1321条等规定，对杜克能源公司提起诉讼。杜克能源公司面临的刑事控告主要是单位犯罪，并需要对过失排放行为承担刑事责任。

2016年11月22日，杜克能源公司与美国俄亥俄州达成和解协议，对检察官控告的过失排放石油罪表示认罪，杜克能源公司被罚款100万美元。此外，作为认罪协议的一部分，杜克能源公司同意向俄亥俄河教育基金会支付100,000美元（该基金会是一家致力于通过社区教育保护俄亥俄州文化、生态和经济价值的非营利组织）。杜克能源公司还将在辛辛那提询问者发布的广告中发表书面公开道歉（判决宣布前，杜克能源公司已经向35个政府和私营部门机构偿还了120余万美元清洁处理费用）。

案例评述

一、美国《清洁水法》特点及本案适用

（一）《清洁水法》简析

根据《清洁水法》，美国国家环境保护局（United States Environmental Protection Agency，EPA）实施了水污染控制计划。《清洁水法》有两个主要管控对象：污染物直接排入地表水的主体受“国家污染物排放消除体制”管控；将污染物排入集中污水处理系统的间接排放者受“国家预处理项目”管控。预处理项目要求间接排放者应获得排污许可证，方可将其污水排入处理厂。许可证通常要求企业在排入集中处理系统前对污染物做预处理，并对出水水质作出具体要求。

《清洁水法》从制定开始就充分考虑到工业预处理对集中污水处理系统运行的影响。污染物会干扰污水处理厂运行，导致废水未经处理或未充分处理就直接排入水域，而排污口临近饮用水水源更将给水源下游居民的生命健康安全造成极大威胁。污水处理厂在正常运载时有去除污染物的能力，但当运载过量，污水处理厂的处理能力会变差或失效，过量的污染物就进入水体或污泥中。为了避免上述情况，美国在《清洁水法》中设立了严格的预处理条例。

《清洁水法》第402条规定，任何人从一个点源（point source）排放任何污染物（pollutant）进入美国的水域（waters），必须获得"国家污染物排放清除系统"（the National Pollutant Discharge Elimination System）许可证，否则即属违法。其中，点源（point source）指离散的运输工具如管道或人造沟渠。《清洁水法》还规定，连接到市政系统、使用化粪池系统或没有地表排放的个人住宅不需要NPDES许可证；工业、市政和其他设施如果直接排入地表水，必须获得许可，否则即违法。可以通俗理解为美国水资源领域的排污许可制度。

（二）《清洁水法》的违法评价

为确保国家污染物排放清除系统的实施，《清洁水法》建立了完善的法律实施机制，如被许可人违反国家污染物排放清除系统许可证的行为，在美国，司法部下属的环境和自然资源局（Environment and Natural Resources Division）专门负责有关环境和自然资源保护的民事和刑事责任调查工作。

《清洁水法》赋予美国国家环境保护局和被授权州可实施以下三种权力：（1）作出行政命令；（2）给予行政处罚；（3）提起诉讼。《清洁水法》规定，对于不履行行政命令和行政处罚者，美国国家环境保护局和被授权州有权以自己的名义，向联邦地方法院提起民事和刑事诉讼（值得一提的是1987年《清洁水法修正案》加入了重罪条款）。本案俄亥俄州检察官和有关环保局正是依据授权，在俄亥俄州地方法院向杜克能源公司提起了刑事方面的诉讼。在诉讼判决结果方面，包括临时或长期的司法命令、民事罚款、刑罚等。在刑罚的主观评价层面，《清洁水法》规定了三种情形，即故意犯、过失犯和故意危险犯。本案中杜克能源公司的员工系在工作过程中操作失误导致柴油不正确排放和泄漏，因而被认定为"过失犯"。将过失行为也纳入环境资源犯罪处罚范畴，这种严格的刑事处罚制度，充分发挥了刑法的威慑性，同时也是美国社会整体对生态环境重视理念深入的法律化表现之一，当对资源环境的犯罪主观评价不再局限于故意，那么将大大提高行为人的犯罪成本。

（三）环境修复费用

本案中，杜克能源公司赔偿的环境修复费用，系基于1972年起对《清洁水法》的修改，本次修改正式将政府清理油污费用纳入水资源环境损害赔偿范围，而1977年《清洁水法》的修正案则将修复和替代性修复费用纳入了赔偿范围。

（四）美国环境保护领域巨额罚金制度

除修复费用外，杜克能源公司还缴纳了巨额的罚金。对于罚金刑，美国规定了按日计罚。正因如此，美国的环境刑事执法中经常出现“天价”的罚金。如《清洁水法》规定，“日罚金额5000美元以上，5万美元以下”。实际上在美国环境资源法律中，刑事处罚的罚金刑惩治力度是比较大的。2013年1月，英国石油公司就墨西哥湾漏油事件与美国司法部达成辩诉交易，就其违反《清洁水法》等法律的行为支付了12.56亿美元的刑事罚金，这是当时美国数额最高的刑事罚金。除了《清洁水法》以外，在美国其他环境资源保护领域的法律中，也有被告承担巨额罚金的实例，2017年1月，大众公司因为“尾气造假门”事件，与美国司法部达成辩诉交易，支付了28亿美元的刑事罚金。

实际上，美国相当数量环境资源领域犯罪案件，最终都是以“辩诉交易”的方式处理的。辩诉交易就是在检察官与被告人之间进行的一种“认罪讨价还价”行为。通过这样一种制度，检察官、法官可以用最少的司法资源处理更多的刑事案件，在提高办案效率的同时，违法行为人也得到了较原罪行减轻了一定程度的刑事制裁，从而对双方都有利，形成一种双赢的局面。毕竟巨额的赔款使各企业在追求经济利益的同时也不得不更加注重环境保护工作，从而在严刑峻法之下相继更新、改进企业相关的环保制度，避免出现一味追求经济效益而忽视环境保护，从而造成被联邦法院或州法院提起刑事诉讼的可能，况且美国关于罚款的高额规定不但使企业利润不够赔付罚款，还会对企业的长远发展造成阻碍，更甚至如大众公司案，导致股价的暴跌，得不偿失。

当前我国在处置单位或个人污染环境犯罪的司法实践中，环境保护部门和司法机关面临的最大障碍是“鉴定难”问题。鉴定检验周期长、收费高、专业门槛高，与司法机关部门捉襟见肘的办案时限与层层审批难的办案经费形成矛盾，为了减轻执法部门的负担，有关司法机关在对违法行为人定罪量刑时，可以考虑在环境犯罪案件中借鉴美国的辩诉交易制度。2016年9月，全国人民代表大会常务委员会发布了《关于授权最高人民法院、最高人民检察院在部分地区开展刑事案件认罪认罚从宽制度试点工作的决定》,对于对犯罪嫌疑人、刑事被告人自愿如实供述自己的罪行,对指控的犯罪事实没有异议,同意人民检察院量刑建议并签署具结书的案件,可以依法从宽处理。

二、中国环境保护司法领域的排污许可制度

中国在工业废水排放领域也十分注重环境保护和可持续发展理念的贯彻实施,根据《水污染防治法》(2017年修正)第45条、第47条、第48条对工业水污染防治作出了规定,第六章则专门针对水污染事故的处置处理,第七章规定了法律责任。现行的《水污染防治法》与1996年修订的《水污染防治法》相比,首先在内容上就增加了30个条款,并且进一步提高对水环境保护的重视,原先只是将水环境保护纳入政府计划,现在则是归入县以上人民政府的国民经济和社会发展规划中。

《水污染防治法》将饮用水水源保护区分为一级保护区、二级保护区和准保护区。禁止在饮用水水源一级保护区内新建、改建、扩建与供水设施和保护水源无关的建设项目,禁止在饮用水水源二级保护区内新建、改建、扩建排放污染物的建设项目,禁止在饮用水水源准保护区内新建、扩建对水体污染严重的建设项目。

若清洁能源项目在饮用水水源保护区一级保护区和二级保护区非法开发建设的,则面临被处以罚款和责令拆除或关闭的行政处罚。

我国的排污许可基本制度经过了一段不断完善和发现问题、预见问题、解决问题的过程。

2016年11月国务院办公厅印发《控制污染物排放许可制实施方案》,我国排污许可管理制度改革进入实施阶段。此后,生态环境部发布《排污许可管理办法(试行)》(2018年1月10日生效,2019年修正)和《固定污染源排污许可分类管理名录》[2017年版(已失效)和2019年版],我国的排污许可基本制度框架得以搭建,排污许可证的核发、监督和执法工作稳步推进并初见成效。截至2020年年底,我国已全面完成《控制污染物排放许可制实施方案》提出的固定污染源排污许可全覆盖工作。

2021 年 1 月 24 日,国务院正式公布了《排污许可管理条例》(以下简称《条例》),《条例》吸收了我国实施排污许可制度以来的经验,标志着我国的排污许可管理从部门规章层面上升到了行政法规层面。《条例》共 51 条,较 2018 年《排污许可管理条例(草案征求意见稿)》(以下简称《意见稿》)的 87 条有大幅精简,没有保留《意见稿》以改善环境质量为核心的基本原则、排污交易制度、适用我国海域排污许可管理等内容。

国内石油化工企业也应当以杜克能源公司泄漏石油案为警示,做好企业合规管理工作。根据《水污染防治法》规定,如果企业没有按照规定采取防护性措施,或者利用无防渗漏措施的沟渠、坑塘等输送或者存贮含有毒污染物的废水、含病原体的污水或者其他废弃物的,将被责令停止违法行为,限期采取治理措施,消除污染,处 10 万元以上 100 万元以下的罚款。逾期仍不采取治理措施的,环保部门也可以指定有治理能力的单位代为治理,所需费用由违法企业承担。情节严重的,经有批准权的人民政府批准,将被责令停业、关闭,不仅企业将面临重大经营危机,甚至企业及单位负责人除要承担行政处罚责任外,还将面临被司法机关追究刑事责任的风险。

第7章

法律法规篇

一、法　　律

1.《中华人民共和国刑法》(节选)

(2020 年 12 月 26 日修正)

第三百三十八条　【污染环境罪】违反国家规定,排放、倾倒或者处置有放射性的废物、含传染病病原体的废物、有毒物质或者其他有害物质,严重污染环境的,处三年以下有期徒刑或者拘役,并处或者单处罚金;情节严重的,处三年以上七年以下有期徒刑,并处罚金;有下列情形之一的,处七年以上有期徒刑,并处罚金:

(一)在饮用水水源保护区、自然保护地核心保护区等依法确定的重点保护区域排放、倾倒、处置有放射性的废物、含传染病病原体的废物、有毒物质,情节特别严重的;

(二)向国家确定的重要江河、湖泊水域排放、倾倒、处置有放射性的废物、含传染病病原体的废物、有毒物质,情节特别严重的;

(三)致使大量永久基本农田基本功能丧失或者遭受永久性破坏的;

(四)致使多人重伤、严重疾病,或者致人严重残疾、死亡的。

有前款行为,同时构成其他犯罪的,依照处罚较重的规定定罪处罚。

第三百三十九条　【非法处置进口的固体废物罪】违反国家规定,将境外的固体废物进境倾倒、堆放、处置的,处五年以下有期徒刑或者拘役,并处罚金;造成重大环境污染事故,致使公私财产遭受重大损失或者严重危害人体健康的,处五年以上十年以下有期徒刑,并处罚金;后果特别严重的,处十年以上有期徒刑,并处罚金。

【擅自进口固体废物罪】未经国务院有关主管部门许可,擅自进口固体废物用作原料,造成重大环境污染事故,致使公私财产遭受重大损失或者严重危害人体健康的,处五年以下有期徒刑或者拘役,并处罚金;后果特别严重的,处五年以上十年以下有期徒刑，并处罚金。

以原料利用为名，进口不能用作原料的固体废物、液态废物和气态废物的，依照本法第一百五十二条第二款、第三款的规定定罪处罚。

第三百四十条 【非法捕捞水产品罪】违反保护水产资源法规，在禁渔区、禁渔期或者使用禁用的工具、方法捕捞水产品，情节严重的，处三年以下有期徒刑、拘役、管制或者罚金。

第三百四十一条 【危害珍贵、濒危野生动物罪】非法猎捕、杀害国家重点保护的珍贵、濒危野生动物的，或者非法收购、运输、出售国家重点保护的珍贵、濒危野生动物及其制品的，处五年以下有期徒刑或者拘役，并处罚金；情节严重的，处五年以上十年以下有期徒刑，并处罚金；情节特别严重的，处十年以上有期徒刑，并处罚金或者没收财产。

【非法狩猎罪】违反狩猎法规，在禁猎区、禁猎期或者使用禁用的工具、方法进行狩猎，破坏野生动物资源，情节严重的，处三年以下有期徒刑、拘役、管制或者罚金。

【非法猎捕、收购、运输、出售陆生野生动物罪】违反野生动物保护管理法规，以食用为目的非法猎捕、收购、运输、出售第一款规定以外的在野外环境自然生长繁殖的陆生野生动物，情节严重的，依照前款的规定处罚。

第三百四十二条 【非法占用农用地罪】违反土地管理法规，非法占用耕地、林地等农用地，改变被占用土地用途，数量较大，造成耕地、林地等农用地大量毁坏的，处五年以下有期徒刑或者拘役，并处或者单处罚金。

第三百四十二条之一 【破坏自然保护地罪】违反自然保护地管理法规，在国家公园、国家级自然保护区进行开垦、开发活动或者修建建筑物，造成严重后果或者有其他恶劣情节的，处五年以下有期徒刑或者拘役，并处或者单处罚金。

有前款行为，同时构成其他犯罪的，依照处罚较重的规定定罪处罚。

第三百四十三条 【非法采矿罪】违反矿产资源法的规定，未取得采矿许可证擅自采矿，擅自进入国家规划矿区、对国民经济具有重要价值的矿区和他人矿区范围采矿，或者擅自开采国家规定实行保护性开采的特定矿种，情节严重的，处三年以下有期徒刑、拘役或者管制，并处或者单处罚金；情节特别严重的，处三年以上七年以下有期徒刑，并处罚金。

【破坏性采矿罪】违反矿产资源法的规定，采取破坏性的开采方法开采矿产资源，造成矿产资源严重破坏的，处五年以下有期徒刑或者拘役，并处罚金。

第三百四十四条　【危害国家重点保护植物罪】违反国家规定，非法采伐、毁坏珍贵树木或者国家重点保护的其他植物的，或者非法收购、运输、加工、出售珍贵树木或者国家重点保护的其他植物及其制品的，处三年以下有期徒刑、拘役或者管制，并处罚金；情节严重的，处三年以上七年以下有期徒刑，并处罚金。

第三百四十四条之一　【非法引进、释放、丢弃外来入侵物种罪】违反国家规定，非法引进、释放或者丢弃外来入侵物种，情节严重的，处三年以下有期徒刑或者拘役，并处或者单处罚金。

第三百四十五条　【盗伐林木罪】盗伐森林或者其他林木，数量较大的，处三年以下有期徒刑、拘役或者管制，并处或者单处罚金；数量巨大的，处三年以上七年以下有期徒刑，并处罚金；数量特别巨大的，处七年以上有期徒刑，并处罚金。

【滥伐林木罪】违反森林法的规定，滥伐森林或者其他林木，数量较大的，处三年以下有期徒刑、拘役或者管制，并处或者单处罚金；数量巨大的，处三年以上七年以下有期徒刑，并处罚金。

【非法收购、运输盗伐、滥伐的林木罪】非法收购、运输明知是盗伐、滥伐的林木，情节严重的，处三年以下有期徒刑、拘役或者管制，并处或者单处罚金；情节特别严重的，处三年以上七年以下有期徒刑，并处罚金。

盗伐、滥伐国家级自然保护区内的森林或者其他林木的，从重处罚。

第三百四十六条　【单位犯破坏环境资源罪的处罚规定】单位犯本节第三百三十八条至第三百四十五条规定之罪的，对单位判处罚金，并对其直接负责的主管人员和其他直接责任人员，依照本节各该条的规定处罚。

2.《中华人民共和国黑土地保护法》

（2022 年 8 月 1 日施行）

第一条　为了保护黑土地资源，稳步恢复提升黑土地基础地力，促进资源可持续利用，维护生态平衡，保障国家粮食安全，制定本法。

第二条　从事黑土地保护、利用和相关治理、修复等活动，适用本法。本法没有规定的,适用土地管理等有关法律的规定。

本法所称黑土地,是指黑龙江省、吉林省、辽宁省、内蒙古自治区(以下简称四省区)的相关区域范围内具有黑色或者暗黑色腐殖质表土层,性状好、肥力高的耕地。

第三条 国家实行科学、有效的黑土地保护政策,保障黑土地保护财政投入,综合采取工程、农艺、农机、生物等措施,保护黑土地的优良生产能力,确保黑土地总量不减少、功能不退化、质量有提升、产能可持续。

第四条 黑土地保护应当坚持统筹规划、因地制宜、用养结合、近期目标与远期目标结合、突出重点、综合施策的原则,建立健全政府主导、农业生产经营者实施、社会参与的保护机制。

国务院农业农村主管部门会同自然资源、水行政等有关部门,综合考虑黑土地开垦历史和利用现状,以及黑土层厚度、土壤性状、土壤类型等,按照最有利于全面保护、综合治理和系统修复的原则,科学合理确定黑土地保护范围并适时调整,有计划、分步骤、分类别地推进黑土地保护工作。历史上属黑土地的,除确无法修复的外,原则上都应列入黑土地保护范围进行修复。

第五条 黑土地应当用于粮食和油料作物、糖料作物、蔬菜等农产品生产。

黑土层深厚、土壤性状良好的黑土地应当按照规定的标准划入永久基本农田,重点用于粮食生产,实行严格保护,确保数量和质量长期稳定。

第六条 国务院和四省区人民政府加强对黑土地保护工作的领导、组织、协调、监督管理,统筹制定黑土地保护政策。四省区人民政府对本行政区域内的黑土地数量、质量、生态环境负责。

县级以上地方人民政府应当建立农业农村、自然资源、水行政、发展改革、财政、生态环境等有关部门组成的黑土地保护协调机制,加强协调指导,明确工作责任,推动黑土地保护工作落实。

乡镇人民政府应当协助组织实施黑土地保护工作,向农业生产经营者推广适宜其所经营耕地的保护、治理、修复和利用措施,督促农业生产经营者履行黑土地保护义务。

第七条 各级人民政府应当加强黑土地保护宣传教育,提高全社会的黑土地保护意识。

对在黑土地保护工作中做出突出贡献的单位和个人,按照国家有关规定给予表彰和奖励。

第八条　国务院标准化主管部门和农业农村、自然资源、水行政等主管部门按照职责分工，制定和完善黑土地质量和其他保护标准。

第九条　国家建立健全黑土地调查和监测制度。

县级以上人民政府自然资源主管部门会同有关部门开展土地调查时，同步开展黑土地类型、分布、数量、质量、保护和利用状况等情况的调查，建立黑土地档案。

国务院农业农村、水行政等主管部门会同四省区人民政府建立健全黑土地质量监测网络，加强对黑土地土壤性状、黑土层厚度、水蚀、风蚀等情况的常态化监测，建立黑土地质量动态变化数据库，并做好信息共享工作。

第十条　县级以上人民政府应当将黑土地保护工作纳入国民经济和社会发展规划。

国土空间规划应当充分考虑保护黑土地及其周边生态环境，合理布局各类用途土地，以利于黑土地水蚀、风蚀等的预防和治理。

县级以上人民政府农业农村主管部门会同有关部门以调查和监测为基础、体现整体集中连片治理，编制黑土地保护规划，明确保护范围、目标任务、技术模式、保障措施等，遏制黑土地退化趋势，提升黑土地质量，改善黑土地生态环境。县级黑土地保护规划应当与国土空间规划相衔接，落实到黑土地具体地块，并向社会公布。

第十一条　国家采取措施加强黑土地保护的科技支撑能力建设，将黑土地保护、治理、修复和利用的科技创新作为重点支持领域；鼓励高等学校、科研机构和农业技术推广机构等协同开展科技攻关。县级以上人民政府应当鼓励和支持水土保持、防风固沙、土壤改良、地力培肥、生态保护等科学研究和科研成果推广应用。

有关耕地质量监测保护和农业技术推广机构应当对农业生产经营者保护黑土地进行技术培训、提供指导服务。

国家鼓励企业、高等学校、职业学校、科研机构、科学技术社会团体、农民专业合作社、农业社会化服务组织、农业科技人员等开展黑土地保护相关技术服务。

国家支持开展黑土地保护国际合作与交流。

第十二条 县级以上人民政府应当采取以下措施加强黑土地农田基础设施建设：

（一）加强农田水利工程建设，完善水田、旱地灌排体系；

（二）加强田块整治，修复沟毁耕地，合理划分适宜耕作田块；

（三）加强坡耕地、侵蚀沟水土保持工程建设；

（四）合理规划修建机耕路、生产路；

（五）建设农田防护林网；

（六）其他黑土地保护措施。

第十三条 县级以上人民政府应当推广科学的耕作制度，采取以下措施提高黑土地质量：

（一）因地制宜实行轮作等用地养地相结合的种植制度，按照国家有关规定推广适度休耕；

（二）因地制宜推广免（少）耕、深松等保护性耕作技术，推广适宜的农业机械；

（三）因地制宜推广秸秆覆盖、粉碎深（翻）埋、过腹转化等还田方式；

（四）组织实施测土配方施肥，科学减少化肥施用量，鼓励增施有机肥料，推广土壤生物改良等技术；

（五）推广生物技术或者生物制剂防治病虫害等绿色防控技术，科学减少化学农药、除草剂使用量，合理使用农用薄膜等农业生产资料；

（六）其他黑土地质量提升措施。

第十四条 国家鼓励采取综合性措施，预防和治理水土流失，防止黑土地土壤侵蚀、土地沙化和盐渍化，改善和修复农田生态环境。

县级以上人民政府应当开展侵蚀沟治理，实施沟头沟坡沟底加固防护，因地制宜组织在侵蚀沟的沟坡和沟岸、黑土地周边河流两岸、湖泊和水库周边等区域营造植物保护带或者采取其他措施，防止侵蚀沟变宽变深变长。

县级以上人民政府应当按照因害设防、合理管护、科学布局的原则，制定农田防护林建设计划，组织沿农田道路、沟渠等种植农田防护林，防止违背自然规律造林绿化。农田防护林只能进行抚育、更新性质的采伐，确保防护林功能不减退。

县级以上人民政府应当组织开展防沙治沙，加强黑土地周边的沙漠和沙化土地治理,防止黑土地沙化。

第十五条　县级以上人民政府应当加强黑土地生态保护和黑土地周边林地、草原、湿地的保护修复,推动荒山荒坡治理,提升自然生态系统涵养水源、保持水土、防风固沙、维护生物多样性等生态功能,维持有利于黑土地保护的自然生态环境。

第十六条　县级人民政府应当依据黑土地调查和监测数据,并结合土壤类型和质量等级、气候特点、环境状况等实际情况,对本行政区域内的黑土地进行科学分区,制定并组织实施黑土地质量提升计划,因地制宜合理采取保护、治理、修复和利用的精细化措施。

第十七条　国有农场应当对其经营管理范围内的黑土地加强保护,充分发挥示范作用,并依法接受监督检查。

农村集体经济组织、村民委员会和村民小组应当依法发包农村土地,监督承包方依照承包合同约定的用途合理利用和保护黑土地,制止承包方损害黑土地等行为。

农村集体经济组织、农业企业、农民专业合作社、农户等应当十分珍惜和合理利用黑土地,加强农田基础设施建设,因地制宜应用保护性耕作等技术,积极采取提升黑土地质量和改善农田生态环境的养护措施,依法保护黑土地。

第十八条　农业投入品生产者、经营者和使用者应当依法对农药、肥料、农用薄膜等农业投入品的包装物、废弃物进行回收以及资源化利用或者无害化处理,不得随意丢弃,防止黑土地污染。

县级人民政府应当采取措施,支持农药、肥料、农用薄膜等农业投入品包装物、废弃物的回收以及资源化利用或者无害化处理。

第十九条　从事畜禽养殖的单位和个人,应当科学开展畜禽粪污无害化处理和资源化利用,以畜禽粪污就地就近还田利用为重点,促进黑土地绿色种养循环农业发展。

县级以上人民政府应当支持开展畜禽粪污无害化处理和资源化利用。

第二十条　任何组织和个人不得破坏黑土地资源和生态环境。禁止盗挖、滥挖和非法买卖黑土。国务院自然资源主管部门会同农业农村、水行政、公安、交通运输、市场监督管理等部门应当建立健全保护黑土地资源监督管理制度,提高对盗挖、滥挖、非法买卖黑土和其他破坏黑土地资源、生态环境行为的综合治理能力。

第二十一条 建设项目不得占用黑土地;确需占用的,应当依法严格审批,并补充数量和质量相当的耕地。

建设项目占用黑土地的,应当按照规定的标准对耕作层的土壤进行剥离。剥离的黑土应当就近用于新开垦耕地和劣质耕地改良、被污染耕地的治理、高标准农田建设、土地复垦等。建设项目主体应当制定剥离黑土的再利用方案,报自然资源主管部门备案。具体办法由四省区人民政府分别制定。

第二十二条 国家建立健全黑土地保护财政投入保障制度。县级以上人民政府应当将黑土地保护资金纳入本级预算。

国家加大对黑土地保护措施奖补资金的倾斜力度,建立长期稳定的奖励补助机制。

县级以上地方人民政府应当将黑土地保护作为土地使用权出让收入用于农业农村投入的重点领域,并加大投入力度。

国家组织开展高标准农田、农田水利、水土保持、防沙治沙、农田防护林、土地复垦等建设活动,在项目资金安排上积极支持黑土地保护需要。县级人民政府可以按照国家有关规定统筹使用涉农资金用于黑土地保护,提高财政资金使用效益。

第二十三条 国家实行用养结合、保护效果导向的激励政策,对采取黑土地保护和治理修复措施的农业生产经营者按照国家有关规定给予奖励补助。

第二十四条 国家鼓励粮食主销区通过资金支持、与四省区建立稳定粮食购销关系等经济合作方式参与黑土地保护,建立健全黑土地跨区域投入保护机制。

第二十五条 国家按照政策支持、社会参与、市场化运作的原则,鼓励社会资本投入黑土地保护活动,并保护投资者的合法权益。

国家鼓励保险机构开展黑土地保护相关保险业务。

国家支持农民专业合作社、企业等以多种方式与农户建立利益联结机制和社会化服务机制,发展适度规模经营,推动农产品品质提升、品牌打造和标准化生产,提高黑土地产出效益。

第二十六条 国务院对四省区人民政府黑土地保护责任落实情况进行考核,将黑土地保护情况纳入耕地保护责任目标。

第二十七条 县级以上人民政府自然资源、农业农村、水行政等有关部门按照职责，依法对黑土地保护和质量建设情况联合开展监督检查。

第二十八条 县级以上人民政府应当向本级人民代表大会或者其常务委员会报告黑土地保护情况，依法接受监督。

第二十九条 违反本法规定，国务院农业农村、自然资源等有关部门、县级以上地方人民政府及其有关部门有下列行为之一的，对直接负责的主管人员和其他直接责任人员给予警告、记过或者记大过处分；情节较重的，给予降级或者撤职处分；情节严重的，给予开除处分：

（一）截留、挪用或者未按照规定使用黑土地保护资金；

（二）对破坏黑土地的行为，发现或者接到举报未及时查处；

（三）其他不依法履行黑土地保护职责导致黑土地资源和生态环境遭受破坏的行为。

第三十条 非法占用或者损毁黑土地农田基础设施的，由县级以上地方人民政府农业农村、水行政等部门责令停止违法行为，限期恢复原状，处恢复费用一倍以上三倍以下罚款。

第三十一条 违法将黑土地用于非农建设的，依照土地管理等有关法律法规的规定从重处罚。

违反法律法规规定，造成黑土地面积减少、质量下降、功能退化或者生态环境损害的，应当依法治理修复、赔偿损失。

农业生产经营者未尽到黑土地保护义务，经批评教育仍不改正的，可以不予发放耕地保护相关补贴。

第三十二条 违反本法第二十条规定，盗挖、滥挖黑土的，依照土地管理等有关法律法规的规定从重处罚。

非法出售黑土的，由县级以上地方人民政府市场监督管理、农业农村、自然资源等部门按照职责分工没收非法出售的黑土和违法所得，并处每立方米五百元以上五千元以下罚款；明知是非法出售的黑土而购买的，没收非法购买的黑土，并处货值金额一倍以上三倍以下罚款。

第三十三条 违反本法第二十一条规定，建设项目占用黑土地未对耕作层的土壤实施剥离的，由县级以上地方人民政府自然资源主管部门处每平方米一百元以上二百元以下罚款；未按照规定的标准对耕作层的土壤实施剥离的，处每平方米五十元以上一百元以下罚款。

第三十四条 拒绝、阻碍对黑土地保护情况依法进行监督检查的，由县级以上地方人民政府有关部门责令改正；拒不改正的，处二千元以上二万元以下罚款。

第三十五条 造成黑土地污染、水土流失的，分别依照污染防治、水土保持等有关法律法规的规定从重处罚。

第三十六条 违反本法规定，构成犯罪的，依法追究刑事责任。

第三十七条 林地、草原、湿地、河湖等范围内黑土的保护，适用《中华人民共和国森林法》、《中华人民共和国草原法》、《中华人民共和国湿地保护法》、《中华人民共和国水法》等有关法律；有关法律对盗挖、滥挖、非法买卖黑土未作规定的，参照本法第三十二条的规定处罚。

第三十八条 本法自 2022 年 8 月 1 日起施行。

3.《中华人民共和国固体废物污染环境防治法》

（2020 年 4 月 29 日修订）

第一章 总 则

第一条 为了保护和改善生态环境，防治固体废物污染环境，保障公众健康，维护生态安全，推进生态文明建设，促进经济社会可持续发展，制定本法。

第二条 固体废物污染环境的防治适用本法。

固体废物污染海洋环境的防治和放射性固体废物污染环境的防治不适用本法。

第三条 国家推行绿色发展方式，促进清洁生产和循环经济发展。

国家倡导简约适度、绿色低碳的生活方式，引导公众积极参与固体废物污染环境防治。

第四条 固体废物污染环境防治坚持减量化、资源化和无害化的原则。

任何单位和个人都应当采取措施，减少固体废物的产生量，促进固体废物的综合利用，降低固体废物的危害性。

第五条 固体废物污染环境防治坚持污染担责的原则。

产生、收集、贮存、运输、利用、处置固体废物的单位和个人，应当采取措施，防止或者减少固体废物对环境的污染，对所造成的环境污染依法承担责任。

第六条 国家推行生活垃圾分类制度。

生活垃圾分类坚持政府推动、全民参与、城乡统筹、因地制宜、简便易行的原则。

第七条 地方各级人民政府对本行政区域固体废物污染环境防治负责。

国家实行固体废物污染环境防治目标责任制和考核评价制度，将固体废物污染环境防治目标完成情况纳入考核评价的内容。

第八条 各级人民政府应当加强对固体废物污染环境防治工作的领导，组织、协调、督促有关部门依法履行固体废物污染环境防治监督管理职责。

省、自治区、直辖市之间可以协商建立跨行政区域固体废物污染环境的联防联控机制，统筹规划制定、设施建设、固体废物转移等工作。

第九条 国务院生态环境主管部门对全国固体废物污染环境防治工作实施统一监督管理。国务院发展改革、工业和信息化、自然资源、住房城乡建设、交通运输、农业农村、商务、卫生健康、海关等主管部门在各自职责范围内负责固体废物污染环境防治的监督管理工作。

地方人民政府生态环境主管部门对本行政区域固体废物污染环境防治工作实施统一监督管理。地方人民政府发展改革、工业和信息化、自然资源、住房城乡建设、交通运输、农业农村、商务、卫生健康等主管部门在各自职责范围内负责固体废物污染环境防治的监督管理工作。

第十条 国家鼓励、支持固体废物污染环境防治的科学研究、技术开发、先进技术推广和科学普及，加强固体废物污染环境防治科技支撑。

第十一条 国家机关、社会团体、企业事业单位、基层群众性自治组织和新闻媒体应当加强固体废物污染环境防治宣传教育和科学普及，增强公众固体废物污染环境防治意识。

学校应当开展生活垃圾分类以及其他固体废物污染环境防治知识普及和教育。

第十二条 各级人民政府对在固体废物污染环境防治工作以及相关的综合利用活动中做出显著成绩的单位和个人，按照国家有关规定给予表彰、奖励。

第二章 监督管理

第十三条 县级以上人民政府应当将固体废物污染环境防治工作纳入国民经济和社会发展规划、生态环境保护规划,并采取有效措施减少固体废物的产生量、促进固体废物的综合利用、降低固体废物的危害性,最大限度降低固体废物填埋量。

第十四条 国务院生态环境主管部门应当会同国务院有关部门根据国家环境质量标准和国家经济、技术条件,制定固体废物鉴别标准、鉴别程序和国家固体废物污染环境防治技术标准。

第十五条 国务院标准化主管部门应当会同国务院发展改革、工业和信息化、生态环境、农业农村等主管部门,制定固体废物综合利用标准。

综合利用固体废物应当遵守生态环境法律法规,符合固体废物污染环境防治技术标准。使用固体废物综合利用产物应当符合国家规定的用途、标准。

第十六条 国务院生态环境主管部门应当会同国务院有关部门建立全国危险废物等固体废物污染环境防治信息平台,推进固体废物收集、转移、处置等全过程监控和信息化追溯。

第十七条 建设产生、贮存、利用、处置固体废物的项目,应当依法进行环境影响评价,并遵守国家有关建设项目环境保护管理的规定。

第十八条 建设项目的环境影响评价文件确定需要配套建设的固体废物污染环境防治设施,应当与主体工程同时设计、同时施工、同时投入使用。建设项目的初步设计,应当按照环境保护设计规范的要求,将固体废物污染环境防治内容纳入环境影响评价文件,落实防治固体废物污染环境和破坏生态的措施以及固体废物污染环境防治设施投资概算。

建设单位应当依照有关法律法规的规定,对配套建设的固体废物污染环境防治设施进行验收,编制验收报告,并向社会公开。

第十九条 收集、贮存、运输、利用、处置固体废物的单位和其他生产经营者,应当加强对相关设施、设备和场所的管理和维护,保证其正常运行和使用。

第二十条 产生、收集、贮存、运输、利用、处置固体废物的单位和其他生产经营者,应当采取防扬散、防流失、防渗漏或者其他防止污染环境的措施,不得擅自倾倒、堆放、丢弃、遗撒固体废物。

禁止任何单位或者个人向江河、湖泊、运河、渠道、水库及其最高水位线以下的滩地和岸坡以及法律法规规定的其他地点倾倒、堆放、贮存固体废物。

第二十一条　在生态保护红线区域、永久基本农田集中区域和其他需要特别保护的区域内，禁止建设工业固体废物、危险废物集中贮存、利用、处置的设施、场所和生活垃圾填埋场。

第二十二条　转移固体废物出省、自治区、直辖市行政区域贮存、处置的，应当向固体废物移出地的省、自治区、直辖市人民政府生态环境主管部门提出申请。移出地的省、自治区、直辖市人民政府生态环境主管部门应当及时商经接受地的省、自治区、直辖市人民政府生态环境主管部门同意后，在规定期限内批准转移该固体废物出省、自治区、直辖市行政区域。未经批准的，不得转移。

转移固体废物出省、自治区、直辖市行政区域利用的，应当报固体废物移出地的省、自治区、直辖市人民政府生态环境主管部门备案。移出地的省、自治区、直辖市人民政府生态环境主管部门应当将备案信息通报接受地的省、自治区、直辖市人民政府生态环境主管部门。

第二十三条　禁止中华人民共和国境外的固体废物进境倾倒、堆放、处置。

第二十四条　国家逐步实现固体废物零进口，由国务院生态环境主管部门会同国务院商务、发展改革、海关等主管部门组织实施。

第二十五条　海关发现进口货物疑似固体废物的，可以委托专业机构开展属性鉴别，并根据鉴别结论依法管理。

第二十六条　生态环境主管部门及其环境执法机构和其他负有固体废物污染环境防治监督管理职责的部门，在各自职责范围内有权对从事产生、收集、贮存、运输、利用、处置固体废物等活动的单位和其他生产经营者进行现场检查。被检查者应当如实反映情况，并提供必要的资料。

实施现场检查，可以采取现场监测、采集样品、查阅或者复制与固体废物污染环境防治相关的资料等措施。检查人员进行现场检查，应当出示证件。对现场检查中知悉的商业秘密应当保密。

第二十七条　有下列情形之一，生态环境主管部门和其他负有固体废物污染环境防治监督管理职责的部门，可以对违法收集、贮存、运输、利用、处置的固体废物及设施、设备、场所、工具、物品予以查封、扣押：

（一）可能造成证据灭失、被隐匿或者非法转移的；

（二）造成或者可能造成严重环境污染的。

第二十八条 生态环境主管部门应当会同有关部门建立产生、收集、贮存、运输、利用、处置固体废物的单位和其他生产经营者信用记录制度，将相关信用记录纳入全国信用信息共享平台。

第二十九条 设区的市级人民政府生态环境主管部门应当会同住房城乡建设、农业农村、卫生健康等主管部门，定期向社会发布固体废物的种类、产生量、处置能力、利用处置状况等信息。

产生、收集、贮存、运输、利用、处置固体废物的单位，应当依法及时公开固体废物污染环境防治信息，主动接受社会监督。

利用、处置固体废物的单位，应当依法向公众开放设施、场所，提高公众环境保护意识和参与程度。

第三十条 县级以上人民政府应当将工业固体废物、生活垃圾、危险废物等固体废物污染环境防治情况纳入环境状况和环境保护目标完成情况年度报告，向本级人民代表大会或者人民代表大会常务委员会报告。

第三十一条 任何单位和个人都有权对造成固体废物污染环境的单位和个人进行举报。

生态环境主管部门和其他负有固体废物污染环境防治监督管理职责的部门应当将固体废物污染环境防治举报方式向社会公布，方便公众举报。

接到举报的部门应当及时处理并对举报人的相关信息予以保密；对实名举报并查证属实的，给予奖励。

举报人举报所在单位的，该单位不得以解除、变更劳动合同或者其他方式对举报人进行打击报复。

第三章 工业固体废物

第三十二条 国务院生态环境主管部门应当会同国务院发展改革、工业和信息化等主管部门对工业固体废物对公众健康、生态环境的危害和影响程度等作出界定，制定防治工业固体废物污染环境的技术政策，组织推广先进的防治工业固体废物污染环境的生产工艺和设备。

第三十三条 国务院工业和信息化主管部门应当会同国务院有关部门组织研究开发、推广减少工业固体废物产生量和降低工业固体废物危害性的生产工艺和设备,公布限期淘汰产生严重污染环境的工业固体废物的落后生产工艺、设备的名录。

生产者、销售者、进口者、使用者应当在国务院工业和信息化主管部门会同国务院有关部门规定的期限内分别停止生产、销售、进口或者使用列入前款规定名录中的设备。生产工艺的采用者应当在国务院工业和信息化主管部门会同国务院有关部门规定的期限内停止采用列入前款规定名录中的工艺。

列入限期淘汰名录被淘汰的设备,不得转让给他人使用。

第三十四条　国务院工业和信息化主管部门应当会同国务院发展改革、生态环境等主管部门,定期发布工业固体废物综合利用技术、工艺、设备和产品导向目录,组织开展工业固体废物资源综合利用评价,推动工业固体废物综合利用。

第三十五条　县级以上地方人民政府应当制定工业固体废物污染环境防治工作规划,组织建设工业固体废物集中处置等设施,推动工业固体废物污染环境防治工作。

第三十六条　产生工业固体废物的单位应当建立健全工业固体废物产生、收集、贮存、运输、利用、处置全过程的污染环境防治责任制度,建立工业固体废物管理台账,如实记录产生工业固体废物的种类、数量、流向、贮存、利用、处置等信息,实现工业固体废物可追溯、可查询,并采取防治工业固体废物污染环境的措施。

禁止向生活垃圾收集设施中投放工业固体废物。

第三十七条　产生工业固体废物的单位委托他人运输、利用、处置工业固体废物的,应当对受托方的主体资格和技术能力进行核实,依法签订书面合同,在合同中约定污染防治要求。

受托方运输、利用、处置工业固体废物,应当依照有关法律法规的规定和合同约定履行污染防治要求,并将运输、利用、处置情况告知产生工业固体废物的单位。

产生工业固体废物的单位违反本条第一款规定的,除依照有关法律法规的规定予以处罚外,还应当与造成环境污染和生态破坏的受托方承担连带责任。

第三十八条　产生工业固体废物的单位应当依法实施清洁生产审核,合理选择和利用原材料、能源和其他资源,采用先进的生产工艺和设备,减少工业固体废物的产生量，降低工业固体废物的危害性。

第三十九条 产生工业固体废物的单位应当取得排污许可证。排污许可的具体办法和实施步骤由国务院规定。

产生工业固体废物的单位应当向所在地生态环境主管部门提供工业固体废物的种类、数量、流向、贮存、利用、处置等有关资料，以及减少工业固体废物产生、促进综合利用的具体措施，并执行排污许可管理制度的相关规定。

第四十条 产生工业固体废物的单位应当根据经济、技术条件对工业固体废物加以利用；对暂时不利用或者不能利用的，应当按照国务院生态环境等主管部门的规定建设贮存设施、场所，安全分类存放，或者采取无害化处置措施。贮存工业固体废物应当采取符合国家环境保护标准的防护措施。

建设工业固体废物贮存、处置的设施、场所，应当符合国家环境保护标准。

第四十一条 产生工业固体废物的单位终止的，应当在终止前对工业固体废物的贮存、处置的设施、场所采取污染防治措施，并对未处置的工业固体废物作出妥善处置，防止污染环境。

产生工业固体废物的单位发生变更的，变更后的单位应当按照国家有关环境保护的规定对未处置的工业固体废物及其贮存、处置的设施、场所进行安全处置或者采取有效措施保证该设施、场所安全运行。变更前当事人对工业固体废物及其贮存、处置的设施、场所的污染防治责任另有约定的，从其约定；但是，不得免除当事人的污染防治义务。

对 2005 年 4 月 1 日前已经终止的单位未处置的工业固体废物及其贮存、处置的设施、场所进行安全处置的费用，由有关人民政府承担；但是，该单位享有的土地使用权依法转让的，应当由土地使用权受让人承担处置费用。当事人另有约定的，从其约定；但是，不得免除当事人的污染防治义务。

第四十二条 矿山企业应当采取科学的开采方法和选矿工艺，减少尾矿、煤矸石、废石等矿业固体废物的产生量和贮存量。

国家鼓励采取先进工艺对尾矿、煤矸石、废石等矿业固体废物进行综合利用。

尾矿、煤矸石、废石等矿业固体废物贮存设施停止使用后，矿山企业应当按照国家有关环境保护等规定进行封场，防止造成环境污染和生态破坏。

第四章 生活垃圾

第四十三条 县级以上地方人民政府应当加快建立分类投放、分类收集、分类运输、分类处理的生活垃圾管理系统，实现生活垃圾分类制度有效覆盖。

县级以上地方人民政府应当建立生活垃圾分类工作协调机制，加强和统筹生活垃圾分类管理能力建设。

各级人民政府及其有关部门应当组织开展生活垃圾分类宣传，教育引导公众养成生活垃圾分类习惯，督促和指导生活垃圾分类工作。

第四十四条 县级以上地方人民政府应当有计划地改进燃料结构，发展清洁能源，减少燃料废渣等固体废物的产生量。

县级以上地方人民政府有关部门应当加强产品生产和流通过程管理，避免过度包装，组织净菜上市，减少生活垃圾的产生量。

第四十五条 县级以上人民政府应当统筹安排建设城乡生活垃圾收集、运输、处理设施，确定设施厂址，提高生活垃圾的综合利用和无害化处置水平，促进生活垃圾收集、处理的产业化发展，逐步建立和完善生活垃圾污染环境防治的社会服务体系。

县级以上地方人民政府有关部门应当统筹规划，合理安排回收、分拣、打包网点，促进生活垃圾的回收利用工作。

第四十六条 地方各级人民政府应当加强农村生活垃圾污染环境的防治，保护和改善农村人居环境。

国家鼓励农村生活垃圾源头减量。城乡结合部、人口密集的农村地区和其他有条件的地方，应当建立城乡一体的生活垃圾管理系统；其他农村地区应当积极探索生活垃圾管理模式，因地制宜，就近就地利用或者妥善处理生活垃圾。

第四十七条 设区的市级以上人民政府环境卫生主管部门应当制定生活垃圾清扫、收集、贮存、运输和处理设施、场所建设运行规范，发布生活垃圾分类指导目录，加强监督管理。

第四十八条 县级以上地方人民政府环境卫生等主管部门应当组织对城乡生活垃圾进行清扫、收集、运输和处理，可以通过招标等方式选择具备条件的单位从事生活垃圾的清扫、收集、运输和处理。

第四十九条 产生生活垃圾的单位、家庭和个人应当依法履行生活垃圾源头减量和分类投放义务,承担生活垃圾产生者责任。

任何单位和个人都应当依法在指定的地点分类投放生活垃圾。禁止随意倾倒、抛撒、堆放或者焚烧生活垃圾。

机关、事业单位等应当在生活垃圾分类工作中起示范带头作用。

已经分类投放的生活垃圾,应当按照规定分类收集、分类运输、分类处理。

第五十条 清扫、收集、运输、处理城乡生活垃圾,应当遵守国家有关环境保护和环境卫生管理的规定,防止污染环境。

从生活垃圾中分类并集中收集的有害垃圾,属于危险废物的,应当按照危险废物管理。

第五十一条 从事公共交通运输的经营单位,应当及时清扫、收集运输过程中产生的生活垃圾。

第五十二条 农贸市场、农产品批发市场等应当加强环境卫生管理,保持环境卫生清洁,对所产生的垃圾及时清扫、分类收集、妥善处理。

第五十三条 从事城市新区开发、旧区改建和住宅小区开发建设、村镇建设的单位,以及机场、码头、车站、公园、商场、体育场馆等公共设施、场所的经营管理单位,应当按照国家有关环境卫生的规定,配套建设生活垃圾收集设施。

县级以上地方人民政府应当统筹生活垃圾公共转运、处理设施与前款规定的收集设施的有效衔接,并加强生活垃圾分类收运体系和再生资源回收体系在规划、建设、运营等方面的融合。

第五十四条 从生活垃圾中回收的物质应当按照国家规定的用途、标准使用,不得用于生产可能危害人体健康的产品。

第五十五条 建设生活垃圾处理设施、场所,应当符合国务院生态环境主管部门和国务院住房城乡建设主管部门规定的环境保护和环境卫生标准。

鼓励相邻地区统筹生活垃圾处理设施建设,促进生活垃圾处理设施跨行政区域共建共享。

禁止擅自关闭、闲置或者拆除生活垃圾处理设施、场所;确有必要关闭、闲置或者拆除的,应当经所在地的市、县级人民政府环境卫生主管部门商所在地生态环境主管部门同意后核准,并采取防止污染环境的措施。

第五十六条 生活垃圾处理单位应当按照国家有关规定,安装使用监测设备,实时监测污染物的排放情况,将污染排放数据实时公开。监测设备应当与所在地生态环境主管部门的监控设备联网。

第五十七条　县级以上地方人民政府环境卫生主管部门负责组织开展厨余垃圾资源化、无害化处理工作。

产生、收集厨余垃圾的单位和其他生产经营者,应当将厨余垃圾交由具备相应资质条件的单位进行无害化处理。

禁止畜禽养殖场、养殖小区利用未经无害化处理的厨余垃圾饲喂畜禽。

第五十八条　县级以上地方人民政府应当按照产生者付费原则,建立生活垃圾处理收费制度。

县级以上地方人民政府制定生活垃圾处理收费标准,应当根据本地实际,结合生活垃圾分类情况,体现分类计价、计量收费等差别化管理,并充分征求公众意见。生活垃圾处理收费标准应当向社会公布。

生活垃圾处理费应当专项用于生活垃圾的收集、运输和处理等,不得挪作他用。

第五十九条　省、自治区、直辖市和设区的市、自治州可以结合实际,制定本地方生活垃圾具体管理办法。

第五章　建筑垃圾、农业固体废物等

第六十条　县级以上地方人民政府应当加强建筑垃圾污染环境的防治,建立建筑垃圾分类处理制度。

县级以上地方人民政府应当制定包括源头减量、分类处理、消纳设施和场所布局及建设等在内的建筑垃圾污染环境防治工作规划。

第六十一条　国家鼓励采用先进技术、工艺、设备和管理措施,推进建筑垃圾源头减量,建立建筑垃圾回收利用体系。

县级以上地方人民政府应当推动建筑垃圾综合利用产品应用。

第六十二条　县级以上地方人民政府环境卫生主管部门负责建筑垃圾污染环境防治工作,建立建筑垃圾全过程管理制度,规范建筑垃圾产生、收集、贮存、运输、利用、处置行为,推进综合利用,加强建筑垃圾处置设施、场所建设,保障处置安全,防止污染环境。

第六十三条　工程施工单位应当编制建筑垃圾处理方案,采取污染防治措施,并报县级以上地方人民政府环境卫生主管部门备案。

工程施工单位应当及时清运工程施工过程中产生的建筑垃圾等固体废物，并按照环境卫生主管部门的规定进行利用或者处置。

工程施工单位不得擅自倾倒、抛撒或者堆放工程施工过程中产生的建筑垃圾。

第六十四条 县级以上人民政府农业农村主管部门负责指导农业固体废物回收利用体系建设，鼓励和引导有关单位和其他生产经营者依法收集、贮存、运输、利用、处置农业固体废物，加强监督管理，防止污染环境。

第六十五条 产生秸秆、废弃农用薄膜、农药包装废弃物等农业固体废物的单位和其他生产经营者，应当采取回收利用和其他防止污染环境的措施。

从事畜禽规模养殖应当及时收集、贮存、利用或者处置养殖过程中产生的畜禽粪污等固体废物，避免造成环境污染。

禁止在人口集中地区、机场周围、交通干线附近以及当地人民政府划定的其他区域露天焚烧秸秆。

国家鼓励研究开发、生产、销售、使用在环境中可降解且无害的农用薄膜。

第六十六条 国家建立电器电子、铅蓄电池、车用动力电池等产品的生产者责任延伸制度。

电器电子、铅蓄电池、车用动力电池等产品的生产者应当按照规定以自建或者委托等方式建立与产品销售量相匹配的废旧产品回收体系，并向社会公开，实现有效回收和利用。

国家鼓励产品的生产者开展生态设计，促进资源回收利用。

第六十七条 国家对废弃电器电子产品等实行多渠道回收和集中处理制度。

禁止将废弃机动车船等交由不符合规定条件的企业或者个人回收、拆解。

拆解、利用、处置废弃电器电子产品、废弃机动车船等，应当遵守有关法律法规的规定，采取防止污染环境的措施。

第六十八条 产品和包装物的设计、制造，应当遵守国家有关清洁生产的规定。国务院标准化主管部门应当根据国家经济和技术条件、固体废物污染环境防治状况以及产品的技术要求，组织制定有关标准，防止过度包装造成环境污染。

生产经营者应当遵守限制商品过度包装的强制性标准，避免过度包装。县级以上地方人民政府市场监督管理部门和有关部门应当按照各自职责,加强对过度包装的监督管理。

生产、销售、进口依法被列入强制回收目录的产品和包装物的企业,应当按照国家有关规定对该产品和包装物进行回收。

电子商务、快递、外卖等行业应当优先采用可重复使用、易回收利用的包装物,优化物品包装,减少包装物的使用,并积极回收利用包装物。县级以上地方人民政府商务、邮政等主管部门应当加强监督管理。

国家鼓励和引导消费者使用绿色包装和减量包装。

第六十九条 国家依法禁止、限制生产、销售和使用不可降解塑料袋等一次性塑料制品。

商品零售场所开办单位、电子商务平台企业和快递企业、外卖企业应当按照国家有关规定向商务、邮政等主管部门报告塑料袋等一次性塑料制品的使用、回收情况。

国家鼓励和引导减少使用、积极回收塑料袋等一次性塑料制品,推广应用可循环、易回收、可降解的替代产品。

第七十条 旅游、住宿等行业应当按照国家有关规定推行不主动提供一次性用品。

机关、企业事业单位等的办公场所应当使用有利于保护环境的产品、设备和设施,减少使用一次性办公用品。

第七十一条 城镇污水处理设施维护运营单位或者污泥处理单位应当安全处理污泥,保证处理后的污泥符合国家有关标准,对污泥的流向、用途、用量等进行跟踪、记录,并报告城镇排水主管部门、生态环境主管部门。

县级以上人民政府城镇排水主管部门应当将污泥处理设施纳入城镇排水与污水处理规划,推动同步建设污泥处理设施与污水处理设施,鼓励协同处理,污水处理费征收标准和补偿范围应当覆盖污泥处理成本和污水处理设施正常运营成本。

第七十二条 禁止擅自倾倒、堆放、丢弃、遗撒城镇污水处理设施产生的污泥和处理后的污泥。

禁止重金属或者其他有毒有害物质含量超标的污泥进入农用地。

从事水体清淤疏浚应当按照国家有关规定处理清淤疏浚过程中产生的底

泥,防止污染环境。

第七十三条 各级各类实验室及其设立单位应当加强对实验室产生的固体废物的管理,依法收集、贮存、运输、利用、处置实验室固体废物。实验室固体废物属于危险废物的,应当按照危险废物管理。

第六章 危险废物

第七十四条 危险废物污染环境的防治,适用本章规定;本章未作规定的,适用本法其他有关规定。

第七十五条 国务院生态环境主管部门应当会同国务院有关部门制定国家危险废物名录,规定统一的危险废物鉴别标准、鉴别方法、识别标志和鉴别单位管理要求。国家危险废物名录应当动态调整。

国务院生态环境主管部门根据危险废物的危害特性和产生数量,科学评估其环境风险,实施分级分类管理,建立信息化监管体系,并通过信息化手段管理、共享危险废物转移数据和信息。

第七十六条 省、自治区、直辖市人民政府应当组织有关部门编制危险废物集中处置设施、场所的建设规划,科学评估危险废物处置需求,合理布局危险废物集中处置设施、场所,确保本行政区域的危险废物得到妥善处置。

编制危险废物集中处置设施、场所的建设规划,应当征求有关行业协会、企业事业单位、专家和公众等方面的意见。

相邻省、自治区、直辖市之间可以开展区域合作,统筹建设区域性危险废物集中处置设施、场所。

第七十七条 对危险废物的容器和包装物以及收集、贮存、运输、利用、处置危险废物的设施、场所,应当按照规定设置危险废物识别标志。

第七十八条 产生危险废物的单位,应当按照国家有关规定制定危险废物管理计划;建立危险废物管理台账,如实记录有关信息,并通过国家危险废物信息管理系统向所在地生态环境主管部门申报危险废物的种类、产生量、流向、贮存、处置等有关资料。

前款所称危险废物管理计划应当包括减少危险废物产生量和降低危险废物危害性的措施以及危险废物贮存、利用、处置措施。危险废物管理计划应当报产生危险废物的单位所在地生态环境主管部门备案。

产生危险废物的单位已经取得排污许可证的，执行排污许可管理制度的规定。

第七十九条　产生危险废物的单位，应当按照国家有关规定和环境保护标准要求贮存、利用、处置危险废物，不得擅自倾倒、堆放。

第八十条　从事收集、贮存、利用、处置危险废物经营活动的单位，应当按照国家有关规定申请取得许可证。许可证的具体管理办法由国务院制定。

禁止无许可证或者未按照许可证规定从事危险废物收集、贮存、利用、处置的经营活动。

禁止将危险废物提供或者委托给无许可证的单位或者其他生产经营者从事收集、贮存、利用、处置活动。

第八十一条　收集、贮存危险废物，应当按照危险废物特性分类进行。禁止混合收集、贮存、运输、处置性质不相容而未经安全性处置的危险废物。

贮存危险废物应当采取符合国家环境保护标准的防护措施。禁止将危险废物混入非危险废物中贮存。

从事收集、贮存、利用、处置危险废物经营活动的单位，贮存危险废物不得超过一年；确需延长期限的，应当报经颁发许可证的生态环境主管部门批准；法律、行政法规另有规定的除外。

第八十二条　转移危险废物的，应当按照国家有关规定填写、运行危险废物电子或者纸质转移联单。

跨省、自治区、直辖市转移危险废物的，应当向危险废物移出地省、自治区、直辖市人民政府生态环境主管部门申请。移出地省、自治区、直辖市人民政府生态环境主管部门应当及时商经接受地省、自治区、直辖市人民政府生态环境主管部门同意后，在规定期限内批准转移该危险废物，并将批准信息通报相关省、自治区、直辖市人民政府生态环境主管部门和交通运输主管部门。未经批准的，不得转移。

危险废物转移管理应当全程管控、提高效率，具体办法由国务院生态环境主管部门会同国务院交通运输主管部门和公安部门制定。

第八十三条　运输危险废物，应当采取防止污染环境的措施，并遵守国家有关危险货物运输管理的规定。

禁止将危险废物与旅客在同一运输工具上载运。

第八十四条 收集、贮存、运输、利用、处置危险废物的场所、设施、设备和容器、包装物及其他物品转作他用时，应当按照国家有关规定经过消除污染处理，方可使用。

第八十五条 产生、收集、贮存、运输、利用、处置危险废物的单位，应当依法制定意外事故的防范措施和应急预案，并向所在地生态环境主管部门和其他负有固体废物污染环境防治监督管理职责的部门备案；生态环境主管部门和其他负有固体废物污染环境防治监督管理职责的部门应当进行检查。

第八十六条 因发生事故或者其他突发性事件，造成危险废物严重污染环境的单位，应当立即采取有效措施消除或者减轻对环境的污染危害，及时通报可能受到污染危害的单位和居民，并向所在地生态环境主管部门和有关部门报告，接受调查处理。

第八十七条 在发生或者有证据证明可能发生危险废物严重污染环境、威胁居民生命财产安全时，生态环境主管部门或者其他负有固体废物污染环境防治监督管理职责的部门应当立即向本级人民政府和上一级人民政府有关部门报告，由人民政府采取防止或者减轻危害的有效措施。有关人民政府可以根据需要责令停止导致或者可能导致环境污染事故的作业。

第八十八条 重点危险废物集中处置设施、场所退役前，运营单位应当按照国家有关规定对设施、场所采取污染防治措施。退役的费用应当预提，列入投资概算或者生产成本，专门用于重点危险废物集中处置设施、场所的退役。具体提取和管理办法，由国务院财政部门、价格主管部门会同国务院生态环境主管部门规定。

第八十九条 禁止经中华人民共和国过境转移危险废物。

第九十条 医疗废物按照国家危险废物名录管理。县级以上地方人民政府应当加强医疗废物集中处置能力建设。

县级以上人民政府卫生健康、生态环境等主管部门应当在各自职责范围内加强对医疗废物收集、贮存、运输、处置的监督管理，防止危害公众健康、污染环境。

医疗卫生机构应当依法分类收集本单位产生的医疗废物，交由医疗废物集中处置单位处置。医疗废物集中处置单位应当及时收集、运输和处置医疗废物。

医疗卫生机构和医疗废物集中处置单位，应当采取有效措施，防止医疗废物流失、泄漏、渗漏、扩散。

第九十一条　重大传染病疫情等突发事件发生时，县级以上人民政府应当统筹协调医疗废物等危险废物收集、贮存、运输、处置等工作，保障所需的车辆、场地、处置设施和防护物资。卫生健康、生态环境、环境卫生、交通运输等主管部门应当协同配合，依法履行应急处置职责。

第七章　保 障 措 施

第九十二条　国务院有关部门、县级以上地方人民政府及其有关部门在编制国土空间规划和相关专项规划时，应当统筹生活垃圾、建筑垃圾、危险废物等固体废物转运、集中处置等设施建设需求，保障转运、集中处置等设施用地。

第九十三条　国家采取有利于固体废物污染环境防治的经济、技术政策和措施，鼓励、支持有关方面采取有利于固体废物污染环境防治的措施，加强对从事固体废物污染环境防治工作人员的培训和指导，促进固体废物污染环境防治产业专业化、规模化发展。

第九十四条　国家鼓励和支持科研单位、固体废物产生单位、固体废物利用单位、固体废物处置单位等联合攻关，研究开发固体废物综合利用、集中处置等的新技术，推动固体废物污染环境防治技术进步。

第九十五条　各级人民政府应当加强固体废物污染环境的防治，按照事权划分的原则安排必要的资金用于下列事项：

（一）固体废物污染环境防治的科学研究、技术开发；

（二）生活垃圾分类；

（三）固体废物集中处置设施建设；

（四）重大传染病疫情等突发事件产生的医疗废物等危险废物应急处置；

（五）涉及固体废物污染环境防治的其他事项。

使用资金应当加强绩效管理和审计监督，确保资金使用效益。

第九十六条　国家鼓励和支持社会力量参与固体废物污染环境防治工作，并按照国家有关规定给予政策扶持。

第九十七条　国家发展绿色金融，鼓励金融机构加大对固体废物污染环境防治项目的信贷投放。

第九十八条　从事固体废物综合利用等固体废物污染环境防治工作的，依照法律、行政法规的规定，享受税收优惠。

国家鼓励并提倡社会各界为防治固体废物污染环境捐赠财产，并依照法律、行政法规的规定，给予税收优惠。

第九十九条 收集、贮存、运输、利用、处置危险废物的单位，应当按照国家有关规定，投保环境污染责任保险。

第一百条 国家鼓励单位和个人购买、使用综合利用产品和可重复使用产品。

县级以上人民政府及其有关部门在政府采购过程中，应当优先采购综合利用产品和可重复使用产品。

第八章 法律责任

第一百零一条 生态环境主管部门或者其他负有固体废物污染环境防治监督管理职责的部门违反本法规定，有下列行为之一，由本级人民政府或者上级人民政府有关部门责令改正，对直接负责的主管人员和其他直接责任人员依法给予处分：

（一）未依法作出行政许可或者办理批准文件的；

（二）对违法行为进行包庇的；

（三）未依法查封、扣押的；

（四）发现违法行为或者接到对违法行为的举报后未予查处的；

（五）有其他滥用职权、玩忽职守、徇私舞弊等违法行为的。

依照本法规定应当作出行政处罚决定而未作出的，上级主管部门可以直接作出行政处罚决定。

第一百零二条 违反本法规定，有下列行为之一，由生态环境主管部门责令改正，处以罚款，没收违法所得；情节严重的，报经有批准权的人民政府批准，可以责令停业或者关闭：

（一）产生、收集、贮存、运输、利用、处置固体废物的单位未依法及时公开固体废物污染环境防治信息的；

（二）生活垃圾处理单位未按照国家有关规定安装使用监测设备、实时监测污染物的排放情况并公开污染排放数据的；

（三）将列入限期淘汰名录被淘汰的设备转让给他人使用的；

（四）在生态保护红线区域、永久基本农田集中区域和其他需要特别保护的区域内，建设工业固体废物、危险废物集中贮存、利用、处置的设施、场所和生活垃圾填埋场的；

（五）转移固体废物出省、自治区、直辖市行政区域贮存、处置未经批准的；

（六）转移固体废物出省、自治区、直辖市行政区域利用未报备案的；

（七）擅自倾倒、堆放、丢弃、遗撒工业固体废物，或者未采取相应防范措施，造成工业固体废物扬散、流失、渗漏或者其他环境污染的；

（八）产生工业固体废物的单位未建立固体废物管理台账并如实记录的；

（九）产生工业固体废物的单位违反本法规定委托他人运输、利用、处置工业固体废物的；

（十）贮存工业固体废物未采取符合国家环境保护标准的防护措施的；

（十一）单位和其他生产经营者违反固体废物管理其他要求，污染环境、破坏生态的。

有前款第一项、第八项行为之一，处五万元以上二十万元以下的罚款；有前款第二项、第三项、第四项、第五项、第六项、第九项、第十项、第十一项行为之一，处十万元以上一百万元以下的罚款；有前款第七项行为，处所需处置费用一倍以上三倍以下的罚款，所需处置费用不足十万元的，按十万元计算。对前款第十一项行为的处罚，有关法律、行政法规另有规定的，适用其规定。

第一百零三条　违反本法规定，以拖延、围堵、滞留执法人员等方式拒绝、阻挠监督检查，或者在接受监督检查时弄虚作假的，由生态环境主管部门或者其他负有固体废物污染环境防治监督管理职责的部门责令改正，处五万元以上二十万元以下的罚款；对直接负责的主管人员和其他直接责任人员，处二万元以上十万元以下的罚款。

第一百零四条　违反本法规定，未依法取得排污许可证产生工业固体废物的，由生态环境主管部门责令改正或者限制生产、停产整治，处十万元以上一百万元以下的罚款；情节严重的，报经有批准权的人民政府批准，责令停业或者关闭。

第一百零五条　违反本法规定，生产经营者未遵守限制商品过度包装的强制性标准的，由县级以上地方人民政府市场监督管理部门或者有关部门责令改正；拒不改正的，处二千元以上二万元以下的罚款；情节严重的，处二万元以上十万元以下的罚款。

第一百零六条 违反本法规定，未遵守国家有关禁止、限制使用不可降解塑料袋等一次性塑料制品的规定，或者未按照国家有关规定报告塑料袋等一次性塑料制品的使用情况的，由县级以上地方人民政府商务、邮政等主管部门责令改正，处一万元以上十万元以下的罚款。

第一百零七条 从事畜禽规模养殖未及时收集、贮存、利用或者处置养殖过程中产生的畜禽粪污等固体废物的，由生态环境主管部门责令改正，可以处十万元以下的罚款；情节严重的，报经有批准权的人民政府批准，责令停业或者关闭。

第一百零八条 违反本法规定，城镇污水处理设施维护运营单位或者污泥处理单位对污泥流向、用途、用量等未进行跟踪、记录，或者处理后的污泥不符合国家有关标准的，由城镇排水主管部门责令改正，给予警告；造成严重后果的，处十万元以上二十万元以下的罚款；拒不改正的，城镇排水主管部门可以指定有治理能力的单位代为治理，所需费用由违法者承担。

违反本法规定，擅自倾倒、堆放、丢弃、遗撒城镇污水处理设施产生的污泥和处理后的污泥的，由城镇排水主管部门责令改正，处二十万元以上二百万元以下的罚款，对直接负责的主管人员和其他直接责任人员处二万元以上十万元以下的罚款；造成严重后果的，处二百万元以上五百万元以下的罚款，对直接负责的主管人员和其他直接责任人员处五万元以上五十万元以下的罚款；拒不改正的，城镇排水主管部门可以指定有治理能力的单位代为治理，所需费用由违法者承担。

第一百零九条 违反本法规定，生产、销售、进口或者使用淘汰的设备，或者采用淘汰的生产工艺的，由县级以上地方人民政府指定的部门责令改正，处十万元以上一百万元以下的罚款，没收违法所得；情节严重的，由县级以上地方人民政府指定的部门提出意见，报经有批准权的人民政府批准，责令停业或者关闭。

第一百一十条 尾矿、煤矸石、废石等矿业固体废物贮存设施停止使用后，未按照国家有关环境保护规定进行封场的，由生态环境主管部门责令改正，处二十万元以上一百万元以下的罚款。

第一百一十一条 违反本法规定，有下列行为之一，由县级以上地方人民政府环境卫生主管部门责令改正，处以罚款，没收违法所得：

（一）随意倾倒、抛撒、堆放或者焚烧生活垃圾的；

（二）擅自关闭、闲置或者拆除生活垃圾处理设施、场所的；

（三）工程施工单位未编制建筑垃圾处理方案报备案，或者未及时清运施工过程中产生的固体废物的；

（四）工程施工单位擅自倾倒、抛撒或者堆放工程施工过程中产生的建筑垃圾，或者未按照规定对施工过程中产生的固体废物进行利用或者处置的；

（五）产生、收集厨余垃圾的单位和其他生产经营者未将厨余垃圾交由具备相应资质条件的单位进行无害化处理的；

（六）畜禽养殖场、养殖小区利用未经无害化处理的厨余垃圾饲喂畜禽的；

（七）在运输过程中沿途丢弃、遗撒生活垃圾的。

单位有前款第一项、第七项行为之一，处五万元以上五十万元以下的罚款；单位有前款第二项、第三项、第四项、第五项、第六项行为之一，处十万元以上一百万元以下的罚款；个人有前款第一项、第五项、第七项行为之一，处一百元以上五百元以下的罚款。

违反本法规定，未在指定的地点分类投放生活垃圾的，由县级以上地方人民政府环境卫生主管部门责令改正；情节严重的，对单位处五万元以上五十万元以下的罚款，对个人依法处以罚款。

第一百一十二条　违反本法规定，有下列行为之一，由生态环境主管部门责令改正，处以罚款，没收违法所得；情节严重的，报经有批准权的人民政府批准，可以责令停业或者关闭：

（一）未按照规定设置危险废物识别标志的；

（二）未按照国家有关规定制定危险废物管理计划或者申报危险废物有关资料的；

（三）擅自倾倒、堆放危险废物的；

（四）将危险废物提供或者委托给无许可证的单位或者其他生产经营者从事经营活动的；

（五）未按照国家有关规定填写、运行危险废物转移联单或者未经批准擅自转移危险废物的；

（六）未按照国家环境保护标准贮存、利用、处置危险废物或者将危险废物混入非危险废物中贮存的；

（七）未经安全性处置，混合收集、贮存、运输、处置具有不相容性质的危险废物的；

（八）将危险废物与旅客在同一运输工具上载运的；

（九）未经消除污染处理，将收集、贮存、运输、处置危险废物的场所、设施、设备和容器、包装物及其他物品转作他用的；

（十）未采取相应防范措施，造成危险废物扬散、流失、渗漏或者其他环境污染的；

（十一）在运输过程中沿途丢弃、遗撒危险废物的；

（十二）未制定危险废物意外事故防范措施和应急预案的；

（十三）未按照国家有关规定建立危险废物管理台账并如实记录的。

有前款第一项、第二项、第五项、第六项、第七项、第八项、第九项、第十二项、第十三项行为之一，处十万元以上一百万元以下的罚款；有前款第三项、第四项、第十项、第十一项行为之一，处所需处置费用三倍以上五倍以下的罚款，所需处置费用不足二十万元的，按二十万元计算。

第一百一十三条 违反本法规定，危险废物产生者未按照规定处置其产生的危险废物被责令改正后拒不改正的，由生态环境主管部门组织代为处置，处置费用由危险废物产生者承担；拒不承担代为处置费用的，处代为处置费用一倍以上三倍以下的罚款。

第一百一十四条 无许可证从事收集、贮存、利用、处置危险废物经营活动的，由生态环境主管部门责令改正，处一百万元以上五百万元以下的罚款，并报经有批准权的人民政府批准，责令停业或者关闭；对法定代表人、主要负责人、直接负责的主管人员和其他责任人员，处十万元以上一百万元以下的罚款。

未按照许可证规定从事收集、贮存、利用、处置危险废物经营活动的，由生态环境主管部门责令改正，限制生产、停产整治，处五十万元以上二百万元以下的罚款；对法定代表人、主要负责人、直接负责的主管人员和其他责任人员，处五万元以上五十万元以下的罚款；情节严重的，报经有批准权的人民政府批准，责令停业或者关闭，还可以由发证机关吊销许可证。

第一百一十五条 违反本法规定，将中华人民共和国境外的固体废物输入境内的，由海关责令退运该固体废物，处五十万元以上五百万元以下的罚款。

承运人对前款规定的固体废物的退运、处置，与进口者承担连带责任。

第一百一十六条 违反本法规定，经中华人民共和国过境转移危险废物的，由海关责令退运该危险废物，处五十万元以上五百万元以下的罚款。

第一百一十七条　对已经非法入境的固体废物，由省级以上人民政府生态环境主管部门依法向海关提出处理意见，海关应当依照本法第一百一十五条的规定作出处罚决定；已经造成环境污染的，由省级以上人民政府生态环境主管部门责令进口者消除污染。

第一百一十八条　违反本法规定，造成固体废物污染环境事故的，除依法承担赔偿责任外，由生态环境主管部门依照本条第二款的规定处以罚款，责令限期采取治理措施；造成重大或者特大固体废物污染环境事故的，还可以报经有批准权的人民政府批准，责令关闭。

造成一般或者较大固体废物污染环境事故的，按照事故造成的直接经济损失的一倍以上三倍以下计算罚款；造成重大或者特大固体废物污染环境事故的，按照事故造成的直接经济损失的三倍以上五倍以下计算罚款，并对法定代表人、主要负责人、直接负责的主管人员和其他责任人员处上一年度从本单位取得的收入百分之五十以下的罚款。

第一百一十九条　单位和其他生产经营者违反本法规定排放固体废物，受到罚款处罚，被责令改正的，依法作出处罚决定的行政机关应当组织复查，发现其继续实施该违法行为的，依照《中华人民共和国环境保护法》的规定按日连续处罚。

第一百二十条　违反本法规定，有下列行为之一，尚不构成犯罪的，由公安机关对法定代表人、主要负责人、直接负责的主管人员和其他责任人员处十日以上十五日以下的拘留；情节较轻的，处五日以上十日以下的拘留：

（一）擅自倾倒、堆放、丢弃、遗撒固体废物，造成严重后果的；

（二）在生态保护红线区域、永久基本农田集中区域和其他需要特别保护的区域内，建设工业固体废物、危险废物集中贮存、利用、处置的设施、场所和生活垃圾填埋场的；

（三）将危险废物提供或者委托给无许可证的单位或者其他生产经营者堆放、利用、处置的；

（四）无许可证或者未按照许可证规定从事收集、贮存、利用、处置危险废物经营活动的；

（五）未经批准擅自转移危险废物的；

（六）未采取防范措施，造成危险废物扬散、流失、渗漏或者其他严重后果的。

第一百二十一条 固体废物污染环境、破坏生态，损害国家利益、社会公共利益的，有关机关和组织可以依照《中华人民共和国环境保护法》、《中华人民共和国民事诉讼法》、《中华人民共和国行政诉讼法》等法律的规定向人民法院提起诉讼。

第一百二十二条 固体废物污染环境、破坏生态给国家造成重大损失的，由设区的市级以上地方人民政府或者其指定的部门、机构组织与造成环境污染和生态破坏的单位和其他生产经营者进行磋商，要求其承担损害赔偿责任；磋商未达成一致的，可以向人民法院提起诉讼。

对于执法过程中查获的无法确定责任人或者无法退运的固体废物，由所在地县级以上地方人民政府组织处理。

第一百二十三条 违反本法规定，构成违反治安管理行为的，由公安机关依法给予治安管理处罚；构成犯罪的，依法追究刑事责任；造成人身、财产损害的，依法承担民事责任。

第九章 附 则

第一百二十四条 本法下列用语的含义：

（一）固体废物，是指在生产、生活和其他活动中产生的丧失原有利用价值或者虽未丧失利用价值但被抛弃或者放弃的固态、半固态和置于容器中的气态的物品、物质以及法律、行政法规规定纳入固体废物管理的物品、物质。经无害化加工处理，并且符合强制性国家产品质量标准，不会危害公众健康和生态安全，或者根据固体废物鉴别标准和鉴别程序认定为不属于固体废物的除外。

（二）工业固体废物，是指在工业生产活动中产生的固体废物。

（三）生活垃圾，是指在日常生活中或者为日常生活提供服务的活动中产生的固体废物，以及法律、行政法规规定视为生活垃圾的固体废物。

（四）建筑垃圾，是指建设单位、施工单位新建、改建、扩建和拆除各类建筑物、构筑物、管网等，以及居民装饰装修房屋过程中产生的弃土、弃料和其他固体废物。

（五）农业固体废物，是指在农业生产活动中产生的固体废物。

（六）危险废物，是指列入国家危险废物名录或者根据国家规定的危险废物鉴别标准和鉴别方法认定的具有危险特性的固体废物。

（七）贮存，是指将固体废物临时置于特定设施或者场所中的活动。

（八）利用，是指从固体废物中提取物质作为原材料或者燃料的活动。

（九）处置，是指将固体废物焚烧和用其他改变固体废物的物理、化学、生物特性的方法，达到减少已产生的固体废物数量、缩小固体废物体积、减少或者消除其危险成分的活动，或者将固体废物最终置于符合环境保护规定要求的填埋场的活动。

第一百二十五条　液态废物的污染防治，适用本法；但是，排入水体的废水的污染防治适用有关法律，不适用本法。

第一百二十六条　本法自 2020 年 9 月 1 日起施行。

4.《中华人民共和国环境保护法》

（2017 年 11 月 4 日修正）

第一章　总　　则

第一条　为保护和改善环境，防治污染和其他公害，保障公众健康，推进生态文明建设，促进经济社会可持续发展，制定本法。

第二条　本法所称环境，是指影响人类生存和发展的各种天然的和经过人工改造的自然因素的总体，包括大气、水、海洋、土地、矿藏、森林、草原、湿地、野生生物、自然遗迹、人文遗迹、自然保护区、风景名胜区、城市和乡村等。

第三条　本法适用于中华人民共和国领域和中华人民共和国管辖的其他海域。

第四条　保护环境是国家的基本国策。

国家采取有利于节约和循环利用资源、保护和改善环境、促进人与自然和谐的经济、技术政策和措施，使经济社会发展与环境保护相协调。

第五条　环境保护坚持保护优先、预防为主、综合治理、公众参与、损害担责的原则。

第六条 一切单位和个人都有保护环境的义务。

地方各级人民政府应当对本行政区域的环境质量负责。

企业事业单位和其他生产经营者应当防止、减少环境污染和生态破坏，对所造成的损害依法承担责任。

公民应当增强环境保护意识，采取低碳、节俭的生活方式，自觉履行环境保护义务。

第七条 国家支持环境保护科学技术研究、开发和应用，鼓励环境保护产业发展，促进环境保护信息化建设，提高环境保护科学技术水平。

第八条 各级人民政府应当加大保护和改善环境、防治污染和其他公害的财政投入，提高财政资金的使用效益。

第九条 各级人民政府应当加强环境保护宣传和普及工作，鼓励基层群众性自治组织、社会组织、环境保护志愿者开展环境保护法律法规和环境保护知识的宣传，营造保护环境的良好风气。

教育行政部门、学校应当将环境保护知识纳入学校教育内容，培养学生的环境保护意识。

新闻媒体应当开展环境保护法律法规和环境保护知识的宣传，对环境违法行为进行舆论监督。

第十条 国务院环境保护主管部门，对全国环境保护工作实施统一监督管理；县级以上地方人民政府环境保护主管部门，对本行政区域环境保护工作实施统一监督管理。

县级以上人民政府有关部门和军队环境保护部门，依照有关法律的规定对资源保护和污染防治等环境保护工作实施监督管理。

第十一条 对保护和改善环境有显著成绩的单位和个人，由人民政府给予奖励。

第十二条 每年6月5日为环境日。

第二章 监督管理

第十三条 县级以上人民政府应当将环境保护工作纳入国民经济和社会发展规划。

国务院环境保护主管部门会同有关部门，根据国民经济和社会发展规划编制国家环境保护规划,报国务院批准并公布实施。

县级以上地方人民政府环境保护主管部门会同有关部门,根据国家环境保护规划的要求,编制本行政区域的环境保护规划,报同级人民政府批准并公布实施。

环境保护规划的内容应当包括生态保护和污染防治的目标、任务、保障措施等,并与主体功能区规划、土地利用总体规划和城乡规划等相衔接。

第十四条 国务院有关部门和省、自治区、直辖市人民政府组织制定经济、技术政策,应当充分考虑对环境的影响,听取有关方面和专家的意见。

第十五条 国务院环境保护主管部门制定国家环境质量标准。

省、自治区、直辖市人民政府对国家环境质量标准中未作规定的项目,可以制定地方环境质量标准;对国家环境质量标准中已作规定的项目,可以制定严于国家环境质量标准的地方环境质量标准。地方环境质量标准应当报国务院环境保护主管部门备案。

国家鼓励开展环境基准研究。

第十六条 国务院环境保护主管部门根据国家环境质量标准和国家经济、技术条件,制定国家污染物排放标准。

省、自治区、直辖市人民政府对国家污染物排放标准中未作规定的项目,可以制定地方污染物排放标准;对国家污染物排放标准中已作规定的项目,可以制定严于国家污染物排放标准的地方污染物排放标准。地方污染物排放标准应当报国务院环境保护主管部门备案。

第十七条 国家建立、健全环境监测制度。国务院环境保护主管部门制定监测规范,会同有关部门组织监测网络,统一规划国家环境质量监测站(点)的设置,建立监测数据共享机制,加强对环境监测的管理。

有关行业、专业等各类环境质量监测站(点)的设置应当符合法律法规规定和监测规范的要求。

监测机构应当使用符合国家标准的监测设备,遵守监测规范。监测机构及其负责人对监测数据的真实性和准确性负责。

第十八条 省级以上人民政府应当组织有关部门或者委托专业机构,对环境状况进行调查、评价,建立环境资源承载能力监测预警机制。

第十九条 编制有关开发利用规划,建设对环境有影响的项目,应当依法进行环境影响评价。

未依法进行环境影响评价的开发利用规划，不得组织实施；未依法进行环境影响评价的建设项目，不得开工建设。

第二十条 国家建立跨行政区域的重点区域、流域环境污染和生态破坏联合防治协调机制，实行统一规划、统一标准、统一监测、统一的防治措施。

前款规定以外的跨行政区域的环境污染和生态破坏的防治，由上级人民政府协调解决，或者由有关地方人民政府协商解决。

第二十一条 国家采取财政、税收、价格、政府采购等方面的政策和措施，鼓励和支持环境保护技术装备、资源综合利用和环境服务等环境保护产业的发展。

第二十二条 企业事业单位和其他生产经营者，在污染物排放符合法定要求的基础上，进一步减少污染物排放的，人民政府应当依法采取财政、税收、价格、政府采购等方面的政策和措施予以鼓励和支持。

第二十三条 企业事业单位和其他生产经营者，为改善环境，依照有关规定转产、搬迁、关闭的，人民政府应当予以支持。

第二十四条 县级以上人民政府环境保护主管部门及其委托的环境监察机构和其他负有环境保护监督管理职责的部门，有权对排放污染物的企业事业单位和其他生产经营者进行现场检查。被检查者应当如实反映情况，提供必要的资料。实施现场检查的部门、机构及其工作人员应当为被检查者保守商业秘密。

第二十五条 企业事业单位和其他生产经营者违反法律法规规定排放污染物，造成或者可能造成严重污染的，县级以上人民政府环境保护主管部门和其他负有环境保护监督管理职责的部门，可以查封、扣押造成污染物排放的设施、设备。

第二十六条 国家实行环境保护目标责任制和考核评价制度。县级以上人民政府应当将环境保护目标完成情况纳入对本级人民政府负有环境保护监督管理职责的部门及其负责人和下级人民政府及其负责人的考核内容，作为对其考核评价的重要依据。考核结果应当向社会公开。

第二十七条 县级以上人民政府应当每年向本级人民代表大会或者人民代表大会常务委员会报告环境状况和环境保护目标完成情况，对发生的重大环境事件应当及时向本级人民代表大会常务委员会报告，依法接受监督。

第三章　保护和改善环境

第二十八条　地方各级人民政府应当根据环境保护目标和治理任务，采取有效措施，改善环境质量。

未达到国家环境质量标准的重点区域、流域的有关地方人民政府，应当制定限期达标规划，并采取措施按期达标。

第二十九条　国家在重点生态功能区、生态环境敏感区和脆弱区等区域划定生态保护红线，实行严格保护。

各级人民政府对具有代表性的各种类型的自然生态系统区域，珍稀、濒危的野生动植物自然分布区域，重要的水源涵养区域，具有重大科学文化价值的地质构造、著名溶洞和化石分布区、冰川、火山、温泉等自然遗迹，以及人文遗迹、古树名木，应当采取措施予以保护，严禁破坏。

第三十条　开发利用自然资源，应当合理开发，保护生物多样性，保障生态安全，依法制定有关生态保护和恢复治理方案并予以实施。

引进外来物种以及研究、开发和利用生物技术，应当采取措施，防止对生物多样性的破坏。

第三十一条　国家建立、健全生态保护补偿制度。

国家加大对生态保护地区的财政转移支付力度。有关地方人民政府应当落实生态保护补偿资金，确保其用于生态保护补偿。

国家指导受益地区和生态保护地区人民政府通过协商或者按照市场规则进行生态保护补偿。

第三十二条　国家加强对大气、水、土壤等的保护，建立和完善相应的调查、监测、评估和修复制度。

第三十三条　各级人民政府应当加强对农业环境的保护，促进农业环境保护新技术的使用，加强对农业污染源的监测预警，统筹有关部门采取措施，防治土壤污染和土地沙化、盐渍化、贫瘠化、石漠化、地面沉降以及防治植被破坏、水土流失、水体富营养化、水源枯竭、种源灭绝等生态失调现象，推广植物病虫害的综合防治。

县级、乡级人民政府应当提高农村环境保护公共服务水平，推动农村环境综合整治。

第三十四条 国务院和沿海地方各级人民政府应当加强对海洋环境的保护。向海洋排放污染物、倾倒废弃物,进行海岸工程和海洋工程建设,应当符合法律法规规定和有关标准,防止和减少对海洋环境的污染损害。

第三十五条 城乡建设应当结合当地自然环境的特点,保护植被、水域和自然景观,加强城市园林、绿地和风景名胜区的建设与管理。

第三十六条 国家鼓励和引导公民、法人和其他组织使用有利于保护环境的产品和再生产品,减少废弃物的产生。

国家机关和使用财政资金的其他组织应当优先采购和使用节能、节水、节材等有利于保护环境的产品、设备和设施。

第三十七条 地方各级人民政府应当采取措施,组织对生活废弃物的分类处置、回收利用。

第三十八条 公民应当遵守环境保护法律法规,配合实施环境保护措施,按照规定对生活废弃物进行分类放置,减少日常生活对环境造成的损害。

第三十九条 国家建立、健全环境与健康监测、调查和风险评估制度;鼓励和组织开展环境质量对公众健康影响的研究,采取措施预防和控制与环境污染有关的疾病。

第四章 防治污染和其他公害

第四十条 国家促进清洁生产和资源循环利用。

国务院有关部门和地方各级人民政府应当采取措施,推广清洁能源的生产和使用。

企业应当优先使用清洁能源,采用资源利用率高、污染物排放量少的工艺、设备以及废弃物综合利用技术和污染物无害化处理技术,减少污染物的产生。

第四十一条 建设项目中防治污染的设施,应当与主体工程同时设计、同时施工、同时投产使用。防治污染的设施应当符合经批准的环境影响评价文件的要求,不得擅自拆除或者闲置。

第四十二条 排放污染物的企业事业单位和其他生产经营者,应当采取措施,防治在生产建设或者其他活动中产生的废气、废水、废渣、医疗废物、粉尘、恶臭气体、放射性物质以及噪声、振动、光辐射、电磁辐射等对环境的污染和危害。

排放污染物的企业事业单位,应当建立环境保护责任制度,明确单位负责人和相关人员的责任。

重点排污单位应当按照国家有关规定和监测规范安装使用监测设备，保证监测设备正常运行，保存原始监测记录。

严禁通过暗管、渗井、渗坑、灌注或者篡改、伪造监测数据，或者不正常运行防治污染设施等逃避监管的方式违法排放污染物。

第四十三条　排放污染物的企业事业单位和其他生产经营者，应当按照国家有关规定缴纳排污费。排污费应当全部专项用于环境污染防治，任何单位和个人不得截留、挤占或者挪作他用。

依照法律规定征收环境保护税的，不再征收排污费。

第四十四条　国家实行重点污染物排放总量控制制度。重点污染物排放总量控制指标由国务院下达，省、自治区、直辖市人民政府分解落实。企业事业单位在执行国家和地方污染物排放标准的同时，应当遵守分解落实到本单位的重点污染物排放总量控制指标。

对超过国家重点污染物排放总量控制指标或者未完成国家确定的环境质量目标的地区，省级以上人民政府环境保护主管部门应当暂停审批其新增重点污染物排放总量的建设项目环境影响评价文件。

第四十五条　国家依照法律规定实行排污许可管理制度。

实行排污许可管理的企业事业单位和其他生产经营者应当按照排污许可证的要求排放污染物；未取得排污许可证的，不得排放污染物。

第四十六条　国家对严重污染环境的工艺、设备和产品实行淘汰制度。任何单位和个人不得生产、销售或者转移、使用严重污染环境的工艺、设备和产品。

禁止引进不符合我国环境保护规定的技术、设备、材料和产品。

第四十七条　各级人民政府及其有关部门和企业事业单位，应当依照《中华人民共和国突发事件应对法》的规定，做好突发环境事件的风险控制、应急准备、应急处置和事后恢复等工作。

县级以上人民政府应当建立环境污染公共监测预警机制，组织制定预警方案；环境受到污染，可能影响公众健康和环境安全时，依法及时公布预警信息，启动应急措施。

企业事业单位应当按照国家有关规定制定突发环境事件应急预案，报环境保护主管部门和有关部门备案。在发生或者可能发生突发环境事件时，企业事业单位应当立即采取措施处理,及时通报可能受到危害的单位和居民,并向环境保护主管部门和有关部门报告。

突发环境事件应急处置工作结束后,有关人民政府应当立即组织评估事件造成的环境影响和损失,并及时将评估结果向社会公布。

第四十八条 生产、储存、运输、销售、使用、处置化学物品和含有放射性物质的物品,应当遵守国家有关规定,防止污染环境。

第四十九条 各级人民政府及其农业等有关部门和机构应当指导农业生产经营者科学种植和养殖,科学合理施用农药、化肥等农业投入品,科学处置农用薄膜、农作物秸秆等农业废弃物,防止农业面源污染。

禁止将不符合农用标准和环境保护标准的固体废物、废水施入农田。施用农药、化肥等农业投入品及进行灌溉,应当采取措施,防止重金属和其他有毒有害物质污染环境。

畜禽养殖场、养殖小区、定点屠宰企业等的选址、建设和管理应当符合有关法律法规规定。从事畜禽养殖和屠宰的单位和个人应当采取措施,对畜禽粪便、尸体和污水等废弃物进行科学处置,防止污染环境。

县级人民政府负责组织农村生活废弃物的处置工作。

第五十条 各级人民政府应当在财政预算中安排资金,支持农村饮用水水源地保护、生活污水和其他废弃物处理、畜禽养殖和屠宰污染防治、土壤污染防治和农村工矿污染治理等环境保护工作。

第五十一条 各级人民政府应当统筹城乡建设污水处理设施及配套管网,固体废物的收集、运输和处置等环境卫生设施,危险废物集中处置设施、场所以及其他环境保护公共设施,并保障其正常运行。

第五十二条 国家鼓励投保环境污染责任保险。

第五章 信息公开和公众参与

第五十三条 公民、法人和其他组织依法享有获取环境信息、参与和监督环境保护的权利。

各级人民政府环境保护主管部门和其他负有环境保护监督管理职责的部门,应当依法公开环境信息、完善公众参与程序,为公民、法人和其他组织参与和监督环境保护提供便利。

第五十四条　国务院环境保护主管部门统一发布国家环境质量、重点污染源监测信息及其他重大环境信息。省级以上人民政府环境保护主管部门定期发布环境状况公报。

县级以上人民政府环境保护主管部门和其他负有环境保护监督管理职责的部门，应当依法公开环境质量、环境监测、突发环境事件以及环境行政许可、行政处罚、排污费的征收和使用情况等信息。

县级以上地方人民政府环境保护主管部门和其他负有环境保护监督管理职责的部门，应当将企业事业单位和其他生产经营者的环境违法信息记入社会诚信档案，及时向社会公布违法者名单。

第五十五条　重点排污单位应当如实向社会公开其主要污染物的名称、排放方式、排放浓度和总量、超标排放情况，以及防治污染设施的建设和运行情况，接受社会监督。

第五十六条　对依法应当编制环境影响报告书的建设项目，建设单位应当在编制时向可能受影响的公众说明情况，充分征求意见。

负责审批建设项目环境影响评价文件的部门在收到建设项目环境影响报告书后，除涉及国家秘密和商业秘密的事项外，应当全文公开；发现建设项目未充分征求公众意见的，应当责成建设单位征求公众意见。

第五十七条　公民、法人和其他组织发现任何单位和个人有污染环境和破坏生态行为的，有权向环境保护主管部门或者其他负有环境保护监督管理职责的部门举报。

公民、法人和其他组织发现地方各级人民政府、县级以上人民政府环境保护主管部门和其他负有环境保护监督管理职责的部门不依法履行职责的，有权向其上级机关或者监察机关举报。

接受举报的机关应当对举报人的相关信息予以保密，保护举报人的合法权益。

第五十八条　对污染环境、破坏生态，损害社会公共利益的行为，符合下列条件的社会组织可以向人民法院提起诉讼：

（一）依法在设区的市级以上人民政府民政部门登记；

（二）专门从事环境保护公益活动连续五年以上且无违法记录。

符合前款规定的社会组织向人民法院提起诉讼，人民法院应当依法受理。

提起诉讼的社会组织不得通过诉讼牟取经济利益。

第六章 法律责任

第五十九条 企业事业单位和其他生产经营者违法排放污染物,受到罚款处罚,被责令改正,拒不改正的,依法作出处罚决定的行政机关可以自责令改正之日的次日起,按照原处罚数额按日连续处罚。

前款规定的罚款处罚,依照有关法律法规按照防治污染设施的运行成本、违法行为造成的直接损失或者违法所得等因素确定的规定执行。

地方性法规可以根据环境保护的实际需要,增加第一款规定的按日连续处罚的违法行为的种类。

第六十条 企业事业单位和其他生产经营者超过污染物排放标准或者超过重点污染物排放总量控制指标排放污染物的,县级以上人民政府环境保护主管部门可以责令其采取限制生产、停产整治等措施;情节严重的,报经有批准权的人民政府批准,责令停业、关闭。

第六十一条 建设单位未依法提交建设项目环境影响评价文件或者环境影响评价文件未经批准,擅自开工建设的,由负有环境保护监督管理职责的部门责令停止建设,处以罚款,并可以责令恢复原状。

第六十二条 违反本法规定,重点排污单位不公开或者不如实公开环境信息的,由县级以上地方人民政府环境保护主管部门责令公开,处以罚款,并予以公告。

第六十三条 企业事业单位和其他生产经营者有下列行为之一,尚不构成犯罪的,除依照有关法律法规规定予以处罚外,由县级以上人民政府环境保护主管部门或者其他有关部门将案件移送公安机关,对其直接负责的主管人员和其他直接责任人员,处十日以上十五日以下拘留;情节较轻的,处五日以上十日以下拘留:

(一)建设项目未依法进行环境影响评价,被责令停止建设,拒不执行的;

(二)违反法律规定,未取得排污许可证排放污染物,被责令停止排污,拒不执行的;

(三)通过暗管、渗井、渗坑、灌注或者篡改、伪造监测数据,或者不正常运行防治污染设施等逃避监管的方式违法排放污染物的;

（四）生产、使用国家明令禁止生产、使用的农药，被责令改正，拒不改正的。

第六十四条 因污染环境和破坏生态造成损害的，应当依照《中华人民共和国侵权责任法》的有关规定承担侵权责任。

第六十五条 环境影响评价机构、环境监测机构以及从事环境监测设备和防治污染设施维护、运营的机构，在有关环境服务活动中弄虚作假，对造成的环境污染和生态破坏负有责任的，除依照有关法律法规规定予以处罚外，还应当与造成环境污染和生态破坏的其他责任者承担连带责任。

第六十六条 提起环境损害赔偿诉讼的时效期间为三年，从当事人知道或者应当知道其受到损害时起计算。

第六十七条 上级人民政府及其环境保护主管部门应当加强对下级人民政府及其有关部门环境保护工作的监督。发现有关工作人员有违法行为，依法应当给予处分的，应当向其任免机关或者监察机关提出处分建议。

依法应当给予行政处罚，而有关环境保护主管部门不给予行政处罚的，上级人民政府环境保护主管部门可以直接作出行政处罚的决定。

第六十八条 地方各级人民政府、县级以上人民政府环境保护主管部门和其他负有环境保护监督管理职责的部门有下列行为之一的，对直接负责的主管人员和其他直接责任人员给予记过、记大过或者降级处分；造成严重后果的，给予撤职或者开除处分，其主要负责人应当引咎辞职：

（一）不符合行政许可条件准予行政许可的；

（二）对环境违法行为进行包庇的；

（三）依法应当作出责令停业、关闭的决定而未作出的；

（四）对超标排放污染物、采用逃避监管的方式排放污染物、造成环境事故以及不落实生态保护措施造成生态破坏等行为，发现或者接到举报未及时查处的；

（五）违反本法规定，查封、扣押企业事业单位和其他生产经营者的设施、设备的；

（六）篡改、伪造或者指使篡改、伪造监测数据的；

（七）应当依法公开环境信息而未公开的；

（八）将征收的排污费截留、挤占或者挪作他用的；

（九）法律法规规定的其他违法行为。

第六十九条 违反本法规定,构成犯罪的,依法追究刑事责任。

第七章 附 则

第七十条 本法自2015年1月1日起施行。

5.《中华人民共和国水污染防治法》

(2017年6月27日修正)

第一章 总 则

第一条 为了保护和改善环境,防治水污染,保护水生态,保障饮用水安全,维护公众健康,推进生态文明建设,促进经济社会可持续发展,制定本法。

第二条 本法适用于中华人民共和国领域内的江河、湖泊、运河、渠道、水库等地表水体以及地下水体的污染防治。

海洋污染防治适用《中华人民共和国海洋环境保护法》。

第三条 水污染防治应当坚持预防为主、防治结合、综合治理的原则,优先保护饮用水水源,严格控制工业污染、城镇生活污染,防治农业面源污染,积极推进生态治理工程建设,预防、控制和减少水环境污染和生态破坏。

第四条 县级以上人民政府应当将水环境保护工作纳入国民经济和社会发展规划。

地方各级人民政府对本行政区域的水环境质量负责,应当及时采取措施防治水污染。

第五条 省、市、县、乡建立河长制,分级分段组织领导本行政区域内江河、湖泊的水资源保护、水域岸线管理、水污染防治、水环境治理等工作。

第六条 国家实行水环境保护目标责任制和考核评价制度,将水环境保护目标完成情况作为对地方人民政府及其负责人考核评价的内容。

第七条 国家鼓励、支持水污染防治的科学技术研究和先进适用技术的推广应用,加强水环境保护的宣传教育。

第八条 国家通过财政转移支付等方式,建立健全对位于饮用水水源保护区区域和江河、湖泊、水库上游地区的水环境生态保护补偿机制。

第九条 县级以上人民政府环境保护主管部门对水污染防治实施统一监督管理。

交通主管部门的海事管理机构对船舶污染水域的防治实施监督管理。

县级以上人民政府水行政、国土资源、卫生、建设、农业、渔业等部门以及重要江河、湖泊的流域水资源保护机构，在各自的职责范围内，对有关水污染防治实施监督管理。

第十条 排放水污染物，不得超过国家或者地方规定的水污染物排放标准和重点水污染物排放总量控制指标。

第十一条 任何单位和个人都有义务保护水环境，并有权对污染损害水环境的行为进行检举。

县级以上人民政府及其有关主管部门对在水污染防治工作中做出显著成绩的单位和个人给予表彰和奖励。

第二章 水污染防治的标准和规划

第十二条 国务院环境保护主管部门制定国家水环境质量标准。

省、自治区、直辖市人民政府可以对国家水环境质量标准中未作规定的项目，制定地方标准，并报国务院环境保护主管部门备案。

第十三条 国务院环境保护主管部门会同国务院水行政主管部门和有关省、自治区、直辖市人民政府，可以根据国家确定的重要江河、湖泊流域水体的使用功能以及有关地区的经济、技术条件，确定该重要江河、湖泊流域的省界水体适用的水环境质量标准，报国务院批准后施行。

第十四条 国务院环境保护主管部门根据国家水环境质量标准和国家经济、技术条件，制定国家水污染物排放标准。

省、自治区、直辖市人民政府对国家水污染物排放标准中未作规定的项目，可以制定地方水污染物排放标准；对国家水污染物排放标准中已作规定的项目，可以制定严于国家水污染物排放标准的地方水污染物排放标准。地方水污染物排放标准须报国务院环境保护主管部门备案。

向已有地方水污染物排放标准的水体排放污染物的，应当执行地方水污染物排放标准。

第十五条 国务院环境保护主管部门和省、自治区、直辖市人民政府，应当根据水污染防治的要求和国家或者地方的经济、技术条件，适时修订水环境质量标准和水污染物排放标准。

第十六条 防治水污染应当按流域或者按区域进行统一规划。国家确定的重要江河、湖泊的流域水污染防治规划，由国务院环境保护主管部门会同国务院经济综合宏观调控、水行政等部门和有关省、自治区、直辖市人民政府编制，报国务院批准。

前款规定外的其他跨省、自治区、直辖市江河、湖泊的流域水污染防治规划，根据国家确定的重要江河、湖泊的流域水污染防治规划和本地实际情况，由有关省、自治区、直辖市人民政府环境保护主管部门会同同级水行政等部门和有关市、县人民政府编制，经有关省、自治区、直辖市人民政府审核，报国务院批准。

省、自治区、直辖市内跨县江河、湖泊的流域水污染防治规划，根据国家确定的重要江河、湖泊的流域水污染防治规划和本地实际情况，由省、自治区、直辖市人民政府环境保护主管部门会同同级水行政等部门编制，报省、自治区、直辖市人民政府批准，并报国务院备案。

经批准的水污染防治规划是防治水污染的基本依据，规划的修订须经原批准机关批准。

县级以上地方人民政府应当根据依法批准的江河、湖泊的流域水污染防治规划，组织制定本行政区域的水污染防治规划。

第十七条 有关市、县级人民政府应当按照水污染防治规划确定的水环境质量改善目标的要求，制定限期达标规划，采取措施按期达标。

有关市、县级人民政府应当将限期达标规划报上一级人民政府备案，并向社会公开。

第十八条 市、县级人民政府每年在向本级人民代表大会或者其常务委员会报告环境状况和环境保护目标完成情况时，应当报告水环境质量限期达标规划执行情况，并向社会公开。

第三章 水污染防治的监督管理

第十九条 新建、改建、扩建直接或者间接向水体排放污染物的建设项目和其他水上设施，应当依法进行环境影响评价。

建设单位在江河、湖泊新建、改建、扩建排污口的，应当取得水行政主管部门或者流域管理机构同意；涉及通航、渔业水域的，环境保护主管部门在审批环境影响评价文件时，应当征求交通、渔业主管部门的意见。

建设项目的水污染防治设施，应当与主体工程同时设计、同时施工、同时投入使用。水污染防治设施应当符合经批准或者备案的环境影响评价文件的要求。

第二十条　国家对重点水污染物排放实施总量控制制度。

重点水污染物排放总量控制指标，由国务院环境保护主管部门在征求国务院有关部门和各省、自治区、直辖市人民政府意见后，会同国务院经济综合宏观调控部门报国务院批准并下达实施。

省、自治区、直辖市人民政府应当按照国务院的规定削减和控制本行政区域的重点水污染物排放总量。具体办法由国务院环境保护主管部门会同国务院有关部门规定。

省、自治区、直辖市人民政府可以根据本行政区域水环境质量状况和水污染防治工作的需要，对国家重点水污染物之外的其他水污染物排放实行总量控制。

对超过重点水污染物排放总量控制指标或者未完成水环境质量改善目标的地区，省级以上人民政府环境保护主管部门应当会同有关部门约谈该地区人民政府的主要负责人，并暂停审批新增重点水污染物排放总量的建设项目的环境影响评价文件。约谈情况应当向社会公开。

第二十一条　直接或者间接向水体排放工业废水和医疗污水以及其他按照规定应当取得排污许可证方可排放的废水、污水的企业事业单位和其他生产经营者，应当取得排污许可证；城镇污水集中处理设施的运营单位，也应当取得排污许可证。排污许可证应当明确排放水污染物的种类、浓度、总量和排放去向等要求。排污许可的具体办法由国务院规定。

禁止企业事业单位和其他生产经营者无排污许可证或者违反排污许可证的规定向水体排放前款规定的废水、污水。

第二十二条　向水体排放污染物的企业事业单位和其他生产经营者，应当按照法律、行政法规和国务院环境保护主管部门的规定设置排污口；在江河、湖泊设置排污口的，还应当遵守国务院水行政主管部门的规定。

第二十三条　实行排污许可管理的企业事业单位和其他生产经营者应当按

照国家有关规定和监测规范，对所排放的水污染物自行监测，并保存原始监测记录。重点排污单位还应当安装水污染物排放自动监测设备，与环境保护主管部门的监控设备联网，并保证监测设备正常运行。具体办法由国务院环境保护主管部门规定。

应当安装水污染物排放自动监测设备的重点排污单位名录，由设区的市级以上地方人民政府环境保护主管部门根据本行政区域的环境容量、重点水污染物排放总量控制指标的要求以及排污单位排放水污染物的种类、数量和浓度等因素，商同级有关部门确定。

第二十四条 实行排污许可管理的企业事业单位和其他生产经营者应当对监测数据的真实性和准确性负责。

环境保护主管部门发现重点排污单位的水污染物排放自动监测设备传输数据异常，应当及时进行调查。

第二十五条 国家建立水环境质量监测和水污染物排放监测制度。国务院环境保护主管部门负责制定水环境监测规范，统一发布国家水环境状况信息，会同国务院水行政等部门组织监测网络，统一规划国家水环境质量监测站（点）的设置，建立监测数据共享机制，加强对水环境监测的管理。

第二十六条 国家确定的重要江河、湖泊流域的水资源保护工作机构负责监测其所在流域的省界水体的水环境质量状况，并将监测结果及时报国务院环境保护主管部门和国务院水行政主管部门；有经国务院批准成立的流域水资源保护领导机构的，应当将监测结果及时报告流域水资源保护领导机构。

第二十七条 国务院有关部门和县级以上地方人民政府开发、利用和调节、调度水资源时，应当统筹兼顾，维持江河的合理流量和湖泊、水库以及地下水体的合理水位，保障基本生态用水，维护水体的生态功能。

第二十八条 国务院环境保护主管部门应当会同国务院水行政等部门和有关省、自治区、直辖市人民政府，建立重要江河、湖泊的流域水环境保护联合协调机制，实行统一规划、统一标准、统一监测、统一的防治措施。

第二十九条 国务院环境保护主管部门和省、自治区、直辖市人民政府环境保护主管部门应当会同同级有关部门根据流域生态环境功能需要，明确流域生态环境保护要求，组织开展流域环境资源承载能力监测、评价，实施流域环境资源承载能力预警。

县级以上地方人民政府应当根据流域生态环境功能需要，组织开展江河、湖泊、湿地保护与修复，因地制宜建设人工湿地、水源涵养林、沿河沿湖植被缓冲带和隔离带等生态环境治理与保护工程，整治黑臭水体，提高流域环境资源承载能力。

从事开发建设活动，应当采取有效措施，维护流域生态环境功能，严守生态保护红线。

第三十条 环境保护主管部门和其他依照本法规定行使监督管理权的部门，有权对管辖范围内的排污单位进行现场检查，被检查的单位应当如实反映情况，提供必要的资料。检查机关有义务为被检查的单位保守在检查中获取的商业秘密。

第三十一条 跨行政区域的水污染纠纷，由有关地方人民政府协商解决，或者由其共同的上级人民政府协调解决。

第四章 水污染防治措施

第一节 一般规定

第三十二条 国务院环境保护主管部门应当会同国务院卫生主管部门，根据对公众健康和生态环境的危害和影响程度，公布有毒有害水污染物名录，实行风险管理。

排放前款规定名录中所列有毒有害水污染物的企业事业单位和其他生产经营者，应当对排污口和周边环境进行监测，评估环境风险，排查环境安全隐患，并公开有毒有害水污染物信息，采取有效措施防范环境风险。

第三十三条 禁止向水体排放油类、酸液、碱液或者剧毒废液。

禁止在水体清洗装贮过油类或者有毒污染物的车辆和容器。

第三十四条 禁止向水体排放、倾倒放射性固体废物或者含有高放射性和中放射性物质的废水。

向水体排放含低放射性物质的废水，应当符合国家有关放射性污染防治的规定和标准。

第三十五条 向水体排放含热废水，应当采取措施，保证水体的水温符合水环境质量标准。

第三十六条 含病原体的污水应当经过消毒处理;符合国家有关标准后,方可排放。

第三十七条 禁止向水体排放、倾倒工业废渣、城镇垃圾和其他废弃物。

禁止将含有汞、镉、砷、铬、铅、氰化物、黄磷等的可溶性剧毒废渣向水体排放、倾倒或者直接埋入地下。

存放可溶性剧毒废渣的场所,应当采取防水、防渗漏、防流失的措施。

第三十八条 禁止在江河、湖泊、运河、渠道、水库最高水位线以下的滩地和岸坡堆放、存贮固体废弃物和其他污染物。

第三十九条 禁止利用渗井、渗坑、裂隙、溶洞,私设暗管,篡改、伪造监测数据,或者不正常运行水污染防治设施等逃避监管的方式排放水污染物。

第四十条 化学品生产企业以及工业集聚区、矿山开采区、尾矿库、危险废物处置场、垃圾填埋场等的运营、管理单位,应当采取防渗漏等措施,并建设地下水水质监测井进行监测,防止地下水污染。

加油站等的地下油罐应当使用双层罐或者采取建造防渗池等其他有效措施,并进行防渗漏监测,防止地下水污染。

禁止利用无防渗漏措施的沟渠、坑塘等输送或者存贮含有毒污染物的废水、含病原体的污水和其他废弃物。

第四十一条 多层地下水的含水层水质差异大的,应当分层开采;对已受污染的潜水和承压水,不得混合开采。

第四十二条 兴建地下工程设施或者进行地下勘探、采矿等活动,应当采取防护性措施,防止地下水污染。

报废矿井、钻井或者取水井等,应当实施封井或者回填。

第四十三条 人工回灌补给地下水,不得恶化地下水质。

第二节 工业水污染防治

第四十四条 国务院有关部门和县级以上地方人民政府应当合理规划工业布局,要求造成水污染的企业进行技术改造,采取综合防治措施,提高水的重复利用率,减少废水和污染物排放量。

第四十五条 排放工业废水的企业应当采取有效措施,收集和处理产生的全部废水,防止污染环境。含有毒有害水污染物的工业废水应当分类收集和处理，不得稀释排放。

工业集聚区应当配套建设相应的污水集中处理设施，安装自动监测设备，与环境保护主管部门的监控设备联网，并保证监测设备正常运行。

向污水集中处理设施排放工业废水的，应当按照国家有关规定进行预处理，达到集中处理设施处理工艺要求后方可排放。

第四十六条　国家对严重污染水环境的落后工艺和设备实行淘汰制度。

国务院经济综合宏观调控部门会同国务院有关部门，公布限期禁止采用的严重污染水环境的工艺名录和限期禁止生产、销售、进口、使用的严重污染水环境的设备名录。

生产者、销售者、进口者或者使用者应当在规定的期限内停止生产、销售、进口或者使用列入前款规定的设备名录中的设备。工艺的采用者应当在规定的期限内停止采用列入前款规定的工艺名录中的工艺。

依照本条第二款、第三款规定被淘汰的设备，不得转让给他人使用。

第四十七条　国家禁止新建不符合国家产业政策的小型造纸、制革、印染、染料、炼焦、炼硫、炼砷、炼汞、炼油、电镀、农药、石棉、水泥、玻璃、钢铁、火电以及其他严重污染水环境的生产项目。

第四十八条　企业应当采用原材料利用效率高、污染物排放量少的清洁工艺，并加强管理，减少水污染物的产生。

第三节　城镇水污染防治

第四十九条　城镇污水应当集中处理。

县级以上地方人民政府应当通过财政预算和其他渠道筹集资金，统筹安排建设城镇污水集中处理设施及配套管网，提高本行政区域城镇污水的收集率和处理率。

国务院建设主管部门应当会同国务院经济综合宏观调控、环境保护主管部门，根据城乡规划和水污染防治规划，组织编制全国城镇污水处理设施建设规划。县级以上地方人民政府组织建设、经济综合宏观调控、环境保护、水行政等部门编制本行政区域的城镇污水处理设施建设规划。县级以上地方人民政府建设主管部门应当按照城镇污水处理设施建设规划，组织建设城镇污水集中处理设施及配套管网，并加强对城镇污水集中处理设施运营的监督管理。

城镇污水集中处理设施的运营单位按照国家规定向排污者提供污水处理的有偿服务,收取污水处理费用,保证污水集中处理设施的正常运行。收取的污水处理费用应当用于城镇污水集中处理设施的建设运行和污泥处理处置,不得挪作他用。

城镇污水集中处理设施的污水处理收费、管理以及使用的具体办法,由国务院规定。

第五十条 向城镇污水集中处理设施排放水污染物,应当符合国家或者地方规定的水污染物排放标准。

城镇污水集中处理设施的运营单位,应当对城镇污水集中处理设施的出水水质负责。

环境保护主管部门应当对城镇污水集中处理设施的出水水质和水量进行监督检查。

第五十一条 城镇污水集中处理设施的运营单位或者污泥处理处置单位应当安全处理处置污泥,保证处理处置后的污泥符合国家标准,并对污泥的去向等进行记录。

第四节 农业和农村水污染防治

第五十二条 国家支持农村污水、垃圾处理设施的建设,推进农村污水、垃圾集中处理。

地方各级人民政府应当统筹规划建设农村污水、垃圾处理设施,并保障其正常运行。

第五十三条 制定化肥、农药等产品的质量标准和使用标准,应当适应水环境保护要求。

第五十四条 使用农药,应当符合国家有关农药安全使用的规定和标准。

运输、存贮农药和处置过期失效农药,应当加强管理,防止造成水污染。

第五十五条 县级以上地方人民政府农业主管部门和其他有关部门,应当采取措施,指导农业生产者科学、合理地施用化肥和农药,推广测土配方施肥技术和高效低毒低残留农药,控制化肥和农药的过量使用,防止造成水污染。

第五十六条 国家支持畜禽养殖场、养殖小区建设畜禽粪便、废水的综合利用或者无害化处理设施。

畜禽养殖场、养殖小区应当保证其畜禽粪便、废水的综合利用或者无害化处理设施正常运转,保证污水达标排放,防止污染水环境。

畜禽散养密集区所在地县、乡级人民政府应当组织对畜禽粪便污水进行分户收集、集中处理利用。

第五十七条　从事水产养殖应当保护水域生态环境,科学确定养殖密度,合理投饵和使用药物,防止污染水环境。

第五十八条　农田灌溉用水应当符合相应的水质标准,防止污染土壤、地下水和农产品。

禁止向农田灌溉渠道排放工业废水或者医疗污水。向农田灌溉渠道排放城镇污水以及未综合利用的畜禽养殖废水、农产品加工废水的,应当保证其下游最近的灌溉取水点的水质符合农田灌溉水质标准。

第五节　船舶水污染防治

第五十九条　船舶排放含油污水、生活污水,应当符合船舶污染物排放标准。从事海洋航运的船舶进入内河和港口的,应当遵守内河的船舶污染物排放标准。

船舶的残油、废油应当回收,禁止排入水体。

禁止向水体倾倒船舶垃圾。

船舶装载运输油类或者有毒货物,应当采取防止溢流和渗漏的措施,防止货物落水造成水污染。

进入中华人民共和国内河的国际航线船舶排放压载水的,应当采用压载水处理装置或者采取其他等效措施,对压载水进行灭活等处理。禁止排放不符合规定的船舶压载水。

第六十条　船舶应当按照国家有关规定配置相应的防污设备和器材,并持有合法有效的防止水域环境污染的证书与文书。

船舶进行涉及污染物排放的作业,应当严格遵守操作规程,并在相应的记录簿上如实记载。

第六十一条　港口、码头、装卸站和船舶修造厂所在地市、县级人民政府应当统筹规划建设船舶污染物、废弃物的接收、转运及处理处置设施。

港口、码头、装卸站和船舶修造厂应当备有足够的船舶污染物、废弃物的接收设施。从事船舶污染物、废弃物接收作业,或者从事装载油类、污染危害性货物船舱清洗作业的单位,应当具备与其运营规模相适应的接收处理能力。

第六十二条 船舶及有关作业单位从事有污染风险的作业活动,应当按照有关法律法规和标准,采取有效措施,防止造成水污染。海事管理机构、渔业主管部门应当加强对船舶及有关作业活动的监督管理。

船舶进行散装液体污染危害性货物的过驳作业,应当编制作业方案,采取有效的安全和污染防治措施,并报作业地海事管理机构批准。

禁止采取冲滩方式进行船舶拆解作业。

第五章 饮用水水源和其他特殊水体保护

第六十三条 国家建立饮用水水源保护区制度。饮用水水源保护区分为一级保护区和二级保护区;必要时,可以在饮用水水源保护区外围划定一定的区域作为准保护区。

饮用水水源保护区的划定,由有关市、县人民政府提出划定方案,报省、自治区、直辖市人民政府批准;跨市、县饮用水水源保护区的划定,由有关市、县人民政府协商提出划定方案,报省、自治区、直辖市人民政府批准;协商不成的,由省、自治区、直辖市人民政府环境保护主管部门会同同级水行政、国土资源、卫生、建设等部门提出划定方案,征求同级有关部门的意见后,报省、自治区、直辖市人民政府批准。

跨省、自治区、直辖市的饮用水水源保护区,由有关省、自治区、直辖市人民政府商有关流域管理机构划定;协商不成的,由国务院环境保护主管部门会同同级水行政、国土资源、卫生、建设等部门提出划定方案,征求国务院有关部门的意见后,报国务院批准。

国务院和省、自治区、直辖市人民政府可以根据保护饮用水水源的实际需要,调整饮用水水源保护区的范围,确保饮用水安全。有关地方人民政府应当在饮用水水源保护区的边界设立明确的地理界标和明显的警示标志。

第六十四条 在饮用水水源保护区内,禁止设置排污口。

第六十五条 禁止在饮用水水源一级保护区内新建、改建、扩建与供水设施和保护水源无关的建设项目;已建成的与供水设施和保护水源无关的建设项目,由县级以上人民政府责令拆除或者关闭。

禁止在饮用水水源一级保护区内从事网箱养殖、旅游、游泳、垂钓或者其他可能污染饮用水水体的活动。

第六十六条 禁止在饮用水水源二级保护区内新建、改建、扩建排放污染物的建设项目;已建成的排放污染物的建设项目,由县级以上人民政府责令拆除或者关闭。

在饮用水水源二级保护区内从事网箱养殖、旅游等活动的,应当按照规定采取措施,防止污染饮用水水体。

第六十七条 禁止在饮用水水源准保护区内新建、扩建对水体污染严重的建设项目;改建建设项目,不得增加排污量。

第六十八条 县级以上地方人民政府应当根据保护饮用水水源的实际需要,在准保护区内采取工程措施或者建造湿地、水源涵养林等生态保护措施,防止水污染物直接排入饮用水水体,确保饮用水安全。

第六十九条 县级以上地方人民政府应当组织环境保护等部门,对饮用水水源保护区、地下水型饮用水源的补给区及供水单位周边区域的环境状况和污染风险进行调查评估,筛查可能存在的污染风险因素,并采取相应的风险防范措施。

饮用水水源受到污染可能威胁供水安全的,环境保护主管部门应当责令有关企业事业单位和其他生产经营者采取停止排放水污染物等措施,并通报饮用水供水单位和供水、卫生、水行政等部门;跨行政区域的,还应当通报相关地方人民政府。

第七十条 单一水源供水城市的人民政府应当建设应急水源或者备用水源,有条件的地区可以开展区域联网供水。

县级以上地方人民政府应当合理安排、布局农村饮用水水源,有条件的地区可以采取城镇供水管网延伸或者建设跨村、跨乡镇联片集中供水工程等方式,发展规模集中供水。

第七十一条 饮用水供水单位应当做好取水口和出水口的水质检测工作。发现取水口水质不符合饮用水水源水质标准或者出水口水质不符合饮用水卫生标准的,应当及时采取相应措施,并向所在地市、县级人民政府供水主管部门报告。供水主管部门接到报告后,应当通报环境保护、卫生、水行政等部门。

饮用水供水单位应当对供水水质负责,确保供水设施安全可靠运行,保证供水水质符合国家有关标准。

第七十二条 县级以上地方人民政府应当组织有关部门监测、评估本行政区域内饮用水水源、供水单位供水和用户水龙头出水的水质等饮用水安全状况。

县级以上地方人民政府有关部门应当至少每季度向社会公开一次饮用水安全状况信息。

第七十三条 国务院和省、自治区、直辖市人民政府根据水环境保护的需要，可以规定在饮用水水源保护区内，采取禁止或者限制使用含磷洗涤剂、化肥、农药以及限制种植养殖等措施。

第七十四条 县级以上人民政府可以对风景名胜区水体、重要渔业水体和其他具有特殊经济文化价值的水体划定保护区，并采取措施，保证保护区的水质符合规定用途的水环境质量标准。

第七十五条 在风景名胜区水体、重要渔业水体和其他具有特殊经济文化价值的水体的保护区内，不得新建排污口。在保护区附近新建排污口，应当保证保护区水体不受污染。

第六章 水污染事故处置

第七十六条 各级人民政府及其有关部门，可能发生水污染事故的企业事业单位，应当依照《中华人民共和国突发事件应对法》的规定，做好突发水污染事故的应急准备、应急处置和事后恢复等工作。

第七十七条 可能发生水污染事故的企业事业单位，应当制定有关水污染事故的应急方案，做好应急准备，并定期进行演练。

生产、储存危险化学品的企业事业单位，应当采取措施，防止在处理安全生产事故过程中产生的可能严重污染水体的消防废水、废液直接排入水体。

第七十八条 企业事业单位发生事故或者其他突发性事件，造成或者可能造成水污染事故的，应当立即启动本单位的应急方案，采取隔离等应急措施，防止水污染物进入水体，并向事故发生地的县级以上地方人民政府或者环境保护主管部门报告。环境保护主管部门接到报告后，应当及时向本级人民政府报告，并抄送有关部门。

造成渔业污染事故或者渔业船舶造成水污染事故的，应当向事故发生地的渔业主管部门报告，接受调查处理。其他船舶造成水污染事故的，应当向事故发生地的海事管理机构报告，接受调查处理；给渔业造成损害的，海事管理机构应当通知渔业主管部门参与调查处理。

第七十九条 市、县级人民政府应当组织编制饮用水安全突发事件应急预案。

饮用水供水单位应当根据所在地饮用水安全突发事件应急预案，制定相应的突发事件应急方案，报所在地市、县级人民政府备案，并定期进行演练。

饮用水水源发生水污染事故，或者发生其他可能影响饮用水安全的突发性事件，饮用水供水单位应当采取应急处理措施，向所在地市、县级人民政府报告，并向社会公开。有关人民政府应当根据情况及时启动应急预案，采取有效措施，保障供水安全。

第七章 法律责任

第八十条 环境保护主管部门或者其他依照本法规定行使监督管理权的部门，不依法作出行政许可或者办理批准文件的，发现违法行为或者接到对违法行为的举报后不予查处的，或者有其他未依照本法规定履行职责的行为的，对直接负责的主管人员和其他直接责任人员依法给予处分。

第八十一条 以拖延、围堵、滞留执法人员等方式拒绝、阻挠环境保护主管部门或者其他依照本法规定行使监督管理权的部门的监督检查，或者在接受监督检查时弄虚作假的，由县级以上人民政府环境保护主管部门或者其他依照本法规定行使监督管理权的部门责令改正，处二万元以上二十万元以下的罚款。

第八十二条 违反本法规定，有下列行为之一的，由县级以上人民政府环境保护主管部门责令限期改正，处二万元以上二十万元以下的罚款；逾期不改正的，责令停产整治：

（一）未按照规定对所排放的水污染物自行监测，或者未保存原始监测记录的；

（二）未按照规定安装水污染物排放自动监测设备，未按照规定与环境保护主管部门的监控设备联网，或者未保证监测设备正常运行的；

（三）未按照规定对有毒有害水污染物的排污口和周边环境进行监测，或者未公开有毒有害水污染物信息的。

第八十三条 违反本法规定，有下列行为之一的，由县级以上人民政府环境保护主管部门责令改正或者责令限制生产、停产整治,并处十万元以上一百万元以下的罚款;情节严重的,报经有批准权的人民政府批准,责令停业、关闭:

(一)未依法取得排污许可证排放水污染物的;

(二)超过水污染物排放标准或者超过重点水污染物排放总量控制指标排放水污染物的;

(三)利用渗井、渗坑、裂隙、溶洞,私设暗管,篡改、伪造监测数据,或者不正常运行水污染防治设施等逃避监管的方式排放水污染物的;

(四)未按照规定进行预处理,向污水集中处理设施排放不符合处理工艺要求的工业废水的。

第八十四条 在饮用水水源保护区内设置排污口的,由县级以上地方人民政府责令限期拆除,处十万元以上五十万元以下的罚款;逾期不拆除的,强制拆除,所需费用由违法者承担,处五十万元以上一百万元以下的罚款,并可以责令停产整治。

除前款规定外,违反法律、行政法规和国务院环境保护主管部门的规定设置排污口的,由县级以上地方人民政府环境保护主管部门责令限期拆除,处二万元以上十万元以下的罚款;逾期不拆除的,强制拆除,所需费用由违法者承担,处十万元以上五十万元以下的罚款;情节严重的,可以责令停产整治。

未经水行政主管部门或者流域管理机构同意,在江河、湖泊新建、改建、扩建排污口的,由县级以上人民政府水行政主管部门或者流域管理机构依据职权,依照前款规定采取措施、给予处罚。

第八十五条 有下列行为之一的,由县级以上地方人民政府环境保护主管部门责令停止违法行为,限期采取治理措施,消除污染,处以罚款;逾期不采取治理措施的,环境保护主管部门可以指定有治理能力的单位代为治理,所需费用由违法者承担:

(一)向水体排放油类、酸液、碱液的;

(二)向水体排放剧毒废液,或者将含有汞、镉、砷、铬、铅、氰化物、黄磷等的可溶性剧毒废渣向水体排放、倾倒或者直接埋入地下的;

(三)在水体清洗装贮过油类、有毒污染物的车辆或者容器的;

(四)向水体排放、倾倒工业废渣、城镇垃圾或者其他废弃物,或者在江河、湖泊、运河、渠道、水库最高水位线以下的滩地、岸坡堆放、存贮固体废弃物或者其他污染物的；

（五）向水体排放、倾倒放射性固体废物或者含有高放射性、中放射性物质的废水的；

（六）违反国家有关规定或者标准，向水体排放含低放射性物质的废水、热废水或者含病原体的污水的；

（七）未采取防渗漏等措施，或者未建设地下水水质监测井进行监测的；

（八）加油站等的地下油罐未使用双层罐或者采取建造防渗池等其他有效措施，或者未进行防渗漏监测的；

（九）未按照规定采取防护性措施，或者利用无防渗漏措施的沟渠、坑塘等输送或者存贮含有毒污染物的废水、含病原体的污水或者其他废弃物的。

有前款第三项、第四项、第六项、第七项、第八项行为之一的，处二万元以上二十万元以下的罚款。有前款第一项、第二项、第五项、第九项行为之一的，处十万元以上一百万元以下的罚款；情节严重的，报经有批准权的人民政府批准，责令停业、关闭。

第八十六条　违反本法规定，生产、销售、进口或者使用列入禁止生产、销售、进口、使用的严重污染水环境的设备名录中的设备，或者采用列入禁止采用的严重污染水环境的工艺名录中的工艺的，由县级以上人民政府经济综合宏观调控部门责令改正，处五万元以上二十万元以下的罚款；情节严重的，由县级以上人民政府经济综合宏观调控部门提出意见，报请本级人民政府责令停业、关闭。

第八十七条　违反本法规定，建设不符合国家产业政策的小型造纸、制革、印染、染料、炼焦、炼硫、炼砷、炼汞、炼油、电镀、农药、石棉、水泥、玻璃、钢铁、火电以及其他严重污染水环境的生产项目的，由所在地的市、县人民政府责令关闭。

第八十八条　城镇污水集中处理设施的运营单位或者污泥处理处置单位，处理处置后的污泥不符合国家标准，或者对污泥去向等未进行记录的，由城镇排水主管部门责令限期采取治理措施，给予警告；造成严重后果的，处十万元以上二十万元以下的罚款；逾期不采取治理措施的，城镇排水主管部门可以指定有治理能力的单位代为治理，所需费用由违法者承担。

第八十九条　船舶未配置相应的防污染设备和器材，或者未持有合法有效的防止水域环境污染的证书与文书的，由海事管理机构、渔业主管部门按照职责分工责令限期改正，处二千元以上二万元以下的罚款；逾期不改正的，责令船舶临时停航。

船舶进行涉及污染物排放的作业，未遵守操作规程或者未在相应的记录簿上如实记载的，由海事管理机构、渔业主管部门按照职责分工责令改正，处二千元以上二万元以下的罚款。

第九十条 违反本法规定，有下列行为之一的，由海事管理机构、渔业主管部门按照职责分工责令停止违法行为，处一万元以上十万元以下的罚款；造成水污染的，责令限期采取治理措施，消除污染，处二万元以上二十万元以下的罚款；逾期不采取治理措施的，海事管理机构、渔业主管部门按照职责分工可以指定有治理能力的单位代为治理，所需费用由船舶承担：

（一）向水体倾倒船舶垃圾或者排放船舶的残油、废油的；

（二）未经作业地海事管理机构批准，船舶进行散装液体污染危害性货物的过驳作业的；

（三）船舶及有关作业单位从事有污染风险的作业活动，未按照规定采取污染防治措施的；

（四）以冲滩方式进行船舶拆解的；

（五）进入中华人民共和国内河的国际航线船舶，排放不符合规定的船舶压载水的。

第九十一条 有下列行为之一的，由县级以上地方人民政府环境保护主管部门责令停止违法行为，处十万元以上五十万元以下的罚款；并报经有批准权的人民政府批准，责令拆除或者关闭：

（一）在饮用水水源一级保护区内新建、改建、扩建与供水设施和保护水源无关的建设项目的；

（二）在饮用水水源二级保护区内新建、改建、扩建排放污染物的建设项目的；

（三）在饮用水水源准保护区内新建、扩建对水体污染严重的建设项目，或者改建建设项目增加排污量的。

在饮用水水源一级保护区内从事网箱养殖或者组织进行旅游、垂钓或者其他可能污染饮用水水体的活动的，由县级以上地方人民政府环境保护主管部门责令停止违法行为,处二万元以上十万元以下的罚款。个人在饮用水水源一级保护区内游泳、垂钓或者从事其他可能污染饮用水水体的活动的,由县级以上地方人民政府环境保护主管部门责令停止违法行为,可以处五百元以下的罚款。

第九十二条　饮用水供水单位供水水质不符合国家规定标准的,由所在地市、县级人民政府供水主管部门责令改正,处二万元以上二十万元以下的罚款;情节严重的,报经有批准权的人民政府批准,可以责令停业整顿;对直接负责的主管人员和其他直接责任人员依法给予处分。

第九十三条　企业事业单位有下列行为之一的,由县级以上人民政府环境保护主管部门责令改正;情节严重的,处二万元以上十万元以下的罚款:

(一)不按照规定制定水污染事故的应急方案的;

(二)水污染事故发生后,未及时启动水污染事故的应急方案,采取有关应急措施的。

第九十四条　企业事业单位违反本法规定,造成水污染事故的,除依法承担赔偿责任外,由县级以上人民政府环境保护主管部门依照本条第二款的规定处以罚款,责令限期采取治理措施,消除污染;未按照要求采取治理措施或者不具备治理能力的,由环境保护主管部门指定有治理能力的单位代为治理,所需费用由违法者承担;对造成重大或者特大水污染事故的,还可以报经有批准权的人民政府批准,责令关闭;对直接负责的主管人员和其他直接责任人员可以处上一年度从本单位取得的收入百分之五十以下的罚款;有《中华人民共和国环境保护法》第六十三条规定的违法排放水污染物等行为之一,尚不构成犯罪的,由公安机关对直接负责的主管人员和其他直接责任人员处十日以上十五日以下的拘留;情节较轻的,处五日以上十日以下的拘留。

对造成一般或者较大水污染事故的,按照水污染事故造成的直接损失的百分之二十计算罚款;对造成重大或者特大水污染事故的,按照水污染事故造成的直接损失的百分之三十计算罚款。

造成渔业污染事故或者渔业船舶造成水污染事故的,由渔业主管部门进行处罚;其他船舶造成水污染事故的,由海事管理机构进行处罚。

第九十五条　企业事业单位和其他生产经营者违法排放水污染物,受到罚款处罚,被责令改正的,依法作出处罚决定的行政机关应当组织复查,发现其继续违法排放水污染物或者拒绝、阻挠复查的,依照《中华人民共和国环境保护法》的规定按日连续处罚。

第九十六条　因水污染受到损害的当事人，有权要求排污方排除危害和赔偿损失。

由于不可抗力造成水污染损害的，排污方不承担赔偿责任；法律另有规定的除外。

水污染损害是由受害人故意造成的，排污方不承担赔偿责任。水污染损害是由受害人重大过失造成的，可以减轻排污方的赔偿责任。

水污染损害是由第三人造成的，排污方承担赔偿责任后，有权向第三人追偿。

第九十七条　因水污染引起的损害赔偿责任和赔偿金额的纠纷，可以根据当事人的请求，由环境保护主管部门或者海事管理机构、渔业主管部门按照职责分工调解处理；调解不成的，当事人可以向人民法院提起诉讼。当事人也可以直接向人民法院提起诉讼。

第九十八条　因水污染引起的损害赔偿诉讼，由排污方就法律规定的免责事由及其行为与损害结果之间不存在因果关系承担举证责任。

第九十九条　因水污染受到损害的当事人人数众多的，可以依法由当事人推选代表人进行共同诉讼。

环境保护主管部门和有关社会团体可以依法支持因水污染受到损害的当事人向人民法院提起诉讼。

国家鼓励法律服务机构和律师为水污染损害诉讼中的受害人提供法律援助。

第一百条　因水污染引起的损害赔偿责任和赔偿金额的纠纷，当事人可以委托环境监测机构提供监测数据。环境监测机构应当接受委托，如实提供有关监测数据。

第一百零一条　违反本法规定，构成犯罪的，依法追究刑事责任。

第八章　附　　则

第一百零二条　本法中下列用语的含义：

（一）水污染，是指水体因某种物质的介入，而导致其化学、物理、生物或者放射性等方面特性的改变，从而影响水的有效利用，危害人体健康或者破坏生态环境，造成水质恶化的现象。

（二）水污染物，是指直接或者间接向水体排放的，能导致水体污染的物质。

（三）有毒污染物，是指那些直接或者间接被生物摄入体内后，可能导致该生物或者其后代发病、行为反常、遗传异变、生理机能失常、机体变形或者死亡的污染物。

（四）污泥，是指污水处理过程中产生的半固态或者固态物质。

（五）渔业水体，是指划定的鱼虾类的产卵场、索饵场、越冬场、洄游通道和鱼虾贝藻类的养殖场的水体。

第一百零三条　本法自 2008 年 6 月 1 日起施行。

二、司 法 解 释

1.《最高人民法院、最高人民检察院关于办理环境污染刑事案件适用法律若干问题的解释》

（法释〔2016〕29号，自2017年1月1日起施行）

为依法惩治有关环境污染犯罪，根据《中华人民共和国刑法》《中华人民共和国刑事诉讼法》的有关规定，现就办理此类刑事案件适用法律的若干问题解释如下：

第一条 实施刑法第三百三十八条规定的行为，具有下列情形之一的，应当认定为“严重污染环境”：

（一）在饮用水水源一级保护区、自然保护区核心区排放、倾倒、处置有放射性的废物、含传染病病原体的废物、有毒物质的；

（二）非法排放、倾倒、处置危险废物三吨以上的；

（三）排放、倾倒、处置含铅、汞、镉、铬、砷、铊、锑的污染物，超过国家或者地方污染物排放标准三倍以上的；

（四）排放、倾倒、处置含镍、铜、锌、银、钒、锰、钴的污染物，超过国家或者地方污染物排放标准十倍以上的；

（五）通过暗管、渗井、渗坑、裂隙、溶洞、灌注等逃避监管的方式排放、倾倒、处置有放射性的废物、含传染病病原体的废物、有毒物质的；

（六）二年内曾因违反国家规定，排放、倾倒、处置有放射性的废物、含传染病病原体的废物、有毒物质受过两次以上行政处罚，又实施前列行为的；

（七）重点排污单位篡改、伪造自动监测数据或者干扰自动监测设施，排放化学需氧量、氨氮、二氧化硫、氮氧化物等污染物的；

（八）违法减少防治污染设施运行支出一百万元以上的；

（九）违法所得或者致使公私财产损失三十万元以上的；

（十）造成生态环境严重损害的；

（十一）致使乡镇以上集中式饮用水水源取水中断十二小时以上的；

（十二）致使基本农田、防护林地、特种用途林地五亩以上，其他农用地十亩以上，其他土地二十亩以上基本功能丧失或者遭受永久性破坏的；

（十三）致使森林或者其他林木死亡五十立方米以上，或者幼树死亡二千五百株以上的；

（十四）致使疏散、转移群众五千人以上的；

（十五）致使三十人以上中毒的；

（十六）致使三人以上轻伤、轻度残疾或者器官组织损伤导致一般功能障碍的；

（十七）致使一人以上重伤、中度残疾或者器官组织损伤导致严重功能障碍的；

（十八）其他严重污染环境的情形。

第二条　实施刑法第三百三十九条、第四百零八条规定的行为，致使公私财产损失三十万元以上，或者具有本解释第一条第十项至第十七项规定情形之一的，应当认定为“致使公私财产遭受重大损失或者严重危害人体健康”或者“致使公私财产遭受重大损失或者造成人身伤亡的严重后果”。

第三条　实施刑法第三百三十八条、第三百三十九条规定的行为，具有下列情形之一的，应当认定为“后果特别严重”：

（一）致使县级以上城区集中式饮用水水源取水中断十二小时以上的；

（二）非法排放、倾倒、处置危险废物一百吨以上的；

（三）致使基本农田、防护林地、特种用途林地十五亩以上，其他农用地三十亩以上，其他土地六十亩以上基本功能丧失或者遭受永久性破坏的；

（四）致使森林或者其他林木死亡一百五十立方米以上，或者幼树死亡七千五百株以上的；

（五）致使公私财产损失一百万元以上的；

（六）造成生态环境特别严重损害的；

（七）致使疏散、转移群众一万五千人以上的；

（八）致使一百人以上中毒的；

（九）致使十人以上轻伤、轻度残疾或者器官组织损伤导致一般功能障碍的；

（十）致使三人以上重伤、中度残疾或者器官组织损伤导致严重功能障碍的；

（十一）致使一人以上重伤、中度残疾或者器官组织损伤导致严重功能障碍，并致使五人以上轻伤、轻度残疾或者器官组织损伤导致一般功能障碍的；

（十二）致使一人以上死亡或者重度残疾的；

（十三）其他后果特别严重的情形。

第四条 实施刑法第三百三十八条、第三百三十九条规定的犯罪行为，具有下列情形之一的，应当从重处罚：

（一）阻挠环境监督检查或者突发环境事件调查，尚不构成妨害公务等犯罪的；

（二）在医院、学校、居民区等人口集中地区及其附近，违反国家规定排放、倾倒、处置有放射性的废物、含传染病病原体的废物、有毒物质或者其他有害物质的；

（三）在重污染天气预警期间、突发环境事件处置期间或者被责令限期整改期间，违反国家规定排放、倾倒、处置有放射性的废物、含传染病病原体的废物、有毒物质或者其他有害物质的；

（四）具有危险废物经营许可证的企业违反国家规定排放、倾倒、处置有放射性的废物、含传染病病原体的废物、有毒物质或者其他有害物质的。

第五条 实施刑法第三百三十八条、第三百三十九条规定的行为，刚达到应当追究刑事责任的标准，但行为人及时采取措施，防止损失扩大、消除污染，全部赔偿损失，积极修复生态环境，且系初犯，确有悔罪表现的，可以认定为情节轻微，不起诉或者免予刑事处罚；确有必要判处刑罚的，应当从宽处罚。

第六条 无危险废物经营许可证从事收集、贮存、利用、处置危险废物经营活动，严重污染环境的，按照污染环境罪定罪处罚；同时构成非法经营罪的，依照处罚较重的规定定罪处罚。

实施前款规定的行为，不具有超标排放污染物、非法倾倒污染物或者其他违法造成环境污染的情形的，可以认定为非法经营情节显著轻微危害不大，不认为是犯罪；构成生产、销售伪劣产品等其他犯罪的，以其他犯罪论处。

第七条 明知他人无危险废物经营许可证,向其提供或者委托其收集、贮存、利用、处置危险废物,严重污染环境的,以共同犯罪论处。

第八条 违反国家规定,排放、倾倒、处置含有毒害性、放射性、传染病病原体等物质的污染物,同时构成污染环境罪、非法处置进口的固体废物罪、投放危险物质罪等犯罪的,依照处罚较重的规定定罪处罚。

第九条 环境影响评价机构或其人员,故意提供虚假环境影响评价文件,情节严重的,或者严重不负责任,出具的环境影响评价文件存在重大失实,造成严重后果的,应当依照刑法第二百二十九条、第二百三十一条的规定,以提供虚假证明文件罪或者出具证明文件重大失实罪定罪处罚。

第十条 违反国家规定,针对环境质量监测系统实施下列行为,或者强令、指使、授意他人实施下列行为的,应当依照刑法第二百八十六条的规定,以破坏计算机信息系统罪论处:

(一)修改参数或者监测数据的;

(二)干扰采样,致使监测数据严重失真的;

(三)其他破坏环境质量监测系统的行为。

重点排污单位篡改、伪造自动监测数据或者干扰自动监测设施,排放化学需氧量、氨氮、二氧化硫、氮氧化物等污染物,同时构成污染环境罪和破坏计算机信息系统罪的,依照处罚较重的规定定罪处罚。

从事环境监测设施维护、运营的人员实施或者参与实施篡改、伪造自动监测数据、干扰自动监测设施、破坏环境质量监测系统等行为的,应当从重处罚。

第十一条 单位实施本解释规定的犯罪的,依照本解释规定的定罪量刑标准,对直接负责的主管人员和其他直接责任人员定罪处罚,并对单位判处罚金。

第十二条 环境保护主管部门及其所属监测机构在行政执法过程中收集的监测数据,在刑事诉讼中可以作为证据使用。

公安机关单独或者会同环境保护主管部门,提取污染物样品进行检测获取的数据,在刑事诉讼中可以作为证据使用。

第十三条 对国家危险废物名录所列的废物,可以依据涉案物质的来源、产生过程、被告人供述、证人证言以及经批准或者备案的环境影响评价文件等证据,结合环境保护主管部门、公安机关等出具的书面意见作出认定。

对于危险废物的数量,可以综合被告人供述,涉案企业的生产工艺、物耗、能耗情况,以及经批准或者备案的环境影响评价文件等证据作出认定。

第十四条 对案件所涉的环境污染专门性问题难以确定的,依据司法鉴定机构出具的鉴定意见,或者国务院环境保护主管部门、公安部门指定的机构出具的报告,结合其他证据作出认定。

第十五条 下列物质应当认定为刑法第三百三十八条规定的“有毒物质”:

(一)危险废物,是指列入国家危险废物名录,或者根据国家规定的危险废物鉴别标准和鉴别方法认定的,具有危险特性的废物;

(二)《关于持久性有机污染物的斯德哥尔摩公约》附件所列物质;

(三)含重金属的污染物;

(四)其他具有毒性,可能污染环境的物质。

第十六条 无危险废物经营许可证,以营利为目的,从危险废物中提取物质作为原材料或者燃料,并具有超标排放污染物、非法倾倒污染物或者其他违法造成环境污染的情形的行为,应当认定为“非法处置危险废物”。

第十七条 本解释所称“二年内”,以第一次违法行为受到行政处罚的生效之日与又实施相应行为之日的时间间隔计算确定。

本解释所称“重点排污单位”,是指设区的市级以上人民政府环境保护主管部门依法确定的应当安装、使用污染物排放自动监测设备的重点监控企业及其他单位。

本解释所称“违法所得”,是指实施刑法第三百三十八条、第三百三十九条规定的行为所得和可得的全部违法收入。

本解释所称“公私财产损失”,包括实施刑法第三百三十八条、第三百三十九条规定的行为直接造成财产损毁、减少的实际价值,为防止污染扩大、消除污染而采取必要合理措施所产生的费用,以及处置突发环境事件的应急监测费用。

本解释所称“生态环境损害”,包括生态环境修复费用,生态环境修复期间服务功能的损失和生态环境功能永久性损害造成的损失,以及其他必要合理费用。

本解释所称“无危险废物经营许可证”,是指未取得危险废物经营许可证,或者超出危险废物经营许可证的经营范围。

第十八条 本解释自 2017 年 1 月 1 日起施行。本解释施行后,《最高人民法院、最高人民检察院关于办理环境污染刑事案件适用法律若干问题的解释》

(法释〔2013〕15 号)同时废止;之前发布的司法解释与本解释不一致的,以本解释为准。

2.《最高人民法院关于审理发生在我国管辖海域相关案件若干问题的规定(二)》(节选)

(法释〔2016〕17 号,2016 年 8 月 2 日实施)

第四条　违反保护水产资源法规,在海洋水域,在禁渔区、禁渔期或者使用禁用的工具、方法捕捞水产品,具有下列情形之一的,应当认定为刑法第三百四十条规定的“情节严重”:

(一)非法捕捞水产品一万公斤以上或者价值十万元以上的;

(二)非法捕捞有重要经济价值的水生动物苗种、怀卵亲体二千公斤以上或者价值二万元以上的;

(三)在水产种质资源保护区内捕捞水产品二千公斤以上或者价值二万元以上的;

(四)在禁渔区内使用禁用的工具或者方法捕捞的;

(五)在禁渔期内使用禁用的工具或者方法捕捞的;

(六)在公海使用禁用渔具从事捕捞作业,造成严重影响的;

(七)其他情节严重的情形。

3.《最高人民法院、最高人民检察院关于办理破坏野生动物资源刑事案件适用法律若干问题的解释》

(法释〔2022〕12 号,2022 年 4 月 9 日实施)

为依法惩治破坏野生动物资源犯罪,保护生态环境,维护生物多样性和生态平衡,根据《中华人民共和国刑法》《中华人民共和国刑事诉讼法》《中华人民共和国野生动物保护法》等法律的有关规定,现就办理此类刑事案件适用法律的若干问题解释如下：

第一条 具有下列情形之一的，应当认定为刑法第一百五十一条第二款规定的走私国家禁止进出口的珍贵动物及其制品：

（一）未经批准擅自进出口列入经国家濒危物种进出口管理机构公布的《濒危野生动植物种国际贸易公约》附录一、附录二的野生动物及其制品；

（二）未经批准擅自出口列入《国家重点保护野生动物名录》的野生动物及其制品。

第二条 走私国家禁止进出口的珍贵动物及其制品，价值二十万元以上不满二百万元的，应当依照刑法第一百五十一条第二款的规定，以走私珍贵动物、珍贵动物制品罪处五年以上十年以下有期徒刑，并处罚金；价值二百万元以上的，应当认定为"情节特别严重"，处十年以上有期徒刑或者无期徒刑，并处没收财产；价值二万元以上不满二十万元的，应当认定为"情节较轻"，处五年以下有期徒刑，并处罚金。

实施前款规定的行为，具有下列情形之一的，从重处罚：

（一）属于犯罪集团的首要分子的；

（二）为逃避监管，使用特种交通工具实施的；

（三）二年内曾因破坏野生动物资源受过行政处罚的。

实施第一款规定的行为，不具有第二款规定的情形，且未造成动物死亡或者动物、动物制品无法追回，行为人全部退赃退赔，确有悔罪表现的，按照下列规定处理：

（一）珍贵动物及其制品价值二百万元以上的，可以处五年以上十年以下有期徒刑，并处罚金；

（二）珍贵动物及其制品价值二十万元以上不满二百万元的，可以认定为"情节较轻"，处五年以下有期徒刑，并处罚金；

（三）珍贵动物及其制品价值二万元以上不满二十万元的，可以认定为犯罪情节轻微，不起诉或者免予刑事处罚；情节显著轻微危害不大的，不作为犯罪处理。

第三条 在内陆水域，违反保护水产资源法规，在禁渔区、禁渔期或者使用禁用的工具、方法捕捞水产品，具有下列情形之一的，应当认定为刑法第三百四十条规定的"情节严重"，以非法捕捞水产品罪定罪处罚：

(一)非法捕捞水产品五百公斤以上或者价值一万元以上的;

(二)非法捕捞有重要经济价值的水生动物苗种、怀卵亲体或者在水产种质资源保护区内捕捞水产品五十公斤以上或者价值一千元以上的;

(三)在禁渔区使用电鱼、毒鱼、炸鱼等严重破坏渔业资源的禁用方法或者禁用工具捕捞的;

(四)在禁渔期使用电鱼、毒鱼、炸鱼等严重破坏渔业资源的禁用方法或者禁用工具捕捞的;

(五)其他情节严重的情形。

实施前款规定的行为,具有下列情形之一的,从重处罚:

(一)暴力抗拒、阻碍国家机关工作人员依法履行职务,尚未构成妨害公务罪、袭警罪的;

(二)二年内曾因破坏野生动物资源受过行政处罚的;

(三)对水生生物资源或者水域生态造成严重损害的;

(四)纠集多条船只非法捕捞的;

(五)以非法捕捞为业的。

实施第一款规定的行为,根据渔获物的数量、价值和捕捞方法、工具等,认为对水生生物资源危害明显较轻的,综合考虑行为人自愿接受行政处罚、积极修复生态环境等情节,可以认定为犯罪情节轻微,不起诉或者免予刑事处罚;情节显著轻微危害不大的,不作为犯罪处理。

第四条　刑法第三百四十一条第一款规定的“国家重点保护的珍贵、濒危野生动物”包括:

(一)列入《国家重点保护野生动物名录》的野生动物;

(二)经国务院野生动物保护主管部门核准按照国家重点保护的野生动物管理的野生动物。

第五条　刑法第三百四十一条第一款规定的“收购”包括以营利、自用等为目的的购买行为;“运输”包括采用携带、邮寄、利用他人、使用交通工具等方法进行运送的行为;“出售”包括出卖和以营利为目的的加工利用行为。

刑法第三百四十一条第三款规定的“收购”“运输”“出售”,是指以食用为目的,实施前款规定的相应行为。

第六条　非法猎捕、杀害国家重点保护的珍贵、濒危野生动物,或者非法收购、运输、出售国家重点保护的珍贵、濒危野生动物及其制品，价值二万元以上不满二十万元的，应当依照刑法第三百四十一条第一款的规定，以危害珍贵、濒危野生动物罪处五年以下有期徒刑或者拘役，并处罚金；价值二十万元以上不满二百万元的，应当认定为“情节严重”，处五年以上十年以下有期徒刑，并处罚金；价值二百万元以上的，应当认定为“情节特别严重”，处十年以上有期徒刑，并处罚金或者没收财产。

实施前款规定的行为，具有下列情形之一的，从重处罚：

（一）属于犯罪集团的首要分子的；

（二）为逃避监管，使用特种交通工具实施的；

（三）严重影响野生动物科研工作的；

（四）二年内曾因破坏野生动物资源受过行政处罚的。

实施第一款规定的行为，不具有第二款规定的情形，且未造成动物死亡或者动物、动物制品无法追回，行为人全部退赃退赔，确有悔罪表现的，按照下列规定处理：

（一）珍贵、濒危野生动物及其制品价值二百万元以上的，可以认定为“情节严重”，处五年以上十年以下有期徒刑，并处罚金；

（二）珍贵、濒危野生动物及其制品价值二十万元以上不满二百万元的，可以处五年以下有期徒刑或者拘役，并处罚金；

（三）珍贵、濒危野生动物及其制品价值二万元以上不满二十万元的，可以认定为犯罪情节轻微，不起诉或者免予刑事处罚；情节显著轻微危害不大的，不作为犯罪处理。

第七条 违反狩猎法规，在禁猎区、禁猎期或者使用禁用的工具、方法进行狩猎，破坏野生动物资源，具有下列情形之一的，应当认定为刑法第三百四十一条第二款规定的“情节严重”，以非法狩猎罪定罪处罚：

（一）非法猎捕野生动物价值一万元以上的；

（二）在禁猎区使用禁用的工具或者方法狩猎的；

（三）在禁猎期使用禁用的工具或者方法狩猎的；

（四）其他情节严重的情形。

实施前款规定的行为，具有下列情形之一的，从重处罚：

（一）暴力抗拒、阻碍国家机关工作人员依法履行职务，尚未构成妨害公务罪、袭警罪的；

（二）对野生动物资源或者栖息地生态造成严重损害的；

（三）二年内曾因破坏野生动物资源受过行政处罚的。

实施第一款规定的行为，根据猎获物的数量、价值和狩猎方法、工具等，认为对野生动物资源危害明显较轻的，综合考虑猎捕的动机、目的、行为人自愿接受行政处罚、积极修复生态环境等情节，可以认定为犯罪情节轻微，不起诉或者免予刑事处罚；情节显著轻微危害不大的，不作为犯罪处理。

第八条 违反野生动物保护管理法规，以食用为目的，非法猎捕、收购、运输、出售刑法第三百四十一条第一款规定以外的在野外环境自然生长繁殖的陆生野生动物，具有下列情形之一的，应当认定为刑法第三百四十一条第三款规定的“情节严重”，以非法猎捕、收购、运输、出售陆生野生动物罪定罪处罚：

（一）非法猎捕、收购、运输、出售有重要生态、科学、社会价值的陆生野生动物或者地方重点保护陆生野生动物价值一万元以上的；

（二）非法猎捕、收购、运输、出售第一项规定以外的其他陆生野生动物价值五万元以上的；

（三）其他情节严重的情形。

实施前款规定的行为，同时构成非法狩猎罪的，应当依照刑法第三百四十一条第三款的规定，以非法猎捕陆生野生动物罪定罪处罚。

第九条 明知是非法捕捞犯罪所得的水产品、非法狩猎犯罪所得的猎获物而收购、贩卖或者以其他方法掩饰、隐瞒，符合刑法第三百一十二条规定的，以掩饰、隐瞒犯罪所得罪定罪处罚。

第十条 负有野生动物保护和进出口监督管理职责的国家机关工作人员，滥用职权或者玩忽职守，致使公共财产、国家和人民利益遭受重大损失的，应当依照刑法第三百九十七条的规定，以滥用职权罪或者玩忽职守罪追究刑事责任。

负有查禁破坏野生动物资源犯罪活动职责的国家机关工作人员，向犯罪分子通风报信、提供便利，帮助犯罪分子逃避处罚的，应当依照刑法第四百一十七条的规定，以帮助犯罪分子逃避处罚罪追究刑事责任。

第十一条 对于“以食用为目的”，应当综合涉案动物及其制品的特征，被查获的地点，加工、包装情况，以及可以证明来源、用途的标识、证明等证据作出认定。

实施本解释规定的相关行为，具有下列情形之一的，可以认定为“以食用为目的”：

（一）将相关野生动物及其制品在餐饮单位、饮食摊点、超市等场所作为食品销售或者运往上述场所的；

（二）通过包装、说明书、广告等介绍相关野生动物及其制品的食用价值或者方法的；

（三）其他足以认定以食用为目的的情形。

第十二条 二次以上实施本解释规定的行为构成犯罪，依法应当追诉的，或者二年内实施本解释规定的行为未经处理的，数量、数额累计计算。

第十三条 实施本解释规定的相关行为，在认定是否构成犯罪以及裁量刑罚时，应当考虑涉案动物是否系人工繁育、物种的濒危程度、野外存活状况、人工繁育情况、是否列入人工繁育国家重点保护野生动物名录，行为手段、对野生动物资源的损害程度，以及对野生动物及其制品的认知程度等情节，综合评估社会危害性，准确认定是否构成犯罪，妥当裁量刑罚，确保罪责刑相适应；根据本解释的规定定罪量刑明显过重的，可以根据案件的事实、情节和社会危害程度，依法作出妥当处理。

涉案动物系人工繁育，具有下列情形之一的，对所涉案件一般不作为犯罪处理；需要追究刑事责任的，应当依法从宽处理：

（一）列入人工繁育国家重点保护野生动物名录的；

（二）人工繁育技术成熟、已成规模，作为宠物买卖、运输的。

第十四条 对于实施本解释规定的相关行为被不起诉或者免予刑事处罚的行为人，依法应当给予行政处罚、政务处分或者其他处分的，依法移送有关主管机关处理。

第十五条 对于涉案动物及其制品的价值，应当根据下列方法确定：

（一）对于国家禁止进出口的珍贵动物及其制品、国家重点保护的珍贵、濒危野生动物及其制品的价值，根据国务院野生动物保护主管部门制定的评估标准和方法核算；

（二）对于有重要生态、科学、社会价值的陆生野生动物、地方重点保护野生动物、其他野生动物及其制品的价值，根据销赃数额认定；无销赃数额、销赃数额难以查证或者根据销赃数额认定明显偏低的，根据市场价格核算，必要时，也可以参照相关评估标准和方法核算。

第十六条　根据本解释第十五条规定难以确定涉案动物及其制品价值的，依据司法鉴定机构出具的鉴定意见，或者下列机构出具的报告，结合其他证据作出认定：

（一）价格认证机构出具的报告；

（二）国务院野生动物保护主管部门、国家濒危物种进出口管理机构或者海关总署等指定的机构出具的报告；

（三）地、市级以上人民政府野生动物保护主管部门、国家濒危物种进出口管理机构的派出机构或者直属海关等出具的报告。

第十七条　对于涉案动物的种属类别、是否系人工繁育，非法捕捞、狩猎的工具、方法，以及对野生动物资源的损害程度等专门性问题，可以由野生动物保护主管部门、侦查机关依据现场勘验、检查笔录等出具认定意见；难以确定的，依据司法鉴定机构出具的鉴定意见、本解释第十六条所列机构出具的报告，被告人及其辩护人提供的证据材料，结合其他证据材料综合审查，依法作出认定。

第十八条　餐饮公司、渔业公司等单位实施破坏野生动物资源犯罪的，依照本解释规定的相应自然人犯罪的定罪量刑标准，对直接负责的主管人员和其他直接责任人员定罪处罚，并对单位判处罚金。

第十九条　在海洋水域，非法捕捞水产品，非法采捕珊瑚、砗磲或者其他珍贵、濒危水生野生动物，或者非法收购、运输、出售珊瑚、砗磲或者其他珍贵、濒危水生野生动物及其制品的，定罪量刑标准适用《最高人民法院关于审理发生在我国管辖海域相关案件若干问题的规定（二）》（法释〔2016〕17 号）的相关规定。

第二十条　本解释自 2022 年 4 月 9 日起施行。本解释公布施行后，《最高人民法院关于审理破坏野生动物资源刑事案件具体应用法律若干问题的解释》（法释〔2000〕37 号）同时废止；之前发布的司法解释与本解释不一致的，以本解释为准。

4.《最高人民法院关于审理破坏土地资源刑事案件具体应用法律若干问题的解释》

（法释〔2000〕14号，2000年6月22日实施）

为依法惩处破坏土地资源犯罪活动，根据刑法的有关规定，现就审理这类案件具体应用法律的若干问题解释如下：

第一条 以牟利为目的，违反土地管理法规，非法转让、倒卖土地使用权，具有下列情形之一的，属于非法转让、倒卖土地使用权"情节严重"，依照刑法第二百二十八条的规定，以非法转让、倒卖土地使用权罪定罪处罚：

（一）非法转让、倒卖基本农田五亩以上的；

（二）非法转让、倒卖基本农田以外的耕地十亩以上的；

（三）非法转让、倒卖其他土地二十亩以上的；

（四）非法获利五十万元以上的；

（五）非法转让、倒卖土地接近上述数量标准并具有其他恶劣情节的，如曾因非法转让、倒卖土地使用权受过行政处罚或者造成严重后果等。

第二条 实施第一条规定的行为，具有下列情形之一的，属于非法转让、倒卖土地使用权"情节特别严重"：

（一）非法转让、倒卖基本农田十亩以上的；

（二）非法转让、倒卖基本农田以外的耕地二十亩以上的；

（三）非法转让、倒卖其他土地四十亩以上的；

（四）非法获利一百万元以上的；

（五）非法转让、倒卖土地接近上述数量标准并具有其他恶劣情节，如造成严重后果等。

第三条 违反土地管理法规，非法占用耕地改作他用，数量较大，造成耕地大量毁坏的，依照刑法第三百四十二条的规定，以非法占用耕地罪定罪处罚：

（一）非法占用耕地"数量较大"，是指非法占用基本农田五亩以上或者非法占用基本农田以外的耕地十亩以上。

（二）非法占用耕地"造成耕地大量毁坏"，是指行为人非法占用耕地建窑、建坟、建房、挖沙、采石、采矿、取土、堆放固体废弃物或者进行其他非农业建设，造成基本农田五亩以上或者基本农田以外的耕地十亩以上种植条件严重毁坏或者严重污染。

第四条　国家机关工作人员徇私舞弊，违反土地管理法规，滥用职权，非法批准征用、占用土地，具有下列情形之一的，属于非法批准征用、占用土地“情节严重”，依照刑法第四百一十条的规定，以非法批准征用、占用土地罪定罪处罚：

（一）非法批准征用、占用基本农田十亩以上的；

（二）非法批准征用、占用基本农田以外的耕地三十亩以上的；

（三）非法批准征用、占用其他土地五十亩以上的；

（四）虽未达到上述数量标准，但非法批准征用、占用土地造成直接经济损失三十万元以上；造成耕地大量毁坏等恶劣情节的。

第五条　实施第四条规定的行为，具有下列情形之一的，属于非法批准征用、占用土地“致使国家或者集体利益遭受特别重大损失”：

（一）非法批准征用、占用基本农田二十亩以上的；

（二）非法批准征用、占用基本农田以外的耕地六十亩以上的；

（三）非法批准征用、占用其他土地一百亩以上的；

（四）非法批准征用、占用土地，造成基本农田五亩以上，其他耕地十亩以上严重毁坏的；

（五）非法批准征用、占用土地造成直接经济损失五十万元以上等恶劣情节的。

第六条　国家机关工作人员徇私舞弊，违反土地管理法规，非法低价出让国有土地使用权，具有下列情形之一的，属于“情节严重”，依照刑法第四百一十条的规定，以非法低价出让国有土地使用权罪定罪处罚：

（一）出让国有土地使用权面积在三十亩以上，并且出让价额低于国家规定的最低价额标准的百分之六十的；

（二）造成国有土地资产流失价额在三十万元以上的。

第七条　实施第六条规定的行为，具有下列情形之一的，属于非法低价出让国有土地使用权，“致使国家和集体利益遭受特别重大损失”：

（一）非法低价出让国有土地使用权面积在六十亩以上，并且出让价额低于国家规定的最低价额标准的百分之四十的；

（二）造成国有土地资产流失价额在五十万元以上的。

第八条 单位犯非法转让、倒卖土地使用权罪、非法占有耕地罪的定罪量刑标准，依照本解释第一条、第二条、第三条的规定执行。

第九条 多次实施本解释规定的行为依法应当追诉的，或者一年内多次实施本解释规定的行为未经处理的，按照累计的数量、数额处罚。

5.《最高人民法院关于审理破坏林地资源刑事案件具体应用法律若干问题的解释》

（法释〔2005〕15号，2005年12月30日实施）

为依法惩治破坏林地资源犯罪活动，根据《中华人民共和国刑法》及全国人民代表大会常务委员会《关于〈中华人民共和国刑法〉第二百二十八条、第三百四十二条、第四百一十条的解释》的有关规定，现就人民法院审理这类刑事案件具体应用法律的若干问题解释如下：

第一条 违反土地管理法规，非法占用林地，改变被占用林地用途，在非法占用的林地上实施建窑、建坟、建房、挖沙、采石、采矿、取土、种植农作物、堆放或排泄废弃物等行为或者进行其他非林业生产、建设，造成林地的原有植被或林业种植条件严重毁坏或者严重污染，并具有下列情形之一的，属于刑法第三百四十二条规定的犯罪行为，应当以非法占用农用地罪判处五年以下有期徒刑或者拘役，并处或者单处罚金：

（一）非法占用并毁坏防护林地、特种用途林地数量分别或者合计达到五亩以上；

（二）非法占用并毁坏其他林地数量达到十亩以上；

（三）非法占用并毁坏本条第（一）项、第（二）项规定的林地，数量分别达到相应规定的数量标准的百分之五十以上；

（四）非法占用并毁坏本条第（一）项、第（二）项规定的林地，其中一项数量达到相应规定的数量标准的百分之五十以上，且两项数量合计达到该项规定的数量标准。

第二条 国家机关工作人员徇私舞弊，违反土地管理法规，滥用职权，非法批准征用、占用林地，具有下列情形之一的，属于刑法第四百一十条规定的“情节严重”，应当以非法批准征用、占用土地罪判处三年以下有期徒刑或者拘役：

（一）非法批准征用、占用防护林地、特种用途林地数量分别或者合计达到十亩以上；

（二）非法批准征用、占用其他林地数量达到二十亩以上；

（三）非法批准征用、占用林地造成直接经济损失数额达到三十万元以上，或者造成本条第（一）项规定的林地数量分别或者合计达到五亩以上或者本条第（二）项规定的林地数量达到十亩以上毁坏。

第三条　实施本解释第二条规定的行为，具有下列情形之一的，属于刑法第四百一十条规定的“致使国家或者集体利益遭受特别重大损失”，应当以非法批准征用、占用土地罪判处三年以上七年以下有期徒刑：

（一）非法批准征用、占用防护林地、特种用途林地数量分别或者合计达到二十亩以上；

（二）非法批准征用、占用其他林地数量达到四十亩以上；

（三）非法批准征用、占用林地造成直接经济损失数额达到六十万元以上，或者造成本条第（一）项规定的林地数量分别或者合计达到十亩以上或者本条第（二）项规定的林地数量达到二十亩以上毁坏。

第四条　国家机关工作人员徇私舞弊，违反土地管理法规，非法低价出让国有林地使用权，具有下列情形之一的，属于刑法第四百一十条规定的“情节严重”，应当以非法低价出让国有土地使用权罪判处三年以下有期徒刑或者拘役：

（一）林地数量合计达到三十亩以上，并且出让价额低于国家规定的最低价额标准的百分之六十；

（二）造成国有资产流失价额达到三十万元以上。

第五条　实施本解释第四条规定的行为，造成国有资产流失价额达到六十万元以上的，属于刑法第四百一十条规定的“致使国家和集体利益遭受特别重大损失”，应当以非法低价出让国有土地使用权罪判处三年以上七年以下有期徒刑。

第六条　单位实施破坏林地资源犯罪的，依照本解释规定的相关定罪量刑标准执行。

第七条　多次实施本解释规定的行为依法应当追诉且未经处理的，应当按照累计的数量、数额处罚。

6.《最高人民法院关于审理破坏草原资源刑事案件应用法律若干问题的解释》

（法释〔2012〕15号，2012年11月22日实施）

为依法惩处破坏草原资源犯罪活动，依照《中华人民共和国刑法》的有关规定，现就审理此类刑事案件应用法律的若干问题解释如下：

第一条 违反草原法等土地管理法规，非法占用草原，改变被占用草原用途，数量较大，造成草原大量毁坏的，依照刑法第三百四十二条的规定，以非法占用农用地罪定罪处罚。

第二条 非法占用草原，改变被占用草原用途，数量在二十亩以上的，或者曾因非法占用草原受过行政处罚，在三年内又非法占用草原，改变被占用草原用途，数量在十亩以上的，应当认定为刑法第三百四十二条规定的“数量较大”。

非法占用草原，改变被占用草原用途，数量较大，具有下列情形之一的，应当认定为刑法第三百四十二条规定的“造成耕地、林地等农用地大量毁坏”：

（一）开垦草原种植粮食作物、经济作物、林木的；

（二）在草原上建窑、建房、修路、挖砂、采石、采矿、取土、剥取草皮的；

（三）在草原上堆放或者排放废弃物，造成草原的原有植被严重毁坏或者严重污染的；

（四）违反草原保护、建设、利用规划种植牧草和饲料作物，造成草原沙化或者水土严重流失的；

（五）其他造成草原严重毁坏的情形。

第三条 国家机关工作人员徇私舞弊，违反草原法等土地管理法规，具有下列情形之一的，应当认定为刑法第四百一十条规定的“情节严重”：

（一）非法批准征收、征用、占用草原四十亩以上的；

（二）非法批准征收、征用、占用草原，造成二十亩以上草原被毁坏的；

（三）非法批准征收、征用、占用草原，造成直接经济损失三十万元以上，或者具有其他恶劣情节的。

具有下列情形之一，应当认定为刑法第四百一十条规定的“致使国家或者集体利益遭受特别重大损失”：

（一）非法批准征收、征用、占用草原八十亩以上的；

（二）非法批准征收、征用、占用草原，造成四十亩以上草原被毁坏的；

（三）非法批准征收、征用、占用草原，造成直接经济损失六十万元以上，或者具有其他特别恶劣情节的。

第四条　以暴力、威胁方法阻碍草原监督检查人员依法执行职务，构成犯罪的，依照刑法第二百七十七条的规定，以妨害公务罪追究刑事责任。

煽动群众暴力抗拒草原法律、行政法规实施，构成犯罪的，依照刑法第二百七十八条的规定，以煽动暴力抗拒法律实施罪追究刑事责任。

第五条　单位实施刑法第三百四十二条规定的行为，对单位判处罚金，并对其直接负责的主管人员和其他直接责任人员，依照本解释规定的定罪量刑标准定罪处罚。

第六条　多次实施破坏草原资源的违法犯罪行为，未经处理，应当依法追究刑事责任的，按照累计的数量、数额定罪处罚。

第七条　本解释所称“草原”，是指天然草原和人工草地，天然草原包括草地、草山和草坡，人工草地包括改良草地和退耕还草地，不包括城镇草地。

7.《最高人民法院、最高人民检察院关于办理非法采矿、破坏性采矿刑事案件适用法律若干问题的解释》

（法释〔2016〕25号，2016年12月1日实施）

为依法惩处非法采矿、破坏性采矿犯罪活动，根据《中华人民共和国刑法》《中华人民共和国刑事诉讼法》的有关规定，现就办理此类刑事案件适用法律的若干问题解释如下：

第一条　违反《中华人民共和国矿产资源法》《中华人民共和国水法》等法律、行政法规有关矿产资源开发、利用、保护和管理的规定的，应当认定为刑法第三百四十三条规定的“违反矿产资源法的规定”。

第二条　具有下列情形之一的，应当认定为刑法第三百四十三条第一款规定的“未取得采矿许可证”：

（一）无许可证的；

（二）许可证被注销、吊销、撤销的；

（三）超越许可证规定的矿区范围或者开采范围的；

（四）超出许可证规定的矿种的（共生、伴生矿种除外）；

（五）其他未取得许可证的情形。

第三条 实施非法采矿行为，具有下列情形之一的，应当认定为刑法第三百四十三条第一款规定的“情节严重”：

（一）开采的矿产品价值或者造成矿产资源破坏的价值在十万元至三十万元以上的；

（二）在国家规划矿区、对国民经济具有重要价值的矿区采矿，开采国家规定实行保护性开采的特定矿种，或者在禁采区、禁采期内采矿，开采的矿产品价值或者造成矿产资源破坏的价值在五万元至十五万元以上的；

（三）二年内曾因非法采矿受过两次以上行政处罚，又实施非法采矿行为的；

（四）造成生态环境严重损害的；

（五）其他情节严重的情形。

实施非法采矿行为，具有下列情形之一的，应当认定为刑法第三百四十三条第一款规定的“情节特别严重”：

（一）数额达到前款第一项、第二项规定标准五倍以上的；

（二）造成生态环境特别严重损害的；

（三）其他情节特别严重的情形。

第四条 在河道管理范围内采砂，具有下列情形之一，符合刑法第三百四十三条第一款和本解释第二条、第三条规定的，以非法采矿罪定罪处罚：

（一）依据相关规定应当办理河道采砂许可证，未取得河道采砂许可证的；

（二）依据相关规定应当办理河道采砂许可证和采矿许可证，既未取得河道采砂许可证，又未取得采矿许可证的。

实施前款规定行为，虽不具有本解释第三条第一款规定的情形，但严重影响河势稳定，危害防洪安全的，应当认定为刑法第三百四十三条第一款规定的“情节严重”。

第五条　未取得海砂开采海域使用权证，且未取得采矿许可证，采挖海砂，符合刑法第三百四十三条第一款和本解释第二条、第三条规定的，以非法采矿罪定罪处罚。

实施前款规定行为，虽不具有本解释第三条第一款规定的情形，但造成海岸线严重破坏的，应当认定为刑法第三百四十三条第一款规定的“情节严重”。

第六条　造成矿产资源破坏的价值在五十万元至一百万元以上，或者造成国家规划矿区、对国民经济具有重要价值的矿区和国家规定实行保护性开采的特定矿种资源破坏的价值在二十五万元至五十万元以上的，应当认定为刑法第三百四十三条第二款规定的“造成矿产资源严重破坏”。

第七条　明知是犯罪所得的矿产品及其产生的收益，而予以窝藏、转移、收购、代为销售或者以其他方法掩饰、隐瞒的，依照刑法第三百一十二条的规定，以掩饰、隐瞒犯罪所得、犯罪所得收益罪定罪处罚。

实施前款规定的犯罪行为，事前通谋的，以共同犯罪论处。

第八条　多次非法采矿、破坏性采矿构成犯罪，依法应当追诉的，或者二年内多次非法采矿、破坏性采矿未经处理的，价值数额累计计算。

第九条　单位犯刑法第三百四十三条规定之罪的，依照本解释规定的相应自然人犯罪的定罪量刑标准，对直接负责的主管人员和其他直接责任人员定罪处罚，并对单位判处罚金。

第十条　实施非法采矿犯罪，不属于“情节特别严重”，或者实施破坏性采矿犯罪，行为人系初犯，全部退赃退赔，积极修复环境，并确有悔改表现的，可以认定为犯罪情节轻微，不起诉或者免予刑事处罚。

第十一条　对受雇佣为非法采矿、破坏性采矿犯罪提供劳务的人员，除参与利润分成或者领取高额固定工资的以外，一般不以犯罪论处，但曾因非法采矿、破坏性采矿受过处罚的除外。

第十二条　对非法采矿、破坏性采矿犯罪的违法所得及其收益，应当依法追缴或者责令退赔。

对用于非法采矿、破坏性采矿犯罪的专门工具和供犯罪所用的本人财物，应当依法没收。

第十三条　非法开采的矿产品价值，根据销赃数额认定；无销赃数额，销赃数额难以查证，或者根据销赃数额认定明显不合理的，根据矿产品价格和数量认定。

矿产品价值难以确定的,依据下列机构出具的报告,结合其他证据作出认定:

(一)价格认证机构出具的报告;

(二)省级以上人民政府国土资源、水行政、海洋等主管部门出具的报告;

(三)国务院水行政主管部门在国家确定的重要江河、湖泊设立的流域管理机构出具的报告。

第十四条 对案件所涉的有关专门性问题难以确定的,依据下列机构出具的鉴定意见或者报告,结合其他证据作出认定:

(一)司法鉴定机构就生态环境损害出具的鉴定意见;

(二)省级以上人民政府国土资源主管部门就造成矿产资源破坏的价值、是否属于破坏性开采方法出具的报告;

(三)省级以上人民政府水行政主管部门或者国务院水行政主管部门在国家确定的重要江河、湖泊设立的流域管理机构就是否危害防洪安全出具的报告;

(四)省级以上人民政府海洋主管部门就是否造成海岸线严重破坏出具的报告。

第十五条 各省、自治区、直辖市高级人民法院、人民检察院,可以根据本地区实际情况,在本解释第三条、第六条规定的数额幅度内,确定本地区执行的具体数额标准,报最高人民法院、最高人民检察院备案。

第十六条 本解释自2016年12月1日起施行。本解释施行后,《最高人民法院关于审理非法采矿、破坏性采矿刑事案件具体应用法律若干问题的解释》(法释〔2003〕9号)同时废止。

8.《最高人民法院关于审理破坏森林资源刑事案件具体应用法律若干问题的解释》

(法释〔2000〕36号,2000年12月11日实施)

为依法惩处破坏森林资源的犯罪活动,根据刑法的有关规定,现就审理这类案件具体应用法律的若干问题解释如下:

第一条　刑法第三百四十四条规定的“珍贵树木”，包括由省级以上林业主管部门或者其他部门确定的具有重大历史纪念意义、科学研究价值或者年代久远的古树名木，国家禁止、限制出口的珍贵树木以及列入国家重点保护野生植物名录的树木。

第二条　具有下列情形之一的，属于非法采伐、毁坏珍贵树木行为“情节严重”：

（一）非法采伐珍贵树木二株以上或者毁坏珍贵树木致使珍贵树木死亡三株以上的；

（二）非法采伐珍贵树木二立方米以上的；

（三）为首组织、策划、指挥非法采伐或者毁坏珍贵树木的；

（四）其他情节严重的情形。

第三条　以非法占有为目的，具有下列情形之一，数量较大的，依照刑法第三百四十五条第一款的规定，以盗伐林木罪定罪处罚：

（一）擅自砍伐国家、集体、他人所有或者他人承包经营管理的森林或者其他林木的；

（二）擅自砍伐本单位或者本人承包经营管理的森林或者其他林木的；

（三）在森木采伐许可证规定的地点以外采伐国家、集体、他人所有或者他人承包经营管理的森林或者其他林木的。

第四条　盗伐林木“数量较大”，以二至五立方米或者幼树一百至二百株为起点；盗伐林木“数量巨大”，以二十至五十立方米或者幼树一千至二千株为起点；盗伐林木“数量特别巨大”，以一百至二百立方米或者幼树五千至一万株为起点。

第五条　违反森林法的规定，具有下列情形之一，数量较大的，依照刑法第三百四十五条第二款的规定，以滥伐林木罪定罪处罚：

（一）未经林业行政主管部门及法律规定的其他主管部门批准并核发林木采伐许可证，或者虽持有林木采伐许可证，但违反林木采伐许可证规定的时间、数量、树种或者方式，任意采伐本单位所有或者本人所有的森林或者其他林木的；

（二）超过林木采伐许可证规定的数量采伐他人所有的森林或者其他林木的。

林木权属争议一方在林木权属确权之前，擅自砍伐森林或者其他林木，数量较大的，以滥伐林木罪论处。

第六条 滥伐林木“数量较大”，以十至二十立方米或者幼树五百至一千株为起点；滥伐林木“数量巨大”，以五十至一百立方米或者幼树二千五百至五千株为起点。

第七条 对于一年内多次盗伐、滥伐少量林木未经处罚的，累计其盗伐、滥伐林木的数量，构成犯罪的，依法追究刑事责任。

第八条 盗伐、滥伐珍贵树木，同时触犯刑法第三百四十四条、第三百四十五条规定的，依照处罚较重的规定定罪处罚。

第九条 将国家、集体、他人所有并已经伐倒的树木窃为己有，以及偷砍他人房前屋后、自留地种植的零星树木，数额较大的，依照刑法第二百六十四条的规定，以盗窃罪定罪处罚。

第十条 刑法第三百四十五条规定的“非法收购明知是盗伐、滥伐的林木”中的“明知”，是指知道或者应当知道。具有下列情形之一的，可以视为应当知道，但是有证据证明确属被蒙骗的除外：

（一）在非法的木材交易场所或者销售单位收购木材的；

（二）收购以明显低于市场价格出售的木材的；

（三）收购违反规定出售的木材的。

第十一条 具有下列情形之一的，属于在林区非法收购盗伐、滥伐的林木“情节严重”：

（一）非法收购盗伐、滥伐的林木二十立方米以上或者幼树一千株以上的；

（二）非法收购盗伐、滥伐的珍贵树木二立方米以上或者五株以上的；

（三）其他情节严重的情形。

具有下列情形之一的，属于在林区非法收购盗伐、滥伐的林木“情节特别严重”：

（一）非法收购盗伐、滥伐的林木一百立方米以上或者幼树五千株以上的；

（二）非法收购盗伐、滥伐的珍贵树木五立方米以上或者十株以上的；

（三）其他情节特别严重的情形。

第十二条 林业主管部门的工作人员违反森林法的规定，超过批准的年采伐限额发放林木采伐许可证或者违反规定滥发林木采伐许可证，具有下列情形

之一的,属于刑法第四百零七条规定的“情节严重,致使森林遭受严重破坏”,以违法发放林木采伐许可证罪定罪处罚:

(一)发放林木采伐许可证允许采伐数量累计超过批准的年采伐限额,导致林木被采伐数量在十立方米以上的;

(二)滥发林木采伐许可证,导致林木被滥伐二十立方米以上的;

(三)滥发林木采伐许可证,导致珍贵树木被滥伐的;

(四)批准采伐国家禁止采伐的林木,情节恶劣的;

(五)其他情节严重的情形。

第十三条　对于伪造、变造、买卖林木采伐许可证、木材运输证件,森林、林木、林地权属证书,占用或者征用林地审核同意书、育林基金等缴费收据以及其他国家机关批准的林业证件构成犯罪的,依照刑法第二百八十条第一款的规定,以伪造、变造、买卖国家机关公文、证件罪定罪处罚。

对于买卖允许进出口证明书等经营许可证明,同时触犯刑法第二百二十五条、第二百八十条规定之罪的,依照处罚较重的规定定罪处罚。

第十四条　聚众哄抢林木五立方米以上的,属于聚众哄抢“数额较大”;聚众哄抢林木二十立方米以上的,属于聚众哄抢“数额巨大”,对首要分子和积极参加的,依照刑法第二百六十八条的规定,以聚众哄抢罪定罪处罚。

第十五条　非法实施采种、采脂、挖笋、掘根、剥树皮等行为,牟取经济利益数额较大的,依照刑法第二百六十四条的规定,以盗窃罪定罪处罚。同时构成其他犯罪的,依照处罚较重的规定定罪处罚。

第十六条　单位犯刑法第三百四十四条、第三百四十五条规定之罪,定罪量刑标准按照本解释的规定执行。

第十七条　本解释规定的林木数量以立木蓄积计算,计算方法为:原木材积除以该树种的出材率。

本解释所称“幼树”,是指胸径五厘米以下的树木。

滥伐林木的数量,应在伐区调查设计允许的误差额以上计算。

第十八条　盗伐、滥伐以生产竹材为主要目的的竹林的定罪量刑问题,有关省、自治区、直辖市高级人民法院可以参照上述规定的精神,规定本地区的具体标准,并报最高人民法院备案。

第十九条　各省、自治区、直辖市高级人民法院可以根据本地区的实际情况,在本解释第四条、第六条规定的数量幅度内,确定本地区执行的具体数量标准,并报最高人民法院备案。

9.《最高人民法院、最高人民检察院关于适用〈中华人民共和国刑法〉第三百四十四条有关问题的批复》

(法释〔2020〕2号,2020年3月21日实施)

各省、自治区、直辖市高级人民法院、人民检察院,解放军军事法院、军事检察院,新疆维吾尔自治区高级人民法院生产建设兵团分院、新疆生产建设兵团人民检察院:

近来,部分省、自治区、直辖市高级人民法院、人民检察院请示适用刑法第三百四十四条的有关问题。经研究,批复如下:

一、古树名木以及列入《国家重点保护野生植物名录》的野生植物,属于刑法第三百四十四条规定的"珍贵树木或者国家重点保护的其他植物"。

二、根据《中华人民共和国野生植物保护条例》的规定,野生植物限于原生地天然生长的植物。人工培育的植物,除古树名木外,不属于刑法第三百四十四条规定的"珍贵树木或者国家重点保护的其他植物"。非法采伐、毁坏或者非法收购、运输人工培育的植物(古树名木除外),构成盗伐林木罪、滥伐林木罪、非法收购、运输盗伐、滥伐的林木罪等犯罪的,依照相关规定追究刑事责任。

三、对于非法移栽珍贵树木或者国家重点保护的其他植物,依法应当追究刑事责任的,依照刑法第三百四十四条的规定,以非法采伐国家重点保护植物罪定罪处罚。

鉴于移栽在社会危害程度上与砍伐存在一定差异,对非法移栽珍贵树木或者国家重点保护的其他植物的行为,在认定是否构成犯罪以及裁量刑罚时,应当考虑植物的珍贵程度、移栽目的、移栽手段、移栽数量、对生态环境的损害程度等情节,综合评估社会危害性,确保罪责刑相适应。

四、本批复自2020年3月21日起施行,之前发布的司法解释与本批复不一致的,以本批复为准。

10.《最高人民法院关于滥伐自己所有权的林木其林木应如何处理的问题的批复》

（法复〔1993〕5 号，1993 年 7 月 24 日实施）

吉林省高级人民法院：

你院《关于宋允焕滥伐的林木如何处理的请示》收悉。经研究，同意你院的第二种意见，即：属于个人所有的林木，也是国家森林资源的一部分。被告人滥伐属于自己所有权的林木，构成滥伐林木罪的，其行为已违反国家保护森林法规，破坏了国家的森林资源，所滥伐的林木即不再是个人的合法财产，而应当作为犯罪分子违法所得的财物，依照刑法第六十条的规定予以追缴。

此复。

11.《最高人民法院关于在林木采伐许可证规定的地点以外采伐本单位或者本人所有的森林或者其他林木的行为如何适用法律问题的批复》

（法释〔2004〕3 号，2004 年 4 月 1 日实施）

各省、自治区、直辖市高级人民法院，解放军军事法院，新疆维吾尔自治区高级人民法院生产建设兵团分院：

最近，有的法院反映，关于在林木采伐许可证规定的地点以外采伐本单位或者本人所有的森林或者其他林木的行为适用法律问题不明确。经研究，批复如下：

违反森林法的规定，在林木采伐许可证规定的地点以外，采伐本单位或者本人所有的森林或者其他林木的，除农村居民采伐自留地和房前屋后个人所有的零星林木以外，属于《最高人民法院关于审理破坏森林资源刑事案件具体应用法律若干问题的解释》第五条第一款第（一）项“未经林业行政主管部门及法律规定的其他主管部门批准并核发林木采伐许可证”规定的情形，数量较大的，应当依照刑法第三百四十五条第二款的规定，以滥伐林木罪定罪处罚。

12.《最高人民法院、最高人民检察院关于办理海洋自然资源与生态环境公益诉讼案件若干问题的规定》

（法释〔2022〕15号，2022年5月15日实施）

为依法办理海洋自然资源与生态环境公益诉讼案件，根据《中华人民共和国海洋环境保护法》《中华人民共和国民事诉讼法》《中华人民共和国刑事诉讼法》《中华人民共和国行政诉讼法》《中华人民共和国海事诉讼特别程序法》等法律规定，结合审判、检察工作实际，制定本规定。

第一条 本规定适用于损害行为发生地、损害结果地或者采取预防措施地在海洋环境保护法第二条第一款规定的海域内，因破坏海洋生态、海洋水产资源、海洋保护区而提起的民事公益诉讼、刑事附带民事公益诉讼和行政公益诉讼。

第二条 依据海洋环境保护法第八十九条第二款规定，对破坏海洋生态、海洋水产资源、海洋保护区，给国家造成重大损失的，应当由依照海洋环境保护法规定行使海洋环境监督管理权的部门，在有管辖权的海事法院对侵权人提起海洋自然资源与生态环境损害赔偿诉讼。

有关部门根据职能分工提起海洋自然资源与生态环境损害赔偿诉讼的，人民检察院可以支持起诉。

第三条 人民检察院在履行职责中发现破坏海洋生态、海洋水产资源、海洋保护区的行为，可以告知行使海洋环境监督管理权的部门依据本规定第二条提起诉讼。在有关部门仍不提起诉讼的情况下，人民检察院就海洋自然资源与生态环境损害，向有管辖权的海事法院提起民事公益诉讼的，海事法院应予受理。

第四条 破坏海洋生态、海洋水产资源、海洋保护区，涉嫌犯罪的，在行使海洋环境监督管理权的部门没有另行提起海洋自然资源与生态环境损害赔偿诉讼的情况下，人民检察院可以在提起刑事公诉时一并提起附带民事公益诉讼，也可以单独提起民事公益诉讼。

第五条　人民检察院在履行职责中发现对破坏海洋生态、海洋水产资源、海洋保护区的行为负有监督管理职责的部门违法行使职权或者不作为，致使国家利益或者社会公共利益受到侵害的，应当向有关部门提出检察建议，督促其依法履行职责。

有关部门不依法履行职责的，人民检察院依法向被诉行政机关所在地的海事法院提起行政公益诉讼。

第六条　本规定自2022年5月15日起施行。

13.《最高人民法院关于审理生态环境侵权纠纷案件适用惩罚性赔偿的解释》

（法释〔2022〕1号，2022年1月20日实施）

为妥善审理生态环境侵权纠纷案件，全面加强生态环境保护，正确适用惩罚性赔偿，根据《中华人民共和国民法典》《中华人民共和国环境保护法》《中华人民共和国民事诉讼法》等相关法律规定，结合审判实践，制定本解释。

第一条　人民法院审理生态环境侵权纠纷案件适用惩罚性赔偿，应当严格审慎，注重公平公正，依法保护民事主体合法权益，统筹生态环境保护和经济社会发展。

第二条　因环境污染、生态破坏受到损害的自然人、法人或者非法人组织，依据民法典第一千二百三十二条的规定，请求判令侵权人承担惩罚性赔偿责任的，适用本解释。

第三条　被侵权人在生态环境侵权纠纷案件中请求惩罚性赔偿的，应当在起诉时明确赔偿数额以及所依据的事实和理由。

被侵权人在生态环境侵权纠纷案件中没有提出惩罚性赔偿的诉讼请求，诉讼终结后又基于同一污染环境、破坏生态事实另行起诉请求惩罚性赔偿的，人民法院不予受理。

第四条　被侵权人主张侵权人承担惩罚性赔偿责任的，应当提供证据证明以下事实：

（一）侵权人污染环境、破坏生态的行为违反法律规定；

（二）侵权人具有污染环境、破坏生态的故意；

（三）侵权人污染环境、破坏生态的行为造成严重后果。

第五条　人民法院认定侵权人污染环境、破坏生态的行为是否违反法律规定，应当以法律、法规为依据，可以参照规章的规定。

第六条　人民法院认定侵权人是否具有污染环境、破坏生态的故意，应当根据侵权人的职业经历、专业背景或者经营范围，因同一或者同类行为受到行政处罚或者刑事追究的情况，以及污染物的种类，污染环境、破坏生态行为的方式等因素综合判断。

第七条　具有下列情形之一的，人民法院应当认定侵权人具有污染环境、破坏生态的故意：

（一）因同一污染环境、破坏生态行为，已被人民法院认定构成破坏环境资源保护犯罪的；

（二）建设项目未依法进行环境影响评价，或者提供虚假材料导致环境影响评价文件严重失实，被行政主管部门责令停止建设后拒不执行的；

（三）未取得排污许可证排放污染物，被行政主管部门责令停止排污后拒不执行，或者超过污染物排放标准或者重点污染物排放总量控制指标排放污染物，经行政主管机关责令限制生产、停产整治或者给予其他行政处罚后仍不改正的；

（四）生产、使用国家明令禁止生产、使用的农药，被行政主管部门责令改正后拒不改正的；

（五）无危险废物经营许可证而从事收集、贮存、利用、处置危险废物经营活动，或者知道或者应当知道他人无许可证而将危险废物提供或者委托给其从事收集、贮存、利用、处置等活动的；

（六）将未经处理的废水、废气、废渣直接排放或者倾倒的；

（七）通过暗管、渗井、渗坑、灌注，篡改、伪造监测数据，或者以不正常运行防治污染设施等逃避监管的方式，违法排放污染物的；

（八）在相关自然保护区域、禁猎（渔）区、禁猎（渔）期使用禁止使用的猎捕工具、方法猎捕、杀害国家重点保护野生动物、破坏野生动物栖息地的；

（九）未取得勘查许可证、采矿许可证，或者采取破坏性方法勘查开采矿产资源的；

（十）其他故意情形。

第八条　人民法院认定侵权人污染环境、破坏生态行为是否造成严重后果，应当根据污染环境、破坏生态行为的持续时间、地域范围，造成环境污染、生态破坏的范围和程度，以及造成的社会影响等因素综合判断。

侵权人污染环境、破坏生态行为造成他人死亡、健康严重损害，重大财产损失，生态环境严重损害或者重大不良社会影响的，人民法院应当认定为造成严重后果。

第九条　人民法院确定惩罚性赔偿金数额，应当以环境污染、生态破坏造成的人身损害赔偿金、财产损失数额作为计算基数。

前款所称人身损害赔偿金、财产损失数额，依照民法典第一千一百七十九条、第一千一百八十四条规定予以确定。法律另有规定的，依照其规定。

第十条　人民法院确定惩罚性赔偿金数额，应当综合考虑侵权人的恶意程度、侵权后果的严重程度、侵权人因污染环境、破坏生态行为所获得的利益或者侵权人所采取的修复措施及其效果等因素，但一般不超过人身损害赔偿金、财产损失数额的二倍。

因同一污染环境、破坏生态行为已经被行政机关给予罚款或者被人民法院判处罚金，侵权人主张免除惩罚性赔偿责任的，人民法院不予支持，但在确定惩罚性赔偿金数额时可以综合考虑。

第十一条　侵权人因同一污染环境、破坏生态行为，应当承担包括惩罚性赔偿在内的民事责任、行政责任和刑事责任，其财产不足以支付的，应当优先用于承担民事责任。

侵权人因同一污染环境、破坏生态行为，应当承担包括惩罚性赔偿在内的民事责任，其财产不足以支付的，应当优先用于承担惩罚性赔偿以外的其他责任。

第十二条　国家规定的机关或者法律规定的组织作为被侵权人代表，请求判令侵权人承担惩罚性赔偿责任的，人民法院可以参照前述规定予以处理。但惩罚性赔偿金数额的确定，应当以生态环境受到损害至修复完成期间服务功能丧失导致的损失、生态环境功能永久性损害造成的损失数额作为计算基数。

第十三条　侵权行为实施地、损害结果发生地在中华人民共和国管辖海域内的海洋生态环境侵权纠纷案件惩罚性赔偿问题，另行规定。

第十四条　本规定自 2022 年 1 月 20 日起施行。

14.《最高人民法院关于生态环境侵权案件适用禁止令保全措施的若干规定》

（法释〔2021〕22号，2022年1月1日实施）

为妥善审理生态环境侵权案件，及时有效保护生态环境，维护民事主体合法权益，落实保护优先、预防为主原则，根据《中华人民共和国民法典》《中华人民共和国环境保护法》《中华人民共和国民事诉讼法》等有关法律规定，结合审判实践，制定本规定。

第一条 申请人以被申请人正在实施或者即将实施污染环境、破坏生态行为，不及时制止将使申请人合法权益或者生态环境受到难以弥补的损害为由，依照民事诉讼法第一百条、第一百零一条规定，向人民法院申请采取禁止令保全措施，责令被申请人立即停止一定行为的，人民法院应予受理。

第二条 因污染环境、破坏生态行为受到损害的自然人、法人或者非法人组织，以及民法典第一千二百三十四条、第一千二百三十五条规定的“国家规定的机关或者法律规定的组织”，可以向人民法院申请作出禁止令。

第三条 申请人提起生态环境侵权诉讼时或者诉讼过程中，向人民法院申请作出禁止令的，人民法院应当在接受申请后五日内裁定是否准予。情况紧急的，人民法院应当在接受申请后四十八小时内作出。

因情况紧急，申请人可在提起诉讼前向污染环境、破坏生态行为实施地、损害结果发生地或者被申请人住所地等对案件有管辖权的人民法院申请作出禁止令，人民法院应当在接受申请后四十八小时内裁定是否准予。

第四条 申请人向人民法院申请作出禁止令的，应当提交申请书和相应的证明材料。

申请书应当载明下列事项：

（一）申请人与被申请人的身份、送达地址、联系方式等基本情况；

（二）申请禁止的内容、范围；

（三）被申请人正在实施或者即将实施污染环境、破坏生态行为，以及如不及时制止将使申请人合法权益或者生态环境受到难以弥补损害的情形；

（四）提供担保的财产信息，或者不需要提供担保的理由。

第五条　被申请人污染环境、破坏生态行为具有现实而紧迫的重大风险，如不及时制止将对申请人合法权益或者生态环境造成难以弥补损害的，人民法院应当综合考量以下因素决定是否作出禁止令：

（一）被申请人污染环境、破坏生态行为被行政主管机关依法处理后仍继续实施；

（二）被申请人污染环境、破坏生态行为对申请人合法权益或者生态环境造成的损害超过禁止被申请人一定行为对其合法权益造成的损害；

（三）禁止被申请人一定行为对国家利益、社会公共利益或者他人合法权益产生的不利影响；

（四）其他应当考量的因素。

第六条　人民法院审查申请人禁止令申请，应当听取被申请人的意见。必要时，可进行现场勘查。

情况紧急无法询问或者现场勘查的，人民法院应当在裁定准予申请人禁止令申请后四十八小时内听取被申请人的意见。被申请人意见成立的，人民法院应当裁定解除禁止令。

第七条　申请人在提起诉讼时或者诉讼过程中申请禁止令的，人民法院可以责令申请人提供担保，不提供担保的，裁定驳回申请。

申请人提起诉讼前申请禁止令的，人民法院应当责令申请人提供担保，不提供担保的，裁定驳回申请。

第八条　人民法院裁定准予申请人禁止令申请的，应当根据申请人的请求和案件具体情况确定禁止令的效力期间。

第九条　人民法院准予或者不准予申请人禁止令申请的，应当制作民事裁定书，并送达当事人，裁定书自送达之日起生效。

人民法院裁定准予申请人禁止令申请的，可以根据裁定内容制作禁止令张贴在被申请人住所地，污染环境、破坏生态行为实施地、损害结果发生地等相关场所，并可通过新闻媒体等方式向社会公开。

第十条　当事人、利害关系人对人民法院裁定准予或者不准予申请人禁止令申请不服的，可在收到裁定书之日起五日内向作出裁定的人民法院申请复议一次。人民法院应当在收到复议申请后十日内审查并作出裁定。复议期间不停止裁定的执行。

第十一条 申请人在人民法院作出诉前禁止令后三十日内不依法提起诉讼的,人民法院应当在三十日届满后五日内裁定解除禁止令。

禁止令效力期间内,申请人、被申请人或者利害关系人以据以作出裁定的事由发生变化为由,申请解除禁止令的,人民法院应当在收到申请后五日内裁定是否解除。

第十二条 被申请人不履行禁止令的,人民法院可依照民事诉讼法第一百一十一条的规定追究其相应法律责任。

第十三条 侵权行为实施地、损害结果发生地在中华人民共和国管辖海域内的海洋生态环境侵权案件中,申请人向人民法院申请责令被申请人立即停止一定行为的,适用海洋环境保护法、海事诉讼特别程序法等法律和司法解释的相关规定。

第十四条 本规定自 2022 年 1 月 1 日起施行。

三、司法指导文件

1.《最高人民法院、最高人民检察院、公安部、司法部、生态环境部关于办理环境污染刑事案件有关问题座谈会纪要》

（高检会〔2019〕3号，2019年2月20日实施）

2018年6月16日，中共中央、国务院发布《关于全面加强生态环境保护坚决打好污染防治攻坚战的意见》。7月10日，全国人民代表大会常务委员会通过了《关于全面加强生态环境保护依法推动打好污染防治攻坚战的决议》。为深入学习贯彻习近平生态文明思想，认真落实党中央重大决策部署和全国人大常委会决议要求，全力参与和服务保障打好污染防治攻坚战，推进生态文明建设，形成各部门依法惩治环境污染犯罪的合力，2018年12月，最高人民法院、最高人民检察院、公安部、司法部、生态环境部在北京联合召开座谈会。会议交流了当前办理环境污染刑事案件的工作情况，分析了遇到的突出困难和问题，研究了解决措施。会议对办理环境污染刑事案件中的有关问题形成了统一认识。纪要如下：

一、会议指出，2018年5月18日至19日，全国生态环境保护大会在北京胜利召开，习近平总书记出席会议并发表重要讲话，着眼人民福祉和民族未来，从党和国家事业发展全局出发，全面总结党的十八大以来我国生态文明建设和生态环境保护工作取得的历史性成就、发生的历史性变革，深刻阐述加强生态文明建设的重大意义，明确提出加强生态文明建设必须坚持的重要原则，对加强生态环境保护、打好污染防治攻坚战作出了全面部署。这次大会最大的亮点，就是确立了习近平生态文明思想。习近平生态文明思想站在坚持和发展中国特色社会主义、实现中华民族伟大复兴中国梦的战略高度，把生态文明建设摆在治国理政的突出位置,作为统筹推进“五位一体”总体布局和协调推进“四个全面”战略布局的重要内容,深刻回答了为什么建设生态文明、建设什么样的生态文明、怎样建设生态文明的重大理论和实践问题,是习近平新时代中国特色社会主义思想的重要组成部分。各部门要认真学习、深刻领会、全面贯彻习近平生态文明思想,将其作为生态环境行政执法和司法办案的行动指南和根本遵循,为守护绿水青山蓝天、建设美丽中国提供有力保障。

会议强调,打好防范化解重大风险、精准脱贫、污染防治的攻坚战,是以习近平同志为核心的党中央深刻分析国际国内形势,着眼党和国家事业发展全局作出的重大战略部署,对于夺取全面建成小康社会伟大胜利、开启全面建设社会主义现代化强国新征程具有重大的现实意义和深远的历史意义。服从服务党和国家工作大局,充分发挥职能作用,努力为打好打赢三大攻坚战提供优质法治环境和司法保障,是当前和今后一个时期人民法院、人民检察院、公安机关、司法行政机关、生态环境部门的重点任务。

会议指出,2018 年 12 月 19 日至 21 日召开的中央经济工作会议要求,打好污染防治攻坚战,要坚守阵地、巩固成果,聚焦做好打赢蓝天保卫战等工作,加大工作和投入力度,同时要统筹兼顾,避免处置措施简单粗暴。各部门要认真领会会议精神,紧密结合实际,强化政治意识、大局意识和责任担当,以加大办理环境污染刑事案件工作力度作为切入点和着力点,主动调整工作思路,积极谋划工作举措,既要全面履职、积极作为,又要综合施策、精准发力,保障污染防治攻坚战顺利推进。

二、会议要求,各部门要正确理解和准确适用刑法和《最高人民法院、最高人民检察院关于办理环境污染刑事案件适用法律若干问题的解释》(法释〔2016〕29 号,以下称《环境解释》)的规定,坚持最严格的环保司法制度、最严密的环保法治理念,统一执法司法尺度,加大对环境污染犯罪的惩治力度。

1. 关于单位犯罪的认定

会议针对一些地方存在追究自然人犯罪多,追究单位犯罪少,单位犯罪认定难的情况和问题进行了讨论。会议认为,办理环境污染犯罪案件,认定单位犯罪时,应当依法合理把握追究刑事责任的范围,贯彻宽严相济刑事政策,重点打击出资者、经营者和主要获利者,既要防止不当缩小追究刑事责任的人员范围,又要防止打击面过大。

为了单位利益，实施环境污染行为，并具有下列情形之一的，应当认定为单位犯罪：(1)经单位决策机构按照决策程序决定的；(2)经单位实际控制人、主要负责人或者授权的分管负责人决定、同意的；(3)单位实际控制人、主要负责人或者授权的分管负责人得知单位成员个人实施环境污染犯罪行为，并未加以制止或者及时采取措施，而是予以追认、纵容或者默许的；(4)使用单位营业执照、合同书、公章、印鉴等对外开展活动，并调用单位车辆、船舶、生产设备、原辅材料等实施环境污染犯罪行为的。

单位犯罪中的"直接负责的主管人员"，一般是指对单位犯罪起决定、批准、组织、策划、指挥、授意、纵容等作用的主管人员，包括单位实际控制人、主要负责人或者授权的分管负责人、高级管理人员等；"其他直接责任人员"，一般是指在直接负责的主管人员的指挥、授意下积极参与实施单位犯罪或者对具体实施单位犯罪起较大作用的人员。

对于应当认定为单位犯罪的环境污染犯罪案件，公安机关未作为单位犯罪移送审查起诉的，人民检察院应当退回公安机关补充侦查。对于应当认定为单位犯罪的环境污染犯罪案件，人民检察院只作为自然人犯罪起诉的，人民法院应当建议人民检察院对犯罪单位补充起诉。

2. 关于犯罪未遂的认定

会议针对当前办理环境污染犯罪案件中，能否认定污染环境罪(未遂)的问题进行了讨论。会议认为，当前环境执法工作形势比较严峻，一些行为人拒不配合执法检查、接受检查时弄虚作假、故意逃避法律追究的情形时有发生，因此对于行为人已经着手实施非法排放、倾倒、处置有毒有害污染物的行为，由于有关部门查处或者其他意志以外的原因未得逞的情形，可以污染环境罪(未遂)追究刑事责任。

3. 关于主观过错的认定

会议针对当前办理环境污染犯罪案件中，如何准确认定犯罪嫌疑人、被告人主观过错的问题进行了讨论。会议认为，判断犯罪嫌疑人、被告人是否具有环境污染犯罪的故意，应当依据犯罪嫌疑人、被告人的任职情况、职业经历、专业背景、培训经历、本人因同类行为受到行政处罚或者刑事追究情况以及污染物种类、污染方式、资金流向等证据，结合其供述，进行综合分析判断。

实践中，具有下列情形之一，犯罪嫌疑人、被告人不能作出合理解释的，可以认定其故意实施环境污染犯罪，但有证据证明确系不知情的除外：(1)企业没有依法通过环境影响评价，或者未依法取得排污许可证，排放污染物，或者已经通过环境影响评价并且防治污染设施验收合格后，擅自更改工艺流程、原辅材料，导致产生新的污染物质的；(2)不使用验收合格的防治污染设施或者不按规范要求使用的；(3)防治污染设施发生故障，发现后不及时排除，继续生产放任污染物排放的；(4)生态环境部门责令限制生产、停产整治或者予以行政处罚后，继续生产放任污染物排放的；(5)将危险废物委托第三方处置，没有尽到查验经营许可的义务，或者委托处置费用明显低于市场价格或者处置成本的；(6)通过暗管、渗井、渗坑、裂隙、溶洞、灌注等逃避监管的方式排放污染物的；(7)通过篡改、伪造监测数据的方式排放污染物的；(8)其他足以认定的情形。

4. 关于生态环境损害标准的认定

会议针对如何适用《环境解释》第一条、第三条规定的"造成生态环境严重损害的""造成生态环境特别严重损害的"定罪量刑标准进行了讨论。会议指出，生态环境损害赔偿制度是生态文明制度体系的重要组成部分。党中央、国务院高度重视生态环境损害赔偿工作，党的十八届三中全会明确提出对造成生态环境损害的责任者严格实行赔偿制度。2015 年，中央办公厅、国务院办公厅印发《生态环境损害赔偿制度改革试点方案》(中办发〔2015〕57 号)，在吉林等 7 个省市部署开展改革试点，取得明显成效。2017 年，中央办公厅、国务院办公厅印发《生态环境损害赔偿制度改革方案》(中办发〔2017〕68 号)，在全国范围内试行生态环境损害赔偿制度。

会议指出，《环境解释》将造成生态环境损害规定为污染环境罪的定罪量刑标准之一，是为了与生态环境损害赔偿制度实现衔接配套，考虑到该制度尚在试行过程中，《环境解释》作了较原则的规定。司法实践中，一些省市结合本地区工作实际制定了具体标准。会议认为，在生态环境损害赔偿制度试行阶段，全国各省(自治区、直辖市)可以结合本地实际情况，因地制宜，因时制宜，根据案件具体情况准确认定"造成生态环境严重损害"和"造成生态环境特别严重损害"。

5. 关于非法经营罪的适用

会议针对如何把握非法经营罪与污染环境罪的关系以及如何具体适用非法经营罪的问题进行了讨论。会议强调，要高度重视非法经营危险废物案件的办理，坚持全链条、全环节、全流程对非法排放、倾倒、处置、经营危险废物的产业链进行刑事打击,查清犯罪网络,深挖犯罪源头,斩断利益链条,不断挤压和铲除此类犯罪滋生蔓延的空间。

会议认为,准确理解和适用《环境解释》第六条的规定应当注意把握两个原则:一要坚持实质判断原则,对行为人非法经营危险废物行为的社会危害性作实质性判断。比如,一些单位或者个人虽未依法取得危险废物经营许可证,但其收集、贮存、利用、处置危险废物经营活动,没有超标排放污染物、非法倾倒污染物或者其他违法造成环境污染情形的,则不宜以非法经营罪论处。二要坚持综合判断原则,对行为人非法经营危险废物行为根据其在犯罪链条中的地位、作用综合判断其社会危害性。比如,有证据证明单位或者个人的无证经营危险废物行为属于危险废物非法经营产业链的一部分,并且已经形成了分工负责、利益均沾、相对固定的犯罪链条,如果行为人或者与其联系紧密的上游或者下游环节具有排放、倾倒、处置危险废物违法造成环境污染的情形,且交易价格明显异常的,对行为人可以根据案件具体情况在污染环境罪和非法经营罪中,择一重罪处断。

6. 关于投放危险物质罪的适用

会议强调,目前我国一些地方环境违法犯罪活动高发多发,刑事处罚威慑力不强的问题仍然突出,现阶段在办理环境污染犯罪案件时必须坚决贯彻落实中央领导同志关于重典治理污染的指示精神,把刑法和《环境解释》的规定用足用好,形成对环境污染违法犯罪的强大震慑。

会议认为,司法实践中对环境污染行为适用投放危险物质罪追究刑事责任时,应当重点审查判断行为人的主观恶性、污染行为恶劣程度、污染物的毒害性危险性、污染持续时间、污染结果是否可逆、是否对公共安全造成现实、具体、明确的危险或者危害等各方面因素。对于行为人明知其排放、倾倒、处置的污染物含有毒害性、放射性、传染病病原体等危险物质,仍实施环境污染行为放任其危害公共安全,造成重大人员伤亡、重大公私财产损失等严重后果,以污染环境罪论处明显不足以罚当其罪的,可以按投放危险物质罪定罪量刑。实践中,此类情形主要是向饮用水水源保护区,饮用水供水单位取水口和出水口,南水北调水库、干渠、涵洞等配套工程,重要渔业水体以及自然保护区核心区等特殊保护区域,排放、倾倒、处置毒害性极强的污染物,危害公共安全并造成严重后果的情形。

7. 关于涉大气污染环境犯罪的处理

会议针对涉大气污染环境犯罪的打击处理问题进行了讨论。会议强调,打赢蓝天保卫战是打好污染防治攻坚战的重中之重。各级人民法院、人民检察院、公安机关、生态环境部门要认真分析研究全国人大常委会大气污染防治法执法检查发现的问题和提出的建议，不断加大对涉大气污染环境犯罪的打击力度，毫不动摇地以法律武器治理污染，用法治力量保卫蓝天，推动解决人民群众关注的突出大气环境问题。

会议认为，司法实践中打击涉大气污染环境犯罪，要抓住关键问题，紧盯薄弱环节，突出打击重点。对重污染天气预警期间，违反国家规定，超标排放二氧化硫、氮氧化物，受过行政处罚后又实施上述行为或者具有其他严重情节的，可以适用《环境解释》第一条第十八项规定的“其他严重污染环境的情形”追究刑事责任。

8. 关于非法排放、倾倒、处置行为的认定

会议针对如何准确认定环境污染犯罪中非法排放、倾倒、处置行为进行了讨论。会议认为，司法实践中认定非法排放、倾倒、处置行为时，应当根据《固体废物污染环境防治法》和《环境解释》的有关规定精神，从其行为方式是否违反国家规定或者行业操作规范、污染物是否与外环境接触、是否造成环境污染的危险或者危害等方面进行综合分析判断。对名为运输、贮存、利用，实为排放、倾倒、处置的行为应当认定为非法排放、倾倒、处置行为，可以依法追究刑事责任。比如，未采取相应防范措施将没有利用价值的危险废物长期贮存、搁置，放任危险废物或者其有毒有害成分大量扬散、流失、泄漏、挥发，污染环境的。

9. 关于有害物质的认定

会议针对如何准确认定刑法第三百三十八条规定的“其他有害物质”的问题进行了讨论。会议认为，办理非法排放、倾倒、处置其他有害物质的案件，应当坚持主客观相一致原则，从行为人的主观恶性、污染行为恶劣程度、有害物质危险性毒害性等方面进行综合分析判断，准确认定其行为的社会危害性。实践中，常见的有害物质主要有：工业危险废物以外的其他工业固体废物；未经处理的生活垃圾；有害大气污染物、受控消耗臭氧层物质和有害水污染物；在利用和处置过程中必然产生有毒有害物质的其他物质；国务院生态环境保护主管部门会同国务院卫生主管部门公布的有毒有害污染物名录中的有关物质等。

10. 关于从重处罚情形的认定

会议强调，要坚决贯彻党中央推动长江经济带发展的重大决策，为长江经济

带共抓大保护、不搞大开发提供有力的司法保障。实践中，对于发生在长江经济带十一省（直辖市）的下列环境污染犯罪行为，可以从重处罚：（1）跨省（直辖市）排放、倾倒、处置有放射性的废物、含传染病病原体的废物、有毒物质或者其他有害物质的；（2）向国家确定的重要江河、湖泊或者其他跨省（直辖市）江河、湖泊排放、倾倒、处置有放射性的废物、含传染病病原体的废物、有毒物质或者其他有害物质的。

11. 关于严格适用不起诉、缓刑、免予刑事处罚

会议针对当前办理环境污染犯罪案件中如何严格适用不起诉、缓刑、免予刑事处罚的问题进行了讨论。会议强调，环境污染犯罪案件的刑罚适用直接关系加强生态环境保护打好污染防治攻坚战的实际效果。各级人民法院、人民检察院要深刻认识环境污染犯罪的严重社会危害性，正确贯彻宽严相济刑事政策，充分发挥刑罚的惩治和预防功能。要在全面把握犯罪事实和量刑情节的基础上严格依照刑法和刑事诉讼法规定的条件适用不起诉、缓刑、免予刑事处罚，既要考虑从宽情节，又要考虑从严情节；既要做到刑罚与犯罪相当，又要做到刑罚执行方式与犯罪相当，切实避免不起诉、缓刑、免予刑事处罚不当适用造成的消极影响。

会议认为，具有下列情形之一的，一般不适用不起诉、缓刑或者免予刑事处罚：（1）不如实供述罪行的；（2）属于共同犯罪中情节严重的主犯的；（3）犯有数个环境污染犯罪依法实行并罚或者以一罪处理的；（4）曾因环境污染违法犯罪行为受过行政处罚或者刑事处罚的；（5）其他不宜适用不起诉、缓刑、免予刑事处罚的情形。

会议要求，人民法院审理环境污染犯罪案件拟适用缓刑或者免予刑事处罚的，应当分析案发前后的社会影响和反映，注意听取控辩双方提出的意见。对于情节恶劣、社会反映强烈的环境污染犯罪，不得适用缓刑、免予刑事处罚。人民法院对判处缓刑的被告人，一般应当同时宣告禁止令，禁止其在缓刑考验期内从事与排污或者处置危险废物有关的经营活动。生态环境部门根据禁止令，对上述人员担任实际控制人、主要负责人或者高级管理人员的单位，依法不得发放排污许可证或者危险废物经营许可证。

三、会议要求,各部门要认真执行《环境解释》和原环境保护部、公安部、最高人民检察院《环境保护行政执法与刑事司法衔接工作办法》(环环监〔2017〕17号)的有关规定,进一步理顺部门职责,畅通衔接渠道,建立健全环境行政执法与刑事司法衔接的长效工作机制。

12. 关于管辖的问题

会议针对环境污染犯罪案件的管辖问题进行了讨论。会议认为,实践中一些环境污染犯罪案件属于典型的跨区域刑事案件,容易存在管辖不明或者有争议的情况,各级人民法院、人民检察院、公安机关要加强沟通协调,共同研究解决。

会议提出,跨区域环境污染犯罪案件由犯罪地的公安机关管辖。如果由犯罪嫌疑人居住地的公安机关管辖更为适宜的,可以由犯罪嫌疑人居住地的公安机关管辖。犯罪地包括环境污染行为发生地和结果发生地。"环境污染行为发生地"包括环境污染行为的实施地以及预备地、开始地、途经地、结束地以及排放、倾倒污染物的车船停靠地、始发地、途经地、到达地等地点;环境污染行为有连续、持续或者继续状态的,相关地方都属于环境污染行为发生地。"环境污染结果发生地"包括污染物排放地、倾倒地、堆放地、污染发生地等。

多个公安机关都有权立案侦查的,由最初受理的或者主要犯罪地的公安机关立案侦查,管辖有争议的,按照有利于查清犯罪事实、有利于诉讼的原则,由共同的上级公安机关协调确定的公安机关立案侦查,需要提请批准逮捕、移送审查起诉、提起公诉的,由该公安机关所在地的人民检察院、人民法院受理。

13. 关于危险废物的认定

会议针对危险废物如何认定以及是否需要鉴定的问题进行了讨论。会议认为,根据《环境解释》的规定精神,对于列入《国家危险废物名录》的,如果来源和相应特征明确,司法人员根据自身专业技术知识和工作经验认定难度不大的,司法机关可以依据名录直接认定。对于来源和相应特征不明确的,由生态环境部门、公安机关等出具书面意见,司法机关可以依据涉案物质的来源、产生过程、被告人供述、证人证言以及经批准或者备案的环境影响评价文件等证据,结合上述书面意见作出是否属于危险废物的认定。对于需要生态环境部门、公安机关等出具书面认定意见的,区分下列情况分别处理:(1)对已确认固体废物产生单位,且产废单位环评文件中明确为危险废物的,根据产废单位建设项目环评文件和审批、验收意见、案件笔录等材料，可对照《国家危险废物名录》等出具认定意见。(2)对已确认固体废物产生单位，但产废单位环评文件中未明确为危险废物的，应进一步分析废物产生工艺，对照判断其是否列入《国家危险废物名录》。列入名录的可以直接出具认定意见；未列入名录的，应根据原辅材料、产生工艺等进一步分析其是否具有危险特性，不可能具有危险特性的，不属于危险废物；可能具有危险特性的，抽取典型样品进行检测，并根据典型样品检测指标浓度，对照《危险废物鉴别标准》(GB 5085.1－7)出具认定意见。(3)对固体废物产生单位无法确定的，应抽取典型样品进行检测，根据典型样品检测指标浓度，对照《危险废物鉴别标准》(GB 5085.1－7)出具认定意见。对确需进一步委托有相关资质的检测鉴定机构进行检测鉴定的，生态环境部门或者公安机关按照有关规定开展检测鉴定工作。

14. 关于鉴定的问题

会议指出，针对当前办理环境污染犯罪案件中存在的司法鉴定有关问题，司法部将会同生态环境部，加快准入一批诉讼急需、社会关注的环境损害司法鉴定机构，加快对环境损害司法鉴定相关技术规范和标准的制定、修改和认定工作，规范鉴定程序，指导各地司法行政机关会同价格主管部门制定出台环境损害司法鉴定收费标准，加强与办案机关的沟通衔接，更好地满足办案机关需求。

会议要求，司法部应当根据《关于严格准入严格监管提高司法鉴定质量和公信力的意见》(司发〔2017〕11号)的要求，会同生态环境部加强对环境损害司法鉴定机构的事中事后监管，加强司法鉴定社会信用体系建设，建立黑名单制度，完善退出机制，及时向社会公开违法违规的环境损害司法鉴定机构和鉴定人行政处罚、行业惩戒等监管信息，对弄虚作假造成环境损害鉴定评估结论严重失实或者违规收取高额费用、情节严重的，依法撤销登记。鼓励有关单位或者个人向司法部、生态环境部举报环境损害司法鉴定机构的违法违规行为。

会议认为，根据《环境解释》的规定精神，对涉及案件定罪量刑的核心或者关键专门性问题难以确定的，由司法鉴定机构出具鉴定意见。实践中，这类核心或者关键专门性问题主要是案件具体适用的定罪量刑标准涉及的专门性问题，比如公私财产损失数额、超过排放标准倍数、污染物性质判断等。对案件的其他非核心或者关键专门性问题，或者可鉴定也可不鉴定的专门性问题，一般不委托鉴定。比如，适用《环境解释》第一条第二项“非法排放、倾倒、处置危险废物三吨以上”的规定对当事人追究刑事责任的,除可能适用公私财产损失第二档定罪量刑标准的以外,则不应再对公私财产损失数额或者超过排放标准倍数进行鉴定。涉及案件定罪量刑的核心或者关键专门性问题难以鉴定或者鉴定费用明显过高的,司法机关可以结合案件其他证据,并参考生态环境部门意见、专家意见等作出认定。

15. 关于监测数据的证据资格问题

会议针对实践中地方生态环境部门及其所属监测机构委托第三方监测机构出具报告的证据资格问题进行了讨论。会议认为,地方生态环境部门及其所属监测机构委托第三方监测机构出具的监测报告,地方生态环境部门及其所属监测机构在行政执法过程中予以采用的,其实质属于《环境解释》第十二条规定的“环境保护主管部门及其所属监测机构在行政执法过程中收集的监测数据”,在刑事诉讼中可以作为证据使用。

2.《最高人民法院、最高人民检察院、公安部、农业农村部依法惩治长江流域非法捕捞等违法犯罪的意见》

（公通字〔2020〕17 号,2020 年 12 月 17 日实施）

为依法惩治长江流域非法捕捞等危害水生生物资源的各类违法犯罪,保障长江流域禁捕工作顺利实施,加强长江流域水生生物资源保护,推进水域生态保护修复,促进生态文明建设,根据有关法律、司法解释的规定,制定本意见。

一、提高政治站位,充分认识长江流域禁捕的重大意义

长江流域禁捕是贯彻习近平总书记关于“共抓大保护、不搞大开发”的重要指示精神,保护长江母亲河和加强生态文明建设的重要举措,是为全局计、为子孙谋,功在当代、利在千秋的重要决策。各级人民法院、人民检察院、公安机关、农业农村(渔政)部门要增强“四个意识”、坚定“四个自信”、做到“两个维护”,深入学习领会习近平总书记重要指示批示精神,把长江流域重点水域禁捕工作作为当前重大政治任务,用足用好法律规定,依法严惩非法捕捞等危害水生生物资源的各类违法犯罪,加强行政执法与刑事司法衔接,全力摧毁“捕、运、销”地下产业链,为推进长江流域水生生物资源和水域生态保护修复,助力长江经济带高质量绿色发展提供有力法治保障。

二、准确适用法律，依法严惩非法捕捞等危害水生生物资源的各类违法犯罪

（一）依法严惩非法捕捞犯罪。违反保护水产资源法规，在长江流域重点水域非法捕捞水产品，具有下列情形之一的，依照刑法第三百四十条的规定，以非法捕捞水产品罪定罪处罚：

1. 非法捕捞水产品五百公斤以上或者一万元以上的；

2. 非法捕捞具有重要经济价值的水生动物苗种、怀卵亲体或者在水产种质资源保护区内捕捞水产品五十公斤以上或者一千元以上的；

3. 在禁捕区域使用电鱼、毒鱼、炸鱼等严重破坏渔业资源的禁用方法捕捞的；

4. 在禁捕区域使用农业农村部规定的禁用工具捕捞的；

5. 其他情节严重的情形。

（二）依法严惩危害珍贵、濒危水生野生动物资源犯罪。在长江流域重点水域非法猎捕、杀害中华鲟、长江鲟、长江江豚或者其他国家重点保护的珍贵、濒危水生野生动物，价值二万元以上不满二十万元的，应当依照刑法第三百四十一条的规定，以非法猎捕、杀害珍贵、濒危野生动物罪，处五年以下有期徒刑或者拘役，并处罚金；价值二十万元以上不满二百万元的，应当认定为“情节严重”，处五年以上十年以下有期徒刑，并处罚金；价值二百万元以上的，应当认定为“情节特别严重”，处十年以上有期徒刑，并处罚金或者没收财产。

（三）依法严惩非法渔获物交易犯罪。明知是在长江流域重点水域非法捕捞犯罪所得的水产品而收购、贩卖，价值一万元以上的，应当依照刑法第三百一十二条的规定，以掩饰、隐瞒犯罪所得罪定罪处罚。

非法收购、运输、出售在长江流域重点水域非法猎捕、杀害的中华鲟、长江鲟、长江江豚或者其他国家重点保护的珍贵、濒危水生野生动物及其制品，价值二万元以上不满二十万元的，应当依照刑法第三百四十一条的规定，以非法收购、运输、出售珍贵、濒危野生动物、珍贵、濒危野生动物制品罪，处五年以下有期徒刑或者拘役，并处罚金；价值二十万元以上不满二百万元的，应当认定为“情节严重”，处五年以上十年以下有期徒刑，并处罚金；价值二百万元以上的，应当认定为“情节特别严重”，处十年以上有期徒刑，并处罚金或者没收财产。

（四）依法严惩危害水生生物资源的单位犯罪。水产品交易公司、餐饮公司等单位实施本意见规定的行为，构成单位犯罪的，依照本意见规定的定罪量刑标准，对直接负责的主管人员和其他直接责任人员定罪处罚，并对单位判处罚金。

（五）依法严惩危害水生生物资源的渎职犯罪。对长江流域重点水域水生生物资源保护负有监督管理、行政执法职责的国家机关工作人员，滥用职权或者玩忽职守，致使公共财产、国家和人民利益遭受重大损失的，应当依照刑法第三百九十七条的规定，以滥用职权罪或者玩忽职守罪定罪处罚。

负有查禁破坏水生生物资源犯罪活动职责的国家机关工作人员，向犯罪分子通风报信、提供便利，帮助犯罪分子逃避处罚的，应当依照刑法第四百一十七条的规定，以帮助犯罪分子逃避处罚罪定罪处罚。

（六）依法严惩危害水生生物资源的违法行为。实施上述行为，不构成犯罪的，由农业农村（渔政）部门等依据《渔业法》等法律法规予以行政处罚；构成违反治安管理行为的，由公安机关依法给予治安管理处罚。

（七）贯彻落实宽严相济刑事政策。多次实施本意见规定的行为构成犯罪，依法应当追诉的，或者二年内二次以上实施本意见规定的行为未经处理的，数量数额累计计算。

实施本意见规定的犯罪，具有下列情形之一的，从重处罚：（1）暴力抗拒、阻碍国家机关工作人员依法履行职务，尚未构成妨害公务罪的；（2）二年内曾因实施本意见规定的行为受过处罚的；（3）对长江生物资源或水域生态造成严重损害的；（4）具有造成重大社会影响等恶劣情节的。具有上述情形的，一般不适用不起诉、缓刑、免予刑事处罚。

非法捕捞水产品，根据渔获物的数量、价值和捕捞方法、工具等情节，认为对水生生物资源危害明显较轻的，可以认定为犯罪情节轻微，依法不起诉或者免予刑事处罚，但是曾因破坏水产资源受过处罚的除外。

非法猎捕、收购、运输、出售珍贵、濒危水生野生动物，尚未造成动物死亡，综合考虑行为手段、主观罪过、犯罪动机、获利数额、涉案水生生物的濒危程度、数量价值以及行为人的认罪悔罪态度、修复生态环境情况等情节，认为适用本意见规定的定罪量刑标准明显过重的，可以结合具体案件的实际情况依法作出妥当处理，确保罪责刑相适应。

三、健全完善工作机制，保障相关案件的办案效果

（一）做好退捕转产工作。根据有关规定，对长江流域捕捞渔民按照国家和所在地相关政策开展退捕转产,重点区域分类实行禁捕。要按照中央要求,加大投入力度,落实相关补助资金,根据渔民具体情况,分类施策、精准帮扶,通过发展产业、务工就业、支持创业、公益岗位等多种方式促进渔民转产就业,切实维护退捕渔民的权益,保障退捕渔民的生计。

(二)加强禁捕行政执法工作。长江流域各级农业农村(渔政)部门要加强禁捕宣传教育引导,对重点水域禁捕区域设立标志,建立"护渔员"协管巡护制度,不断提高人防技防水平,确保禁捕制度顺利实施。要强化执法队伍和能力建设,严格执法监管,加快配备禁捕执法装备设施,加大行政执法和案件查处力度,有效落实长江禁捕要求。对非法捕捞涉及的无船名船号、无船籍港、无船舶证书的船舶,要完善处置流程,依法予以没收、拆解、处置。要加大对制销禁用渔具等违法行为的查处力度,对制造、销售禁用渔具的,依法没收禁用渔具和违法所得,并予以罚款。要加强与相关部门协同配合,强化禁捕水域周边区域管理和行政执法,加强水产品交易市场、餐饮行业管理,依法依规查处非法捕捞和收购、加工、销售、利用非法渔获物等行为,斩断地下产业链。要加强行政执法与刑事司法衔接,对于涉嫌犯罪的案件,依法及时向公安机关移送。对水生生物资源保护负有监管职责的行政机关违法行使职权或者不作为,致使国家利益或者社会公共利益受到侵害的,检察机关可以依法提起行政公益诉讼。

(三)全面收集涉案证据材料。对于农业农村(渔政)部门等行政机关在行政执法和查办案件过程中收集的物证、书证、视听资料、电子数据等证据材料,在刑事诉讼或者公益诉讼中可以作为证据使用。农业农村(渔政)部门等行政机关和公安机关要依法及时、全面收集与案件相关的各类证据,并依法进行录音录像,为案件的依法处理奠定事实根基。对于涉案船只、捕捞工具、渔获物等,应当在采取拍照、录音录像、称重、提取样品等方式固定证据后,依法妥善保管;公安机关保管有困难的,可以委托农业农村(渔政)部门保管;对于需要放生的渔获物,可以在固定证据后先行放生;对于已死亡且不宜长期保存的渔获物,可以由农业农村(渔政)部门采取捐赠捐献用于科研、公益事业或者销毁等方式处理。

(四)准确认定相关专门性问题。对于长江流域重点水域禁捕范围(禁捕区域和时间),依据农业农村部关于长江流域重点水域禁捕范围和时间的有关通告确定。涉案渔获物系国家重点保护的珍贵、濒危水生野生动物的,动物及其制品的价值可以根据国务院野生动物保护主管部门综合考虑野生动物的生态、科学、社会价值制定的评估标准和方法核算。其他渔获物的价值,根据销赃数额认定;无销赃数额、销赃数额难以查证或者根据销赃数额认定明显偏低的,根据市场价格核算;仍无法认定的,由农业农村(渔政)部门认定或者由有关价格认证机构作出认证并出具报告。对于涉案的禁捕区域、禁捕时间、禁用方法、禁用工具、渔获物品种以及对水生生物资源的危害程度等专门性问题,由农业农村(渔政)部门于二个工作日以内出具认定意见;难以确定的,由司法鉴定机构出具鉴定意见,或者由农业农村部指定的机构出具报告。

(五)正确认定案件事实。要全面审查与定罪量刑有关的证据,确保据以定案的证据均经法定程序查证属实,确保综合全案证据,对所认定的事实排除合理怀疑。既要审查犯罪嫌疑人、被告人的供述和辩解,更要重视对相关物证、书证、证人证言、视听资料、电子数据等其他证据的审查判断。对于携带相关工具但是否实施电鱼、毒鱼、炸鱼等非法捕捞作业,是否进入禁捕水域范围以及非法捕捞渔获物种类、数量等事实难以直接认定的,可以根据现场执法音视频记录、案发现场周边视频监控、证人证言等证据材料,结合犯罪嫌疑人、被告人的供述和辩解等,综合作出认定。

(六)强化工作配合。人民法院、人民检察院、公安机关、农业农村(渔政)部门要依法履行法定职责,分工负责,互相配合,互相制约,确保案件顺利移送、侦查、起诉、审判。对于阻挠执法、暴力抗法的,公安机关要依法及时处置,确保执法安全。犯罪嫌疑人、被告人自愿如实供述自己的罪行,承认指控的犯罪事实,愿意接受处罚的,可以依法从宽处理;对于犯罪情节轻微,依法不需要判处刑罚或者免除刑罚的,人民检察院可以作出不起诉决定。对于实施危害水生生物资源的行为,致使社会公共利益受到侵害的,人民检察院可以依法提起民事公益诉讼。对于人民检察院作出不起诉决定、人民法院作出无罪判决或者免予刑事处罚,需要行政处罚的案件,由农业农村(渔政)部门等依法给予行政处罚。

(七)加强宣传教育。人民法院、人民检察院、公安机关、农业农村(渔政)部门要认真落实"谁执法谁普法"责任制,结合案件办理深入细致开展法治宣传教育工作。要选取典型案例,以案释法,加大警示教育,震慑违法犯罪分子,充分展示依法惩治长江流域非法捕捞等违法犯罪、加强水生生物资源保护和水域生态保护修复的决心。要引导广大群众遵纪守法,依法支持和配合禁捕工作,为长江流域重点水域禁捕的顺利实施营造良好的法治和社会环境。

3.《检察机关办理长江流域非法捕捞案件有关法律政策问题的解答》

（高检办发〔2021〕1 号,2021 年 2 月 24 日实施）

为贯彻落实习近平总书记关于“共抓大保护、不搞大开发”重要指示精神,服务保障党中央、国务院关于长江“十年禁渔”重大决策部署,确保各级检察机关正确理解和准确适用刑法、长江保护法、渔业法,以及《最高人民法院、最高人民检察院、公安部、农业农村部依法惩治长江流域非法捕捞等违法犯罪的意见》（以下简称《意见》）等规定,现就办理长江流域非法捕捞案件有关法律政策问题,作如下解答。

一、办理长江流域非法捕捞案件,如何准确把握“长江流域重点水域”禁捕范围?

答:根据《意见》规定,办理涉长江流域重点水域的非法捕捞等危害水生生物资源的各类违法犯罪案件应当适用《意见》。司法实践中,检察机关要依照《农业农村部关于长江流域重点水域禁捕范围和时间的通告》（农业农村部通告〔2019〕4 号）和《农业农村部关于设立长江口禁捕管理区的通告》（农业农村部通告〔2020〕3 号）,准确把握“长江流域重点水域”禁捕范围。禁捕范围包括五类区域:

（一）长江流域水生生物保护区。包括《农业部关于公布率先全面禁捕长江流域水生生物保护区名录的通告》（农业部通告〔2017〕6 号）公布的长江上游珍稀特有鱼类国家级自然保护区等 332 个自然保护区和水产种质资源保护区,以及今后长江流域范围内新建立的以水生生物为主要保护对象的自然保护区和水产种质资源保护区。

（二）长江干流和重要支流。包括青海省曲麻莱县以下至长江河口（东经 122°、北纬 31°36′30″、北纬 30°54′之间的区域）的长江干流江段,岷江、沱江、赤水河、嘉陵江、乌江、汉江等重要通江河流在甘肃省、陕西省、云南省、贵州省、四川省、重庆市、湖北省境内的干流江段,大渡河在青海省和四川省境内的干流河段,以及各省确定的其他重要支流。

（三）长江口禁捕管理区。长江口禁捕管理区范围为东经122°15′、北纬31°41′36″、北纬30°54′形成的框型区线，向西以水陆交界线为界。

（四）大型通江湖泊。相关省级渔业行政主管部门划定的鄱阳湖、洞庭湖等大型通江湖泊除水生生物自然保护区和水产种质资源保护区以外的禁捕天然水域。

（五）其他重点水域。相关省级渔业行政主管部门划定的与长江干流、重要支流、大型通江湖泊连通的其他禁捕天然水域。

对于涉案的禁捕区域，检察机关可以根据《意见》规定，结合案件具体情况，商请农业农村（渔政）部门出具认定意见。

二、办理长江流域非法捕捞案件，如何准确把握非法捕捞水产品罪的入罪标准？

答：根据刑法第三百四十条的规定，非法捕捞水产品罪是指违反保护水产资源法规，在禁渔区、禁渔期或者使用禁用的工具、方法捕捞水产品，情节严重的行为。《意见》明确了在长江流域重点水域非法捕捞水产品，构成非法捕捞水产品罪的入罪标准：1. 非法捕捞水产品五百公斤以上或者价值一万元以上的；2. 非法捕捞具有重要经济价值的水生动物苗种、怀卵亲体或者在水产种质资源保护区内捕捞水产品五十公斤以上或者价值一千元以上的；3. 在禁捕区域使用电鱼、毒鱼、炸鱼等严重破坏渔业资源的禁用方法捕捞的；4. 在禁捕区域使用农业农村部规定的禁用工具捕捞的；5. 其他情节严重的情形。

司法实践中，检察机关要依照刑法和《意见》相关规定，根据案件具体情况，从行为人犯罪动机、主观故意、所使用的方法、工具、涉案水生生物的珍贵、濒危程度、案发后修复生态环境情况等方面，综合判断其行为的社会危害性。既要用足用好法律规定，总体体现依法从严惩治的政策导向，又要准确把握司法办案尺度，切实避免"一刀切"简单司法、机械办案。

要注意防止"唯数量论"与"唯结果论"的做法。对于刚达到《意见》规定的数量或价值标准，行为人积极配合调查并接受且具有本解答规定的从宽处罚情形之一的，可以不追究刑事责任；需要给予行政处罚的，移送有关主管部门进行行政处罚。

三、办理长江流域非法捕捞案件，如何准确认定"电鱼、毒鱼、炸鱼等严重破坏渔业资源的禁用方法"和"农业农村部规定的禁用工具"？

答：根据《意见》规定，"在禁捕区域使用电鱼、毒鱼、炸鱼等严重破坏渔业资源的禁用方法捕捞”和“在禁捕区域使用农业农村部规定的禁用工具捕捞”，是构成非法捕捞水产品罪的两项入罪追诉标准。

在认定“禁用方法”时，要注意审查具体方法对渔业资源的严重危害程度。对于在禁捕区域使用电鱼、毒鱼、炸鱼方法的，一般应当以非法捕捞水产品罪追究刑事责任。对于确属情节轻微、对渔业资源危害不大，依法不需要判处刑罚或者可以免除刑罚的，可以依法作出不起诉决定。对于电鱼、毒鱼、炸鱼以外的其他严重破坏渔业资源的禁用方法，注意从两个方面来把握：一是具有破坏渔业资源正常生长繁殖的现实危害或危险性；二是与电鱼、毒鱼、炸鱼方法的社会危害程度大致相当。对于虽使用禁用方法但尚未严重破坏渔业资源的行为，检察机关在依法作出不起诉决定的同时，应当依照长江保护法、渔业法等相关规定，移送有关主管部门给予行政处罚。

在认定“禁用工具”时，应当适用农业农村部出台的标准。办案中可参照《农业部关于长江干流禁止使用单船拖网等十四种渔具的通告（试行）》（农业部通告〔2017〕2 号）的规定，将单船拖网、双船拖网、多船拖网、多桩有翼单囊张网、双锚框架张网、拦河撑架敷网、岸敷箕状敷网、岸敷撑架敷网、拦截插网陷阱、拦截箔筌陷阱、导陷插网陷阱、导陷箔荃陷阱、拖曳齿耙耙刺、定置延绳滚钩耙刺等十四种渔具，认定为“农业农村部规定的禁用工具”。农业农村部没有相应标准的，对相关工具不应认定为非法捕捞水产品罪中的“禁用工具”；前述认定不影响对相应行为的行政处罚。

四、办理长江流域非法捕捞案件，如何准确认定行为人的主观故意？

答：在认定行为人是否具有非法捕捞水产品犯罪的主观故意时，应当依据其生活背景、职业经历、捕捞方法、捕捞工具、渔获物去向、获利资金流向，以及本人有无因同类行为受到行政处罚或者刑事追究情况等方面的证据，进行综合分析判断。

在办理非法捕捞水产品的案件中，认定主观故意原则上不要求行为人对有关禁渔区、禁渔期或者禁用的工具、方法等法律规定具有明确的认知，只要其认识到行为可能违法、被禁止即可。对于行为人作出合理解释，或者有证据证明其确系对禁捕区域、禁捕时间、禁用方法或者禁用工具不知情的，依法可不作为犯罪处理，但应当做好宣传教育工作，移送有关主管部门予以行政处罚。

五、办理长江流域非法捕捞案件，如何贯彻宽严相济刑事政策？

答：检察机关办理非法捕捞水产品案件，应当贯彻宽严相济刑事政策，准确判断行为人的责任轻重和刑事追究的必要性，综合运用刑事、行政、经济手段惩治违法犯罪，做到惩处少数、教育挽救大多数，实现罪责刑相适应。对于不同性质案件的处理，要体现区别对待的原则：一方面，要从严惩处有组织的、经常性的或者形成产业链的危害水生生物资源犯罪；另一方面，对个人偶尔实施的不具有生产性、经营性的非法捕捞行为要慎用刑罚，危害严重构成犯罪的，在处罚时应与前一类犯罪案件有所区别。

除《意见》规定的从重处罚情形外，对具有下列情形之一的，一般可以认定为非法捕捞水产品罪的从严处罚情形，并依法提出从严的量刑建议：1. 在繁育期非法捕捞的；2. 纠集多条船只或者使用大型设施设备非法捕捞的；3. 以非法捕捞为业的；4. 与黑恶势力犯罪相交织的；5. 其他严重破坏渔业资源或者生态环境的情形。

对具有下列情形之一的，一般可以认定为非法捕捞水产品罪的从宽处罚情形，并依法提出从宽的量刑建议：1. 不以生产、经营为目的，使用小型网具、钓具等对渔业资源和生态环境危害较轻的工具、方法非法捕捞的；2. 自愿认罪认罚的；3. 具有积极承诺及履行生态环境修复义务等悔罪表现的；4. 其他对渔业资源、生态环境损害较轻的情形。如果行为人主观恶性不大，并综合捕捞方法、工具、渔获物的数量、价值等情节，认为对水生生物资源危害明显较轻的，可以认定为犯罪情节轻微，依法作出不起诉决定。

六、办理长江流域非法捕捞案件，如何准确把握非法捕捞水产品罪与其他关联犯罪的界限？

答：《意见》要求全力摧毁危害长江流域水生生物资源的“捕、运、销”地下产业链，并明确了关联犯罪的定罪量刑标准。司法实践中，检察机关要注意从以下几个方面把握非法捕捞水产品罪与关联犯罪的界限，推动形成“水上不捕、市场不卖、餐厅不做、群众不吃”的良好氛围。

一是注意把握非法捕捞水产品罪与掩饰、隐瞒犯罪所得、犯罪所得收益罪的界限。两罪是上下游犯罪的关系，后罪的成立要求上游行为达到犯罪的程度。基于处罚平衡的考虑，为避免罪刑倒挂现象，对于明知是在长江流域重点水域非法捕捞犯罪所得的水产品而予以窝藏、转移、收购、代为销售或者以其他方法掩饰、隐瞒，价值一万元以上的，一般应依照刑法第三百一十二条的规定以掩饰、隐瞒犯罪所得、犯罪所得收益罪，提出处三年以下有期徒刑、拘役或者管制，并处或者单处罚金的量刑建议。

二是注意把握非法捕捞水产品罪与非法猎捕、杀害珍贵、濒危野生动物罪的界限。前罪的保护对象是“水产品”，包括一般的水生动物与珍贵、濒危的水生动物，后罪的保护对象是“国家重点保护的珍贵、濒危野生动物”。行为人基于同一主观故意，实施同一非法捕捞行为，但捕捞对象同时涉及一般水生动物与珍贵、濒危水生动物的，应区分以下情况处理：第一种情况，同一行为同时构成两罪，应当从一重罪论处，对涉案一般水生生物的数量或价值作为量刑情节考虑，以非法猎捕、杀害珍贵、濒危野生动物罪定性并酌情从重处理；第二种情况，同一行为不能分别构成两罪，但涉案水生生物的数量或价值按相应比例折算后合计达到非法捕捞水产品罪入罪标准的，应以非法捕捞水产品罪定性处理；第三种情况，同一行为构成非法捕捞水产品罪，但尚不构成非法猎捕、杀害珍贵、濒危野生动物罪的，对涉案珍贵、濒危水生动物的数量或价值按相应比例折算后，一并以非法捕捞水产品罪定性处理；第四种情况，同一行为构成非法猎捕、杀害珍贵、濒危野生动物罪，但尚不构成非法捕捞水产品罪的，对涉案一般水生生物的数量或价值作为量刑情节考虑，以非法猎捕、杀害珍贵、濒危野生动物罪定性并酌情从重处理。

三是注意把握非法捕捞水产品罪与非法收购、运输、出售珍贵、濒危野生动物、珍贵、濒危野生动物制品罪的界限。根据刑法和《意见》的规定，非法收购、运输、出售在长江流域重点水域非法猎捕、杀害的中华鲟、长江鲟、长江江豚或者其他国家重点保护的珍贵、濒危水生野生动物及其制品，达到相应价值标准的，以非法收购、运输、出售珍贵、濒危野生动物、珍贵、濒危野生动物制品罪定罪处罚。同时，根据全国人大常委会《关于〈中华人民共和国刑法〉第三百四十一条、第三百一十二条的解释》，知道或者应当知道是国家重点保护的珍贵、濒危野生动物及其制品，为食用或者其他目的而非法购买，符合刑法第三百四十一条第一款规定的，以非法收购珍贵、濒危野生动物、珍贵、濒危野生动物制品罪定罪处罚。

四是注意认定非法捕捞水产品犯罪的其他关联犯罪。制造、销售禁用渔具，情节严重，符合刑法第一百四十条或者第一百四十六条规定的，以生产、销售伪劣产品罪或者生产、销售不符合安全标准的产品罪定罪处罚。明知是长江流域非法捕捞渔获物而利用信息网络设立用于收购、出售的网站、通讯群组，或者发布相关犯罪信息，情节严重，符合刑法第二百八十七条之一规定的，以非法利用信息网络罪定罪处罚。

五是注意认定非法捕捞水产品犯罪的共同犯罪。事前通谋，按照分工分别实施非法捕捞、运输、销售等行为的，以共同犯罪论处。明知他人从事非法捕捞，仍为其提供工具、运输、加工、销售等帮助的，以共同犯罪论处。

七、办理长江流域非法捕捞案件，检察机关如何落实在办案中监督、在监督中办案的要求？

答：各级检察机关要深刻认识到法律监督与诉讼办案职能一体两面的特性，重点做好以下工作：

一是加强“行刑衔接”。要健全与行政执法机关、公安机关执法司法信息共享、案情通报、案件移送制度，推动实现行政执法与刑事司法的无缝对接、双向衔接。发现农业农村（渔政）、市场监管等行政执法机关对应当移送的涉嫌非法捕捞犯罪案件不移送的，应当提出意见，建议其移送。相关行政执法机关仍不移送的，应当将有关情况书面告知公安机关，并监督公安机关及时立案侦查。对于行政执法机关移送的案件，检察机关依法作出不起诉决定的，应当将决定不起诉案件处理结果及时书面告知相应行政执法机关。对被不起诉人需要给予行政处罚的，应当提出检察意见，移送有关行政机关处理。要加强跟踪监督，督促行政执法机关及时将处理结果通知检察机关。

二是加强立案监督。要注重监督实效，切实防止和纠正有案不立和违法立案的情况。对应当立案而不立案，或者明显不构成犯罪的案件公安机关立案的，应当要求公安机关书面说明不立案或者立案的理由。认为公安机关不立案或者立案的理由不成立的，经检察长或者检察委员会决定，应当通知公安机关立案或者撤销案件。

三是加强引导取证和侦查监督。经公安机关商请或者检察机关认为确有必要时，可以派员介入重大、疑难、复杂案件的侦查活动。结合非法捕捞及有关关联犯罪的特点，引导侦查机关收集、完善和固定证据。特别是在“捕、运、销”形成链条的共同犯罪案件中，注意引导侦查机关全面收集各环节实施犯罪的证据，查明犯罪团伙各成员的地位、作用，准确判断共同犯罪故意。对公安机关侦查活动中的违法行为，及时提出纠正意见。

四是加强审判监督。强化审判监督意识，进一步明确认罪认罚从宽的具体标准,统一司法尺度,减少量刑分歧。重点加强对涉长江流域重点水域非法捕捞案件诉判不一、量刑畸轻畸重、判处缓免刑不当的监督。对符合法定抗诉情形的,要依法进行抗诉。

五是加强执行监督。完善执行监督机制,确保刑罚(包括财产刑)以及刑事附带民事公益诉讼裁判执行到位。加强对司法工作人员履职的监督,对于司法办案中存在滥用职权、玩忽职守、徇私枉法等行为,构成犯罪的,依法立案侦查。

八、办理长江流域非法捕捞案件,检察机关如何贯彻恢复性司法理念?

答:检察机关要顺应公共利益代表的时代需求,不断增强系统思维,在办案中贯彻恢复性司法理念。实践中,重点做好以下工作:

一是坚持“专业化法律监督 + 恢复性司法实践 + 社会化综合治理”的生态检察模式。总结推广长江流域生态保护和环境治理的检察经验,统筹兼顾长江流域不同环境要素的修复,积极探索适用增殖放流、劳务代偿、替代履行等生态修复方式,将生态环境修复义务承诺及履行情况作为量刑情节,对积极主动修复生态环境的被告人依法从宽处罚,实现惩治犯罪和修复生态相统一,促进长江水生生物资源恢复。对于渔获物符合放生条件的,改进取证方式,及时委托专业救护,防止渔获物因办案被“保护性伤害”。

二是充分发挥“河(湖)长 + 检察长”制度作用。总结推广“河(湖)长 + 检察长”机制建设的经验做法,推动将禁捕退捕工作纳入地方政府绩效考核和河长制、湖长制等目标任务考核体系。建立定期通报和约谈制度,防止工作推进不力、责任落实不到位。建立健全涉渔案件、事件应急处置快速反应体系,提高协同协作质量效率。统一上下游、左右岸执法司法标准和尺度。

三是积极消除违法信息的负面影响。针对办案中发现电商平台、短视频、直播平台等放任用户发布涉渔禁限售商品或者服务,教唆、引诱非法捕捞行为,传授制作、使用禁用工具的方法或者涉渔虚假广告等违法信息的,应当建议主管部门责令相关责任主体,在删除、屏蔽、下架违法信息或者商品的基础上,通过发布声明、公开道歉、现身说法、公益广告等方式消除影响,修复受损的正常网络秩序。

九、检察机关如何通过民事公益诉讼,服务保障长江流域禁捕工作?

答:《意见》提出,对于实施危害水生生物资源的行为,致使社会公共利益受到侵害的,检察机关可以依法提起民事公益诉讼。实践中,重点做好以下工作:

一是优先提起刑事附带民事公益诉讼。在依法追究刑事责任的同时,一并诉请人民法院责令被告承担修复生态环境、赔偿损失、停止侵害、排除妨碍、消除危险、赔礼道歉等民事责任。

二是必要时单独提起民事公益诉讼。单独提起民事公益诉讼更有利于及时有效实现“捕、运、销”全链条整治和生态功能修复的,或者已承担刑事责任仍需承担生态环境损害赔偿责任,检察机关履行诉前公告程序过程中,相关刑事案件已依法审理的,可以另行提起民事公益诉讼。

三是加强民事公益诉讼与生态环境损害赔偿诉讼的衔接。检察机关应当坚持民事公益诉讼后位性、补充性的定位,履职中发现因非法捕捞造成长江流域生态受损情况,可以与损害赔偿权利人进行沟通,告知其依法及时提起生态环境损害赔偿诉讼。检察机关可以对生态环境损害赔偿磋商和诉讼提供法律支持。赔偿权利人在合理期限内不提起诉讼的,检察机关可以依法提起民事公益诉讼。

检察机关可以根据《关于推进生态环境损害赔偿制度改革若干具体问题的意见》的规定,商请有关行政机关提供证据材料和技术方面的支持。在对同一损害生态环境行为同时提起生态环境损害赔偿诉讼和民事公益诉讼的情况下,应当加强与生态环境损害赔偿诉讼原告的协调,推动案件依法妥善处理。

十、检察机关如何运用检察建议服务保障长江流域禁捕工作,推动长江流域治理?

答:检察建议在服务保障长江流域禁捕工作,推动长江流域生态保护方面具有积极作用。实践中,重点做好以下工作:

一是发现负有禁捕、退捕转产、渔民安置等职责的行政主管部门不依法及时履行职责,导致非法捕捞屡禁不止,或者在禁捕工作中矫枉过正损害渔民和有关单位、组织的合法权益,或者未依据相关规定开展退捕转产工作,致使渔民得不到妥善安置,转产转业未予落实的,可以向有关行政主管部门提出社会治理检察建议。

二是发现运输企业、水产品交易市场、餐饮企业等有关单位和组织,因工作程序存在疏漏、监督管理不严格、检查验收制度不健全、执行不到位等问题,导致发生运输、买卖非法捕捞的水产品等违法犯罪行为,或者存在违法犯罪隐患的,可以向有关单位和组织提出社会治理检察建议。

三是发现在禁捕退捕工作中渔民因退捕安置、转产转业产生矛盾纠纷,可能导致发生群体性事件或者恶性案件，需要督促有关部门完善风险预警防范措施，加强调解疏导工作的，可以向有关部门提出社会治理检察建议。

四是发现对生态保护负有监督管理职责的部门违法行使职权或者不作为，致使长江流域生态环境或者水生生物资源遭受严重破坏，损害国家利益和社会公共利益，符合法律规定的公益诉讼条件的，应当向有关部门提出公益诉讼诉前检察建议。

4.《最高人民法院、最高人民检察院、公安部、司法部关于依法惩治非法野生动物交易犯罪的指导意见》

（公通字〔2020〕19 号，2020 年 12 月 18 日实施）

为依法惩治非法野生动物交易犯罪，革除滥食野生动物的陋习，有效防范重大公共卫生风险，切实保障人民群众生命健康安全，根据有关法律、司法解释的规定，结合侦查、起诉、审判实践，制定本意见。

一、依法严厉打击非法猎捕、杀害野生动物的犯罪行为，从源头上防控非法野生动物交易。

非法猎捕、杀害国家重点保护的珍贵、濒危野生动物，符合刑法第三百四十一条第一款规定的，以非法猎捕、杀害珍贵、濒危野生动物罪定罪处罚。

违反狩猎法规，在禁猎区、禁猎期或者使用禁用的工具、方法进行狩猎，破坏野生动物资源，情节严重，符合刑法第三百四十一条第二款规定的，以非法狩猎罪定罪处罚。

违反保护水产资源法规，在禁渔区、禁渔期或者使用禁用的工具、方法捕捞水产品，情节严重，符合刑法第三百四十条规定的，以非法捕捞水产品罪定罪处罚。

二、依法严厉打击非法收购、运输、出售、进出口野生动物及其制品的犯罪行为，切断非法野生动物交易的利益链条。

非法收购、运输、出售国家重点保护的珍贵、濒危野生动物及其制品，符合刑法第三百四十一条第一款规定的，以非法收购、运输、出售珍贵、濒危野生动物、珍贵、濒危野生动物制品罪定罪处罚。

走私国家禁止进出口的珍贵动物及其制品，符合刑法第一百五十一条第二款规定的，以走私珍贵动物、珍贵动物制品罪定罪处罚。

三、依法严厉打击以食用或者其他目的非法购买野生动物的犯罪行为，坚决革除滥食野生动物的陋习。

知道或者应当知道是国家重点保护的珍贵、濒危野生动物及其制品，为食用或者其他目的而非法购买，符合刑法第三百四十一条第一款规定的，以非法收购珍贵、濒危野生动物、珍贵、濒危野生动物制品罪定罪处罚。

四、二次以上实施本意见第一条至第三条规定的行为构成犯罪，依法应当追诉的，或者二年内二次以上实施本意见第一条至第三条规定的行为未经处理的，数量、数额累计计算。

五、明知他人实施非法野生动物交易行为，有下列情形之一的，以共同犯罪论处：

（一）提供贷款、资金、账号、车辆、设备、技术、许可证件的；

（二）提供生产、经营场所或者运输、仓储、保管、快递、邮寄、网络信息交互等便利条件或者其他服务的；

（三）提供广告宣传等帮助行为的。

六、对涉案野生动物及其制品价值，可以根据国务院野生动物保护主管部门制定的价值评估标准和方法核算。对野生动物制品，根据实际情况予以核算，但核算总额不能超过该种野生动物的整体价值。具有特殊利用价值或者导致动物死亡的主要部分，核算方法不明确的，其价值标准最高可以按照该种动物整体价值标准的80%予以折算，其他部分价值标准最高可以按整体价值标准的20%予以折算，但是按照上述方法核算的价值明显不当的，应当根据实际情况妥当予以核算。核算价值低于实际交易价格的，以实际交易价格认定。

根据前款规定难以确定涉案野生动物及其制品价值的，依据下列机构出具的报告，结合其他证据作出认定：

（一）价格认证机构出具的报告；

（二）国务院野生动物保护主管部门、国家濒危物种进出口管理机构、海关总署等指定的机构出具的报告；

（三）地、市级以上人民政府野生动物保护主管部门、国家濒危物种进出口管理机构的派出机构、直属海关等出具的报告。

七、对野生动物及其制品种属类别，非法捕捞、狩猎的工具、方法，以及对野生动物资源的损害程度、食用涉案野生动物对人体健康的危害程度等专门性问题，可以由野生动物保护主管部门、侦查机关或者有专门知识的人依据现场勘验、检查笔录等出具认定意见。难以确定的，依据司法鉴定机构出具的鉴定意见，或者本意见第六条第二款所列机构出具的报告，结合其他证据作出认定。

八、办理非法野生动物交易案件中，行政执法部门依法收集的物证、书证、视听资料、电子数据等证据材料，在刑事诉讼中可以作为证据使用。

对不易保管的涉案野生动物及其制品，在做好拍摄、提取检材或者制作足以反映原物形态特征或者内容的照片、录像等取证工作后，可以移交野生动物保护主管部门及其指定的机构依法处置。对存在或者可能存在疫病的野生动物及其制品，应立即通知野生动物保护主管部门依法处置。

九、实施本意见规定的行为，在认定是否构成犯罪以及裁量刑罚时，应当考虑涉案动物是否系人工繁育、物种的濒危程度、野外存活状况、人工繁育情况、是否列入国务院野生动物保护主管部门制定的人工繁育国家重点保护野生动物名录，以及行为手段、对野生动物资源的损害程度、食用涉案野生动物对人体健康的危害程度等情节，综合评估社会危害性，确保罪责刑相适应。相关定罪量刑标准明显不适宜的，可以根据案件的事实、情节和社会危害程度，依法作出妥当处理。

十、本意见自下发之日起施行。

5.《最高人民法院、最高人民检察院、公安部、司法部关于依法惩治妨害新型冠状病毒感染肺炎疫情防控违法犯罪的意见》(节选)

(法发〔2020〕7号，2020年2月6日实施)

二、准确适用法律，依法严惩妨害疫情防控的各类违法犯罪

(九)依法严惩破坏野生动物资源犯罪。非法猎捕、杀害国家重点保护的珍贵、濒危野生动物的，或者非法收购、运输、出售国家重点保护的珍贵、濒危野生动物及其制品的，依照刑法第三百四十一条第一款的规定，以非法猎捕、杀害珍贵、濒危野生动物罪或者非法收购、运输、出售珍贵、濒危野生动物、珍贵、濒危野生动物制品罪定罪处罚。违反狩猎法规,在禁猎区、禁猎期或者使用禁用的工具、方法进行狩猎,破坏野生动物资源,情节严重的,依照刑法第三百四十一条第二款的规定,以非法狩猎罪定罪处罚。

……

知道或者应当知道是国家重点保护的珍贵、濒危野生动物及其制品,为食用或者其他目的而非法购买,符合刑法第三百四十一条第一款规定的,以非法收购珍贵、濒危野生动物、珍贵、濒危野生动物制品罪定罪处罚。

……

6.《最高人民法院、最高人民检察院、国家林业局、公安部、海关总署关于破坏野生动物资源刑事案件中涉及的CITES附录Ⅰ和附录Ⅱ所列陆生野生动物制品价值核定问题的通知》

(林濒发〔2012〕239号,2012年9月17日实施)

各省、自治区、直辖市高级人民法院、人民检察院、林业厅(局)、公安厅(局),解放军军事法院,解放军军事检察院,新疆维吾尔自治区高级人民法院生产建设兵团分院,新疆生产建设兵团人民检察院、林业局、公安局,海关总署广东分署,各直属海关:

我国是《濒危野生动植物种国际贸易公约》(CITES)缔约国,非原产我国的CITES附录Ⅰ和附录Ⅱ所列陆生野生动物已依法被分别核准为国家一级、二级保护野生动物。近年来,各地严格按照CITES和我国野生动物保护法律法规的规定,查获了大量非法收购、运输、出售和走私CITES附录Ⅰ、附录Ⅱ所列陆生野生动物及其制品案件。为确保依法办理上述案件,依据《陆生野生动物保护实施条例》第二十四条、《最高人民法院关于审理走私刑事案件具体应用法律若干问题的解释》(法释〔2000〕30号)第四条,以及最高人民法院《关于审理破坏野生动物资源刑事案件具体应用法律若干问题的解释》(法释〔2000〕37号)第十条和第十一条的有关规定,结合《林业部关于在野生动物案件中如何确定国家重点保护野生动物及其产品价值标准的通知》(林策通字〔1996〕8号),现将破坏野生动物资源案件中涉及的 CITES 附录Ⅰ和附录Ⅱ所列陆生野生动物制品的价值标准规定如下：

一、CITES 附录Ⅰ、附录Ⅱ所列陆生野生动物制品的价值，参照与其同属的国家重点保护陆生野生动物的同类制品价值标准核定；没有与其同属的国家重点保护陆生野生动物的，参照与其同科的国家重点保护陆生野生动物的同类制品价值标准核定；没有与其同科的国家重点保护陆生野生动物的，参照与其同目的国家重点保护陆生野生动物的同类制品价值标准核定；没有与其同目的国家重点保护陆生野生动物的，参照与其同纲或者同门的国家重点保护陆生野生动物的同类制品价值标准核定。

二、同属、同科、同目、同纲或者同门中，如果存在多种不同保护级别的国家重点保护陆生野生动物的，应当参照该分类单元中相同保护级别的国家重点保护陆生野生动物的同类制品价值标准核定；如果存在多种相同保护级别的国家重点保护陆生野生动物的，应当参照该分类单元中价值标准最低的国家重点保护陆生野生动物的同类制品价值标准核定；如果 CITES 附录Ⅰ、附录Ⅱ所列陆生野生动物所处分类单元有多种国家重点保护陆生野生动物，但保护级别不同的，应当参照该分类单元中价值标准最低的国家重点保护陆生野生动物的同类制品价值标准核定；如果仅有一种国家重点保护陆生野生动物的，应当参照该种国家重点保护陆生野生动物的同类制品价值标准核定。

三、同一案件中缴获的同一动物个体的不同部分的价值总和，不得超过该种动物个体的价值。

四、核定价值低于非法贸易实际交易价格的，以非法贸易实际交易价格认定。

五、犀牛角、象牙等野生动物制品的价值，继续依照《国家林业局关于发布破坏野生动物资源刑事案中涉及走私的象牙及其制品价值标准的通知》（林濒发〔2001〕234 号），以及《国家林业局关于发布破坏野生动物资源刑事案件中涉及犀牛角价值标准的通知》（林护发〔2002〕130 号）的规定核定。

人民法院、人民检察院、公安、海关等办案单位可以依据上述价值标准，核定破坏野生动物资源刑事案件中涉及的 CITES 附录Ⅰ和附录Ⅱ所列陆生野生动物制品的价值。核定有困难的，县级以上林业主管部门、国家濒危物种进出口管理机构或其指定的鉴定单位应该协助。

特此通知。

7.《最高人民法院研究室关于收购、运输、出售部分人工驯养繁殖技术成熟的野生动物适用法律问题的复函》

(法研〔2016〕23 号,2016 年 3 月 2 日实施)

国家林业局森林公安局:

贵局《关于商请对非法收购、运输、出售部分人工驯养繁殖的珍贵濒危野生动物适用法律问题予以答复的函》(林公刑便字〔2015〕49 号)收悉。经研究并征求我院相关业务庭意见,我室认为:

我院《关于被告人郑喜和非法收购珍贵、濒危野生动物、珍贵、濒危野生动物制品罪请示一案的批复》([2011]刑他字第 86 号,以下简称《批复》)是根据贵局《关于发布商业性经营利用驯养繁殖技术成熟的梅花鹿等 54 种陆生野生动物名单的通知》(林护发〔2003〕121 号,以下简称《通知》)的精神作出的。虽然《通知》于 2012 年被废止,但从实践看,《批复》的内容仍符合当前野生动物保护与资源利用实际,即:由于驯养繁殖技术的成熟,对有的珍贵、濒危野生动物的驯养繁殖、商业利用在某些地区已成规模,有关野生动物的数量极大增加,收购、运输、出售这些人工驯养繁殖的野生动物实际已无社会危害性。

来函建议对我院 2000 年《关于审理破坏野生动物资源刑事案件具体应用法律若干问题的解释》进行修改,提高收购、运输、出售有关人工驯养繁殖的野生动物的定罪量刑标准。此一思路虽能将一些行为出罪,但不能完全解决问题。如将运输人工驯养繁殖梅花鹿行为的入罪标准规定为 20 只以上后,还会有相当数量的案件符合定罪乃至判处重刑的条件。按此思路修订解释、对相关案件作出判决后,恐仍难保障案件处理的法律与社会效果。

鉴此,我室认为,彻底解决当前困境的办法,或者是尽快启动国家重点保护野生动物名录的修订工作,将一些实际已不再处于濒危状态的动物从名录中及时调整出去,同时将有的已处于濒危状态的动物增列进来;或者是在修订后司法解释中明确,对某些经人工驯养繁殖、数量已大大增多的野生动物,附表所列的定罪量刑数量标准,仅适用于真正意义上的野生动物,而不包括驯养繁殖的。

以上意见供参考。

8.《最高人民法院关于充分发挥环境资源审判职能作用依法惩处盗采矿产资源犯罪的意见》

（法发〔2022〕19 号，2022 年 7 月 1 日实施）

党的十八大以来，以习近平同志为核心的党中央把生态文明建设作为关系中华民族永续发展的根本大计，高度重视和持续推进环境资源保护工作。矿产资源是国家的宝贵财富，是人民群众生产、生活的物质基础，是山水林田湖草沙生命共同体的重要组成部分。盗采矿产资源犯罪不仅破坏国家矿产资源及其管理秩序，妨害矿业健康发展，也极易造成生态环境损害，引发安全事故。为充分发挥人民法院环境资源审判职能作用，依法惩处盗采矿产资源犯罪，切实维护矿产资源和生态环境安全，根据有关法律规定，制定本意见。

一、提高政治站位，准确把握依法惩处盗采矿产资源犯罪的根本要求

1. 坚持以习近平新时代中国特色社会主义思想为指导，深入贯彻习近平生态文明思想和习近平法治思想，紧紧围绕党和国家工作大局，用最严格制度、最严密法治筑牢维护矿产资源和生态环境安全的司法屏障。坚持以人民为中心，完整、准确、全面贯彻新发展理念，正确认识和把握惩罚犯罪、保护生态与发展经济、保障民生之间的辩证关系，充分发挥司法的规则引领与价值导向功能，服务经济社会高质量发展。

2. 深刻认识盗采矿产资源犯罪的严重社会危害性，准确把握依法打击盗采矿产资源犯罪的形势任务，增强工作责任感和使命感。严格依法审理各类盗采矿产资源案件，紧盯盗采、运输、销赃等各环节，坚持"全要素、全环节、全链条"标准，确保裁判政治效果、法律效果、社会效果、生态效果相统一。

3. 坚持刑法和刑事诉讼法的基本原则，落实宽严相济刑事政策，依法追究盗采行为人的刑事责任。落实民法典绿色原则及损害担责、全面赔偿原则，注重探索、运用预防性恢复性司法规则，依法认定盗采行为人的民事责任。支持和保障行政主管机关依法行政、严格执法，切实追究盗采行为人的行政责任。贯彻落实全面追责原则，依法妥善协调盗采行为人的刑事、民事、行政责任。

4. 突出打击重点，保持依法严惩态势。落实常态化开展扫黑除恶斗争部署要求,持续依法严惩“沙霸”“矿霸”及其“保护伞”,彻底斩断其利益链条、铲除其滋生土壤。结合环境保护法、长江保护法、黑土地保护法等法律实施,依法严惩在划定生态保护红线区域、大江大河流域、黑土地保护区域以及在禁采区、禁采期实施的盗采矿产资源犯罪。立足维护矿产资源安全与科学开发利用,依法严惩针对战略性稀缺性矿产资源实施的盗采犯罪。

二、正确适用法律,充分发挥依法惩处盗采矿产资源犯罪的职能作用

5. 严格依照刑法第三百四十三条及《最高人民法院、最高人民检察院关于办理非法采矿、破坏性采矿刑事案件适用法律若干问题的解释》(以下简称《解释》)的规定,对盗采矿产资源行为定罪量刑。对犯罪分子主观恶性深、人身危险性大,犯罪情节恶劣、后果严重的,坚决依法从严惩处。

6. 正确理解和适用《解释》第二条、第四条第一款、第五条第一款规定,准确把握盗采矿产资源行为入罪的前提条件。对是否构成“未取得采矿许可证”情形,要在综合考量案件具体事实、情节的基础上依法认定。

7. 正确理解和适用《解释》第三条、第四条第二款、第五条第二款规定,对实施盗采矿产资源行为同时构成两种以上“情节严重”或者“情节特别严重”情形的,要综合考虑各情节,精准量刑。对在河道管理范围、海域实施盗采砂石行为的,要充分关注和考虑其危害堤防安全、航道畅通、通航安全或者造成岸线破坏等因素。

8. 充分关注和考虑实施盗采矿产资源行为对生态环境的影响,加强生态环境保护力度。对具有破坏生态环境情节但非依据生态环境损害严重程度确定法定刑幅度的,要酌情从重处罚。盗采行为人积极修复生态环境、赔偿损失的,可以依法从轻或者减轻处罚;符合《解释》第十条规定的,可以免予刑事处罚。

9. 正确理解和适用《解释》第十三条规定,准确把握矿产品价值认定规则。为获取非法利益而对矿产品进行加工、保管、运输的,其成本支出一般不从销赃数额中扣除。销赃数额与评估、鉴定的矿产品价值不一致的,要结合案件的具体事实、情节作出合理认定。

10. 依法用足用好罚金刑,提高盗采矿产资源犯罪成本,要综合考虑矿产品价值或者造成矿产资源破坏的价值、生态环境损害程度、社会影响等情节决定罚金数额。法律、行政法规对同类盗采矿产资源行为行政罚款标准有规定的,决定罚金数额时可以参照行政罚款标准。盗采行为人就同一事实已经支付了生态环境损害赔偿金、修复费用的,决定罚金数额时可予酌情考虑,但不能直接抵扣。

11. 准确理解和把握刑法第七十二条规定,依法正确适用缓刑。对盗采矿产资源犯罪分子具有“涉黑”“涉恶”或者属于“沙霸”“矿霸”,曾因非法采矿或者破坏性采矿受过刑事处罚,与国家工作人员相互勾结实施犯罪或者以行贿等非法手段逃避监管,毁灭、伪造、隐藏证据或者转移财产逃避责任,或者数罪并罚等情形的,要从严把握缓刑适用。依法宣告缓刑的,可以根据犯罪情况,同时禁止犯罪分子在缓刑考验期限内从事与开采矿产资源有关的特定活动。

12. 准确理解和把握法律关于共同犯罪的规定,对明知他人盗采矿产资源,而为其提供重要资金、工具、技术、单据、证明、手续等便利条件或者居间联络,结合全案证据可以认定为形成通谋的,以共同犯罪论处。

13. 正确理解和适用《解释》第十二条规定,加强涉案财物处置力度。对盗采矿产资源犯罪的违法所得及其收益,用于盗采矿产资源犯罪的专门工具和供犯罪所用的本人财物,坚决依法追缴、责令退赔或者没收。对在盗采、运输、销赃等环节使用的机械设备、车辆、船舶等大型工具,要综合考虑案件的具体事实、情节及工具的属性、权属等因素,依法妥善认定是否用于盗采矿产资源犯罪的专门工具。

14. 依法妥善审理国家规定的机关或者法律规定的组织提起的生态环境保护附带民事公益诉讼,综合考虑盗采行为人的刑事责任与民事责任。既要依法全面追责,又要关注盗采行为人的担责能力,保证裁判的有效执行。鼓励根据不同环境要素的修复需求,依法适用劳务代偿、补种复绿、替代修复等多种修复责任承担方式,以及代履行、公益信托等执行方式。支持各方依法达成调解协议,鼓励盗采行为人主动、及时承担民事责任。

三、坚持多措并举,健全完善有效惩治盗采矿产资源犯罪的制度机制

15. 完善环境资源审判刑事、民事、行政审判职能“三合一”体制,综合运用刑事、民事、行政法律手段惩治盗采矿产资源犯罪,形成组合拳。推进以湿地、森林、海洋等生态系统,或者以国家公园、自然保护区等生态功能区为单位的环境资源案件跨行政区划集中管辖,推广人民法院之间协商联动合作模式,努力实现一体化司法保护和法律统一适用。全面加强队伍专业能力建设,努力培养既精通法律法规又熟悉相关领域知识的专家型法官,不断提升环境资源审判能力水平。

16. 加强与纪检监察机关、检察机关、公安机关、行政主管机关的协作配合，推动构建专业咨询和信息互通渠道，建立健全打击盗采矿产资源行政执法与刑事司法衔接长效工作机制，有效解决专业性问题评估、鉴定，涉案物品保管、移送和处理，案件信息共享等问题。依法延伸审判职能，积极参与综合治理工作，对审判中发现的违法犯罪线索、监管疏漏等问题，及时向有关单位移送、通报，必要时发送司法建议，形成有效惩治合力。

17. 因应信息化发展趋势，以人工智能、大数据、区块链为依托，促进信息技术与执法办案、调查研究深度融合，提升环境资源审判的便捷性、高效性和透明度。加速建设全国环境资源审判信息平台，构建上下贯通、横向联通的全国环境资源审判"一张网"，为实现及时、精准惩处和预防盗采矿产资源犯罪提供科技支持。

18. 落实人民陪审员参加盗采矿产资源社会影响重大的案件和公益诉讼案件审理的制度要求，积极发挥专业人员在专业事实查明中的作用，充分保障人民群众知情权、参与权和监督权。着力提升巡回审判、典型案例发布等制度机制的普法功能，深入开展法治宣传和以案释法工作，积极营造依法严惩盗采矿产资源犯罪的社会氛围，引导人民群众增强环境资源保护法治意识，共建天蓝、地绿、水清的美丽家园。

最高人民法院

2022 年 7 月 1 日

9.《关于推进生态环境损害赔偿制度改革若干具体问题的意见》

（环法规〔2020〕44 号，2020 年 8 月 31 日实施）

为推动生态环境损害赔偿制度改革工作深入开展，根据中共中央办公厅、国务院办公厅印发的《生态环境损害赔偿制度改革方案》（以下简称《改革方案》）的相关规定，在总结地方实践经验基础上，提出以下意见。

一、关于具体负责工作的部门或机构

《改革方案》中明确的赔偿权利人可以根据相关部门职能指定生态环境、自然资源、住房城乡建设、水利、农业农村、林业和草原等相关部门或机构(以下简称指定的部门或机构)负责生态环境损害赔偿的具体工作。

生态环境损害赔偿案件涉及多个部门或机构的,可以指定由生态环境损害赔偿制度改革工作牵头部门(以下简称牵头部门)负责具体工作。

二、关于案件线索

赔偿权利人及其指定的部门或机构,根据本地区实施方案规定的职责分工,可以重点通过以下渠道发现案件线索:

(一)中央和省级生态环境保护督察发现需要开展生态环境损害赔偿工作的;

(二)突发生态环境事件;

(三)发生生态环境损害的资源与环境行政处罚案件;

(四)涉嫌构成破坏环境资源保护犯罪的案件;

(五)在国土空间规划中确定的重点生态功能区、禁止开发区发生的环境污染、生态破坏事件;

(六)各项资源与环境专项行动、执法巡查发现的案件线索;

(七)信访投诉、举报和媒体曝光涉及的案件线索。

赔偿权利人及其指定的部门或机构应当定期组织筛查生态环境损害赔偿案件线索,形成案例数据库,并建立案件办理台账,实行跟踪管理,积极推进生态环境损害索赔工作。

三、关于索赔的启动

赔偿权利人指定的部门或机构,对拟提起索赔的案件线索及时开展调查。

经过调查发现符合索赔启动情形的,报本部门或机构负责人同意后,开展索赔。索赔工作情况应当向赔偿权利人报告。对未及时启动索赔的,赔偿权利人应当要求具体开展索赔工作的部门或机构及时启动索赔。

四、关于生态环境损害调查

调查可以通过收集现有资料、现场踏勘、座谈走访等方式,围绕生态环境损害是否存在、受损范围、受损程度、是否有相对明确的赔偿义务人等问题开展。

调查应当及时,期限设定应当合理。在调查过程中,需要开展生态环境损害鉴定评估的,鉴定评估时间不计入调查期限。

负有相关环境资源保护监督管理职责的部门或者其委托的机构在行政执法

过程中形成的勘验笔录或询问笔录、调查报告、行政处理决定、检测或监测报告、鉴定评估报告、生效法律文书等资料可以作为索赔的证明材料。

调查结束,应当形成调查结论,提出启动索赔或者终止案件的意见。

生态环境损害赔偿案件涉及多个部门或机构的,可以由牵头部门组建联合调查组,开展生态环境损害调查。

五、关于鉴定评估

为查清生态环境损害事实,赔偿权利人及其指定的部门或机构可以根据相关规定委托符合条件的机构出具鉴定评估报告,也可以和赔偿义务人协商共同委托上述机构出具鉴定评估报告。鉴定评估报告应明确生态环境损害是否可以修复;对于可以部分修复的,应明确可以修复的区域范围和要求。

对损害事实简单、责任认定无争议、损害较小的案件,可以采用委托专家评估的方式,出具专家意见。也可以根据与案件相关的法律文书、监测报告等资料综合作出认定。

专家可以从国家和地方成立的相关领域专家库或专家委员会中选取。鉴定机构和专家应当对其出具的报告和意见负责。

六、关于赔偿磋商

需要启动生态环境修复或损害赔偿的,赔偿权利人指定的部门或机构根据生态环境损害鉴定评估报告或参考专家意见,按照“谁损害、谁承担修复责任”的原则,就修复启动时间和期限、赔偿的责任承担方式和期限等具体问题与赔偿义务人进行磋商。案情比较复杂的,在首次磋商前,可以组织沟通交流。

磋商期限原则上不超过 90 日,自赔偿权利人及其指定的部门或机构向义务人送达生态环境损害赔偿磋商书面通知之日起算。磋商会议原则上不超过 3 次。

磋商达成一致的,签署协议;磋商不成的,及时提起诉讼。有以下情形的,可以视为磋商不成:

(一)赔偿义务人明确表示拒绝磋商或未在磋商函件规定时间内提交答复意见的;

(二)赔偿义务人无故不参与磋商会议或退出磋商会议的;

(三)已召开磋商会议 3 次,赔偿权利人及其指定的部门或机构认为磋商难以达成一致的;

（四）超过磋商期限，仍未达成赔偿协议的；

（五）赔偿权利人及其指定的部门或机构认为磋商不成的其他情形。

七、关于司法确认

经磋商达成赔偿协议的，赔偿权利人及其指定的部门或机构与赔偿义务人可以向人民法院申请司法确认。

申请司法确认时，应当提交司法确认申请书、赔偿协议、鉴定评估报告或专家意见等材料。

八、关于鼓励赔偿义务人积极担责

对积极参与生态环境损害赔偿磋商，并及时履行赔偿协议、开展生态环境修复的赔偿义务人，赔偿权利人指定的部门或机构可将其履行赔偿责任的情况提供给相关行政机关，在作出行政处罚裁量时予以考虑，或提交司法机关，供其在案件审理时参考。

九、关于与公益诉讼的衔接

赔偿权利人指定的部门或机构，在启动生态环境损害赔偿调查后可以同时告知相关人民法院和检察机关。

检察机关可以对生态环境损害赔偿磋商和诉讼提供法律支持，生态环境、自然资源、住房城乡建设、农业农村、水利、林业和草原等部门可以对检察机关提起环境民事公益诉讼提供证据材料和技术方面的支持。

人民法院受理环境民事公益诉讼案件后，应当在 10 日内告知对被告行为负有环境资源监督管理职责的部门，有关部门接到告知后，应当及时与人民法院沟通对接相关工作。

十、关于生态环境修复

对生态环境损害可以修复的案件，要体现环境资源生态功能价值，促使赔偿义务人对受损的生态环境进行修复。磋商一致的，赔偿义务人可以自行修复或委托具备修复能力的社会第三方机构修复受损生态环境，赔偿权利人及其指定的部门或机构做好监督等工作；磋商不成的，赔偿权利人及其指定的部门或机构应当及时提起诉讼，要求赔偿义务人承担修复责任。

对生态环境损害无法修复的案件，赔偿义务人缴纳赔偿金后，可由赔偿权利人及其指定的部门或机构根据国家和本地区相关规定，统筹组织开展生态环境替代修复。

磋商未达成一致前,赔偿义务人主动要求开展生态环境修复的,在双方当事人书面确认损害事实后,赔偿权利人及其指定的部门或机构可以同意,并做好过程监管。

赔偿义务人不履行或不完全履行生效的诉讼案件裁判、经司法确认的赔偿协议的,赔偿权利人及其指定的部门或机构可以向人民法院申请强制执行。对于赔偿义务人不履行或不完全履行义务的情况,应当纳入社会信用体系,在一定期限内实施市场和行业禁入、限制等措施。

十一、关于资金管理

对生态环境损害可以修复的案件,赔偿义务人或受委托开展生态环境修复的第三方机构,要加强修复资金的管理,根据赔偿协议或判决要求,开展生态环境损害的修复。

对生态环境损害无法修复的案件,赔偿资金作为政府非税收入纳入一般公共预算管理,缴入同级国库。赔偿资金的管理,按照财政部联合相关部门印发的《生态环境损害赔偿资金管理办法(试行)》的规定执行。

十二、关于修复效果评估

赔偿权利人及其指定的部门或机构在收到赔偿义务人、第三方机构关于生态环境损害修复完成的通报后,组织对受损生态环境修复的效果进行评估,确保生态环境得到及时有效修复。

修复效果未达到修复方案确定的修复目标的,赔偿义务人应当根据赔偿协议或法院判决要求继续开展修复。

修复效果评估相关的工作内容可以在赔偿协议中予以规定,费用根据规定由赔偿义务人承担。

十三、关于公众参与

赔偿权利人及其指定的部门或机构可以积极创新公众参与方式,可以邀请专家和利益相关的公民、法人、其他组织参加生态环境修复或者赔偿磋商工作,接受公众监督。

十四、关于落实改革责任

按照《改革方案》要求,各省(区、市)、市(地、州、盟)党委和政府应当加强对生态环境损害赔偿制度改革的统一领导,根据该地区实施方案明确的改革任务和时限要求,鼓励履职担当,确保各项改革措施落到实处。

各地生态环境损害赔偿制度改革工作领导小组,要主动作为,强化统筹调度,整体推进本地区改革进一步深入开展;要建立部门间信息共享、案件通报和定期会商机制,定期交流生态环境损害赔偿工作进展、存在的困难和问题。要对专门负责生态环境损害赔偿的工作人员定期组织培训,提高业务能力。相关部门或机构,要按照本地区实施方案确定的职责分工和时限要求,密切配合,形成合力,扎实推进,要对内设部门的职责分工、案件线索通报、索赔工作程序、工作衔接等作出规定,保障改革落地见效。

十五、关于人员和经费保障

赔偿权利人指定的部门或机构应当根据实际情况确定专门的生态环境损害赔偿工作人员。

按照《改革方案》要求,同级财政积极落实改革工作所需的经费。

十六、关于信息共享

赔偿权利人指定的部门或机构和司法机关,要加强沟通联系,鼓励建立信息共享和线索移送机制。

十七、关于奖惩规定

对在生态环境损害赔偿工作中,有显著成绩的单位或个人,各级赔偿权利人及其指定的部门或机构给予奖励。

赔偿权利人及其指定的部门或机构的负责人、工作人员在生态环境损害赔偿工作中存在滥用职权、玩忽职守、徇私舞弊的,依纪依法追究责任;涉嫌犯罪的,移送监察机关、司法机关。

十八、关于加强业务指导

最高人民法院、最高人民检察院、司法部、财政部、自然资源部、生态环境部、住房城乡建设部、水利部、农业农村部、卫生健康委、林草局将根据《改革方案》规定,在各自职责范围内加强对生态环境损害赔偿工作的业务指导。

省级政府指定的部门或机构要根据本地区实施方案的分工安排,加强对市地级政府指定的部门或机构的工作指导。

10.《生态环境损害赔偿管理规定》

（环法规〔2022〕31 号，2022 年 4 月 26 日实施）

第一章　总　　则

第一条　为规范生态环境损害赔偿工作，推进生态文明建设，建设美丽中国，根据《生态环境损害赔偿制度改革方案》和《中华人民共和国民法典》、《中华人民共和国环境保护法》等法律法规的要求，制定本规定。

第二条　以习近平新时代中国特色社会主义思想为指导，全面贯彻党的十九大和十九届历次全会精神，深入贯彻习近平生态文明思想，坚持党的全面领导，坚持以人民为中心的发展思想，坚持依法治国、依法行政，以构建责任明确、途径畅通、技术规范、保障有力、赔偿到位、修复有效的生态环境损害赔偿制度为目标，持续改善环境质量，维护国家生态安全，不断满足人民群众日益增长的美好生活需要，建设人与自然和谐共生的美丽中国。

第三条　生态环境损害赔偿工作坚持依法推进、鼓励创新，环境有价、损害担责，主动磋商、司法保障，信息共享、公众监督的原则。

第四条　本规定所称生态环境损害，是指因污染环境、破坏生态造成大气、地表水、地下水、土壤、森林等环境要素和植物、动物、微生物等生物要素的不利改变，以及上述要素构成的生态系统功能退化。

违反国家规定造成生态环境损害的，按照《生态环境损害赔偿制度改革方案》和本规定要求，依法追究生态环境损害赔偿责任。

以下情形不适用本规定：

（一）涉及人身伤害、个人和集体财产损失要求赔偿的，适用《中华人民共和国民法典》等法律有关侵权责任的规定；

（二）涉及海洋生态环境损害赔偿的，适用海洋环境保护法等法律及相关规定。

第五条　生态环境损害赔偿范围包括：

（一）生态环境受到损害至修复完成期间服务功能丧失导致的损失；

（二）生态环境功能永久性损害造成的损失；

（三）生态环境损害调查、鉴定评估等费用；

（四）清除污染、修复生态环境费用；

（五）防止损害的发生和扩大所支出的合理费用。

第六条　国务院授权的省级、市地级政府（包括直辖市所辖的区县级政府，下同）作为本行政区域内生态环境损害赔偿权利人。赔偿权利人可以根据有关职责分工，指定有关部门或机构负责具体工作。

第七条　赔偿权利人及其指定的部门或机构开展以下工作：

（一）定期组织筛查案件线索，及时启动案件办理程序；

（二）委托鉴定评估，开展索赔磋商和作为原告提起诉讼；

（三）引导赔偿义务人自行或委托社会第三方机构修复受损生态环境，或者根据国家有关规定组织开展修复或替代修复；

（四）组织对生态环境修复效果进行评估；

（五）其他相关工作。

第八条　违反国家规定，造成生态环境损害的单位或者个人，应当按照国家规定的要求和范围，承担生态环境损害赔偿责任，做到应赔尽赔。民事法律和资源环境保护等法律有相关免除或者减轻生态环境损害赔偿责任规定的，按相应规定执行。

赔偿义务人应当依法积极配合生态环境损害赔偿调查、鉴定评估等工作，参与索赔磋商，实施修复，全面履行赔偿义务。

第九条　赔偿权利人及其指定的部门或机构，有权请求赔偿义务人在合理期限内承担生态环境损害赔偿责任。

生态环境损害可以修复的，应当修复至生态环境受损前的基线水平或者生态环境风险可接受水平。赔偿义务人根据赔偿协议或者生效判决要求，自行或者委托开展修复的，应当依法赔偿生态环境受到损害至修复完成期间服务功能丧失导致的损失和生态环境损害赔偿范围内的相关费用。

生态环境损害无法修复的，赔偿义务人应当依法赔偿相关损失和生态环境损害赔偿范围内的相关费用，或者在符合有关生态环境修复法规政策和规划的前提下，开展替代修复，实现生态环境及其服务功能等量恢复。

第十条　赔偿义务人因同一生态环境损害行为需要承担行政责任或者刑事

责任的，不影响其依法承担生态环境损害赔偿责任。赔偿义务人的财产不足以同时承担生态环境损害赔偿责任和缴纳罚款、罚金时，优先用于承担生态环境损害赔偿责任。

各地可根据案件实际情况，统筹考虑社会稳定、群众利益，根据赔偿义务人主观过错、经营状况等因素分类处置，探索分期赔付等多样化责任承担方式。

有关国家机关应当依法履行职责，不得以罚代赔，也不得以赔代罚。

第十一条 赔偿义务人积极履行生态环境损害赔偿责任的，相关行政机关和司法机关，依法将其作为从轻、减轻或者免予处理的情节。

对生效判决和经司法确认的赔偿协议，赔偿义务人不履行或者不完全履行义务的，依法列入失信被执行人名单。

第十二条 对公民、法人和其他组织举报要求提起生态环境损害赔偿的，赔偿权利人及其指定的部门或机构应当及时研究处理和答复。

第二章 任务分工

第十三条 生态环境部牵头指导实施生态环境损害赔偿制度，会同自然资源部、住房和城乡建设部、水利部、农业农村部、国家林草局等相关部门负责指导生态环境损害的调查、鉴定评估、修复方案编制、修复效果评估等业务工作。科技部负责指导有关生态环境损害鉴定评估技术研究工作。公安部负责指导公安机关依法办理涉及生态环境损害赔偿的刑事案件。司法部负责指导有关环境损害司法鉴定管理工作。财政部负责指导有关生态环境损害赔偿资金管理工作。国家卫生健康委会同生态环境部开展环境健康问题调查研究、环境与健康综合监测与风险评估。市场监管总局负责指导生态环境损害鉴定评估相关的计量和标准化工作。

最高人民法院、最高人民检察院分别负责指导生态环境损害赔偿案件的审判和检察工作。

第十四条 省级、市地级党委和政府对本地区的生态环境损害赔偿工作负总责，应当加强组织领导，狠抓责任落实，推进生态环境损害赔偿工作稳妥、有序进行。党委和政府主要负责人应当履行生态环境损害赔偿工作第一责任人职责；党委和政府领导班子其他成员应当根据工作分工，领导、督促有关部门和单位开展生态环境损害赔偿工作。

各省级、市地级党委和政府每年应当至少听取一次生态环境损害赔偿工作情况的汇报，督促推进生态环境损害赔偿工作，建立严考核、硬约束的工作机制。

第三章　工 作 程 序

第十五条　赔偿权利人应当建立线索筛查和移送机制。

赔偿权利人指定的部门或机构，应当根据本地区实施方案规定的任务分工，重点通过以下渠道定期组织筛查发现生态环境损害赔偿案件线索：

（一）中央和省级生态环境保护督察发现的案件线索；

（二）突发生态环境事件；

（三）资源与环境行政处罚案件；

（四）涉嫌构成破坏环境资源保护犯罪的案件；

（五）在生态保护红线等禁止开发区域、国家和省级国土空间规划中确定的重点生态功能区发生的环境污染、生态破坏事件；

（六）日常监管、执法巡查、各项资源与环境专项行动发现的案件线索；

（七）信访投诉、举报和媒体曝光涉及的案件线索；

（八）上级机关交办的案件线索；

（九）检察机关移送的案件线索；

（十）赔偿权利人确定的其他线索渠道。

第十六条　在全国有重大影响或者生态环境损害范围在省域内跨市地的案件由省级政府管辖；省域内其他案件管辖由省级政府确定。

生态环境损害范围跨省域的，由损害地相关省级政府共同管辖。相关省级政府应加强沟通联系，协商开展赔偿工作。

第十七条　赔偿权利人及其指定的部门或机构在发现或者接到生态环境损害赔偿案件线索后，应当在三十日内就是否造成生态环境损害进行初步核查。对已造成生态环境损害的，应当及时立案启动索赔程序。

第十八条　经核查，存在以下情形之一的，赔偿权利人及其指定的部门或机构可以不启动索赔程序：

（一）赔偿义务人已经履行赔偿义务的；

（二）人民法院已就同一生态环境损害形成生效裁判文书，赔偿权利人的索赔请求已被得到支持的诉讼请求所全部涵盖的；

（三）环境污染或者生态破坏行为造成的生态环境损害显著轻微，且不需要赔偿的；

（四）承担赔偿义务的法人终止、非法人组织解散或者自然人死亡，且无财产可供执行的；

（五）赔偿义务人依法持证排污，符合国家规定的；

（六）其他可以不启动索赔程序的情形。

赔偿权利人及其指定的部门或机构在启动索赔程序后，发现存在以上情形之一的，可以终止索赔程序。

第十九条 生态环境损害索赔启动后，赔偿权利人及其指定的部门或机构，应当及时进行损害调查。调查应当围绕生态环境损害是否存在、受损范围、受损程度、是否有相对明确的赔偿义务人等问题开展。调查结束应当形成调查结论，并提出启动索赔磋商或者终止索赔程序的意见。

公安机关在办理涉嫌破坏环境资源保护犯罪案件时，为查明生态环境损害程度和损害事实，委托相关机构或者专家出具的鉴定意见、鉴定评估报告、专家意见等，可以用于生态环境损害调查。

第二十条 调查期间，赔偿权利人及其指定的部门或机构，可以根据相关规定委托符合条件的环境损害司法鉴定机构或者生态环境、自然资源、住房和城乡建设、水利、农业农村、林业和草原等国务院相关主管部门推荐的机构出具鉴定意见或者鉴定评估报告，也可以与赔偿义务人协商共同委托上述机构出具鉴定意见或者鉴定评估报告。

对损害事实简单、责任认定无争议、损害较小的案件，可以采用委托专家评估的方式，出具专家意见；也可以根据与案件相关的法律文书、监测报告等资料，综合作出认定。专家可以从市地级及以上政府及其部门、人民法院、检察机关成立的相关领域专家库或者专家委员会中选取。鉴定机构和专家应当对其出具的鉴定意见、鉴定评估报告、专家意见等负责。

第二十一条 赔偿权利人及其指定的部门或机构应当在合理期限内制作生态环境损害索赔磋商告知书，并送达赔偿义务人。

赔偿义务人收到磋商告知书后在答复期限内表示同意磋商的，赔偿权利人及其指定的部门或机构应当及时召开磋商会议。

第二十二条 赔偿权利人及其指定的部门或机构，应当就修复方案、修复启动时间和期限、赔偿的责任承担方式和期限等具体问题与赔偿义务人进行磋商。磋商依据鉴定意见、鉴定评估报告或者专家意见开展，防止久磋不决。

磋商过程中，应当充分考虑修复方案可行性和科学性、成本效益优化、赔偿义务人赔偿能力、社会第三方治理可行性等因素。磋商过程应当依法公开透明。

第二十三条 经磋商达成一致意见的，赔偿权利人及其指定的部门或机构，应当与赔偿义务人签署生态环境损害赔偿协议。

第二十四条 赔偿权利人及其指定的部门或机构和赔偿义务人，可以就赔偿协议向有管辖权的人民法院申请司法确认。

对生效判决和经司法确认的赔偿协议，赔偿义务人不履行或不完全履行的，赔偿权利人及其指定的部门或机构可以向人民法院申请强制执行。

第二十五条 对未经司法确认的赔偿协议，赔偿义务人不履行或者不完全履行的，赔偿权利人及其指定的部门或机构，可以向人民法院提起诉讼。

第二十六条 磋商未达成一致的，赔偿权利人及其指定的部门或机构，应当及时向人民法院提起诉讼。

第二十七条 赔偿权利人及其指定的部门或机构，应当组织对受损生态环境修复的效果进行评估，确保生态环境得到及时有效修复。

修复效果未达到赔偿协议或者生效判决规定修复目标的，赔偿权利人及其指定的部门或机构，应当要求赔偿义务人继续开展修复，直至达到赔偿协议或者生效判决的要求。

第四章　保 障 机 制

第二十八条 完善从事生态环境损害鉴定评估活动机构的管理制度，健全信用评价、监督惩罚、准入退出等机制，提升鉴定评估工作质量。

省级、市地级党委和政府根据本地区生态环境损害赔偿工作实际，统筹推进本地区生态环境损害鉴定评估专业力量建设，满足生态环境损害赔偿工作需求。

第二十九条 国家建立健全统一的生态环境损害鉴定评估技术标准体系。

科技部会同相关部门组织开展生态环境损害鉴定评估关键技术方法研究。生态环境部会同相关部门构建并完善生态环境损害鉴定评估技术标准体系框架，充分依托现有平台建立完善服务于生态环境损害鉴定评估的数据平台。

生态环境部负责制定生态环境损害鉴定评估技术总纲和关键技术环节、基本生态环境要素、基础方法等基础性技术标准，商国务院有关主管部门后，与市场监管总局联合发布。

国务院相关主管部门可以根据职责或者工作需要，制定生态环境损害鉴定评估的专项技术规范。

第三十条 赔偿义务人造成的生态环境损害无法修复的，生态环境损害赔偿资金作为政府非税收入，实行国库集中收缴，全额上缴本级国库，纳入一般公共预算管理。赔偿权利人及其指定的部门或机构根据磋商协议或生效判决要求，结合本区域生态环境损害情况开展替代修复。

第三十一条 赔偿权利人及其指定的部门或机构可以积极创新公众参与方式，邀请相关部门、专家和利益相关的公民、法人、其他组织参加索赔磋商、索赔诉讼或者生态环境修复，接受公众监督。

生态环境损害调查、鉴定评估、修复方案编制等工作中涉及公共利益的重大事项，生态环境损害赔偿协议、诉讼裁判文书、赔偿资金使用情况和生态环境修复效果等信息应当依法向社会公开，保障公众知情权。

第三十二条 建立生态环境损害赔偿工作信息和重大案件信息的报告机制。

省级生态环境损害赔偿制度改革工作领导小组办公室于每年 1 月底前，将本地区上年度工作情况报送生态环境部。生态环境部于每年 3 月底前，将上年度全国生态环境损害赔偿工作情况汇总后，向党中央、国务院报告。

第三十三条 生态环境损害赔偿工作纳入污染防治攻坚战成效考核以及环境保护相关考核。

生态环境损害赔偿的突出问题纳入中央和省级生态环境保护督察范围。中央和省级生态环境保护督察发现需要开展生态环境损害赔偿工作的，移送有关地方政府依照本规定以及相关法律法规组织开展索赔。

建立重大案件督办机制。赔偿权利人及其指定的部门或机构应当对重大案件建立台账，排出时间表，加快推进。

第三十四条 赔偿权利人及其指定的部门或机构的负责人、工作人员，在生态环境损害赔偿过程中存在滥用职权、玩忽职守、徇私舞弊等情形的，按照有关规定交由纪检监察机关依纪依法处理，涉嫌犯罪的，移送司法机关，依法追究刑事责任。

第三十五条　对在生态环境损害赔偿工作中有显著成绩,守护好人民群众优美生态环境的单位和个人,按规定给予表彰奖励。

第五章　附　　则

第三十六条　本规定由生态环境部会同相关部门负责解释。

第三十七条　本规定中的期限按自然日计算。

第三十八条　本规定自印发之日起施行。法律、法规对生态环境损害赔偿有明确规定的,从其规定。

11.《最高人民法院关于为加快建设全国统一大市场提供司法服务和保障的意见》

(法发〔2022〕22 号,2022 年 7 月 14 日实施)

……

11. 支持建设全国统一的能源和生态环境市场。依法审理涉油气期货产品、天然气、电力、煤炭交易等纠纷案件,依法严惩油气、天然气、电力、煤炭非法开采开发、非法交易等违法犯罪行为,推动资源合法有序开发利用。研究发布司法助力实现碳达峰碳中和目标的司法政策,妥善审理涉碳排放配额、核证自愿减排量交易、碳交易产品担保以及企业环境信息公开、涉碳绿色信贷、绿色金融等纠纷案件,助力完善碳排放权交易机制。全面准确适用民法典绿色原则、绿色条款,梳理碳排放领域出现的新业态、新权属、新问题,健全涉碳排放权、用水权、排污权、用能权交易纠纷裁判规则。研究适用碳汇认购、技改抵扣等替代性赔偿方式,引导企业对生产设备和生产技术进行绿色升级。

……

12.《最高人民法院关于完整准确全面贯彻新发展理念为积极稳妥推进碳达峰碳中和提供司法服务的意见》

（法发〔2023〕5号，2023年2月16日实施）

实现碳达峰碳中和，是以习近平同志为核心的党中央统筹国内国际两个大局作出的重大战略决策，是立足新发展阶段、贯彻新发展理念、构建新发展格局、推动高质量发展的内在要求。为深入学习贯彻习近平生态文明思想和习近平法治思想，贯彻落实党的二十大精神，完整准确全面贯彻新发展理念，推动绿色发展，促进人与自然和谐共生，进一步发挥人民法院审判职能作用，为积极稳妥推进碳达峰碳中和提供司法服务，提出如下意见。

一、指导思想和总体要求

1. 坚持以习近平生态文明思想和习近平法治思想为指导。坚持以人民为中心，服务国家发展大局，推进美丽中国建设。坚持绿水青山就是金山银山，生态优先、节约集约、绿色低碳发展。坚持系统保护，推进山水林田湖草沙一体化保护和系统治理，为实现碳达峰碳中和各项决策部署落地见效提供司法服务，推动实现人与自然和谐共生的中国式现代化。

2. 完整准确全面贯彻新发展理念。积极稳妥推进碳达峰碳中和，统筹产业结构调整、减污降碳、生态保护、应对气候变化。依法助力协调和平衡发展和减排、整体和局部、短期和中长期、政府和市场的关系。以促进能源绿色低碳发展为关键，推动形成节约资源和保护环境的产业结构、生产方式、生活方式、空间格局，走符合中国国情和实际的司法服务道路。

3. 贯彻最严格制度最严密法治。准确把握刑事、民事、行政法律涉及生态环境保护的立法精神，让制度成为刚性约束和不可触碰的高压线。正确适用民法典绿色原则和绿色条款，强化以环境保护法为基础，以生态保护、污染防治、资源利用以及能源开发等法律为主干，以行政法规规章为补充的碳达峰碳中和法律制度供给和执行，加快形成系统完备的裁判规则体系，确保法律适用统一。

4. 统筹国内法治与涉外法治。落实《世界环境司法大会昆明宣言》，秉持公平、共同但有区别的责任及各自能力原则，依法审理节能减排、低碳技术、碳交易、绿色金融等相关案件，促进气候变化减缓和适应。秉持人类命运共同体理念，坚定维护经济全球化和可持续发展，持续深化环境司法领域国际合作交流，积极参与应对气候变化全球治理。

二、服务经济社会发展全面绿色转型

5. 依法审理新业态新模式生产服务消费纠纷案件。把握好能源和生态环境市场被纳入全国统一要素和资源市场体系的重要契机，加大新类型生态资源权益司法保护力度，推进数字化赋能绿色低碳发展，强化对新类型环境权益交易模式、资源要素市场创新的规则指引，降低绿色项目开发和交易成本，形成节约集约、循环高效、普惠共享的生产服务新格局。妥善审理涉标的物包装方式争议的消费纠纷案件，对包装方式是否符合通用方式，是否足以保护标的物并且有利于碳减排、保护生态环境等因素作出合理判断，积极倡导电子商务平台绿色消费和可持续经营发展。

6. 依法审理温室气体排放侵权纠纷案件。审理温室气体排放生态环境侵权纠纷案件，依法认定企业排放行为与损害后果之间因果关系是否成立，明确侵权人承担停止侵害、排除妨碍、消除危险、生态环境修复、赔偿损失等民事责任。侵权人自愿购买核证自愿减排量并在碳排放权交易市场核销或购买其他碳汇产品折抵赔偿碳汇损失、生态环境受到损害至修复完成期间服务功能丧失导致损失的，坚持生态修复优先，处理好固碳和增汇的关系。

7. 依法审理大气污染防治案件。依法监督、支持行政机关依照法定权限和程序，对无证排放、通过逃避监管方式排放、超标排放大气污染物，机动车、非道路移动机械生产企业对发动机、污染控制装置弄虚作假，以及违法焚烧废弃物等行为进行行政处罚，对造成污染的排放设施设备实施查封、扣押等行政强制措施。推动行政机关充分利用生态环境制度体系促进低碳发展，采取多污染物与温室气体协同控制措施，全面提升减污降碳综合效能。对违法使用受控消耗臭氧层物质，走私木炭、硅砂等构成犯罪的，依法追究刑事责任。

8. 依法审理适应气候变化行政补偿案件。加大司法对行政机关采取措施积极适应气候变化的支持力度，推动行政争议实质性化解。审理企业退出重点生态功能区、生态环境敏感区和脆弱区、自然保护地等行政补偿纠纷案件，企业主张因行政机关变更或撤销行政许可而遭受实际损失的，依法对行政行为进行合法性审查，保障企业有序退出。审理收回国有土地使用权、规划变更、移民安置等行政补偿纠纷案件，依法保障行政相对人的合法权益，推动完善陆地生态系统保护和海洋生态系统保护，促进资源开发利用与生态环境保护相协调。

9. 依法审理企业环境信息披露纠纷案件。引导企业主动适应绿色低碳发展要求，强化环境责任意识，依法及时、真实、准确、完整披露环境信息。投资者以上市公司和发债企业等未按照企业环境信息披露管理要求，公布企业碳排放量、排放设施等碳排放信息，年度融资形式、金额、投向等信息，以及融资所投项目的应对气候变化、生态环境保护等相关信息，致其遭受损失为由提起侵权损害赔偿诉讼、符合法律规定情形的，依法确定上市公司和发债企业等承担相应侵权责任，确保资金投向气候友好型绿色低碳项目，切实保护投资者合法权益，维护公平、公正的气候投融资市场秩序。

三、保障产业结构深度调整

10. 依法审理产能置换纠纷案件。审理钢铁、水泥等产能置换纠纷案件，依法确认合同效力，结合产业政策，能源消耗、碳排放强度和总量控制要求，认定合同履行和违约责任，推动产能指标从高耗能、高碳排放企业向低耗能、低碳排放企业转移。审理债务人在建项目被纳入国家相关领域产业规划或产能置换范围的破产重整、破产和解或者破产清算等纠纷案件，积极引导债务人与债权人协商，协调解决企业兼并问题，完善市场主体救治和退出机制，推动实现产业结构调整目标。

11. 依法审理高耗能、高碳排放企业生态环境侵权纠纷案件。侵权人提出延长生态环境修复赔偿金交纳期限、分批赔偿申请，同时提供有效担保的，依法予以准许，引导企业有序开展节能降碳技术改造。侵权人按照生效裁判要求，在合理期限内履行生态环境修复义务，申请支付清洁生产改造费用折抵生态环境受到损害至修复完成期间服务功能丧失导致损失的，依法予以准许，加强绿色低碳技改抵扣赔偿损失方式的推广适用。

12. 依法审理绿色金融纠纷案件。审理清洁能源、节能环保、绿色交通、绿色建筑和碳减排技术等领域具有发展前景，但经营、资金周转暂遇困难的企业所涉金融借款合同纠纷案件，要充分考虑中国人民银行发布的碳减排支持工具、绿色专项再贷款、碳减排项目质押贷款等政策性开发性金融工具，促进金融机构为企业绿色低碳转型提供长期稳定融资支持，降低融资成本。审理绿色股权投资、绿色保险、绿色股票指数、绿色基金等纠纷案件，投资者以相关责任主体违反绿色金融管理规定或擅自改变资金绿色用途、致其遭受损失为由主张损害赔偿责任的，依法予以支持，有效保护投资者合法权益，鼓励更多资本和机构参与气候投融资。

四、助推构建清洁低碳安全高效能源体系

13. 依法审理煤炭资源利用和电源结构调整纠纷案件。审理涉煤炭资源整合案件，被兼并中小煤矿主张兼并煤炭企业与其新设目标公司共同承担矿业权转让债务清偿责任等的，要结合煤炭资源整合政策，合同签订主体、具体内容以及履行情况，依法保护中小煤矿合法权益，推动高碳排放企业低碳公正转型。审理煤炭中长期合同纠纷案件，坚守契约精神，依法推动完善煤炭生产企业与发电供热企业长协机制，并严格落实。审理电源结构调整纠纷案件，要促进有计划分步骤实施碳达峰行动，依法服务国家能源结构清洁高效转型，维护企业和员工的合法权益，防范社会风险。

14. 依法审理油气资源开发纠纷案件。审理油气资源矿业权转让合同纠纷案件，依法确认合同中履行报批义务等条款的效力。负有报批义务的一方当事人未按照合同约定或者法律、行政法规规定办理申请批准等手续，合同相对方请求其履行报批义务的，依法予以支持，推动油气企业尽快释放产能。预约合同生效后，一方当事人不履行预约合同约定的订立委托、合作勘探开发油气资源本约合同义务，对方请求其承担违约损害赔偿责任的，依法予以支持。依法惩处涉能源资源非法采矿、破坏性采矿等犯罪行为，保障国家能源供应安全。

15. 依法审理可再生能源发展纠纷案件。审理清洁能源建设项目环境影响评价案件，要按照能源项目建设用地分类指导政策和国土空间规划要求，依法妥善处理好沙漠、戈壁、荒漠生态环境保护和大型风电、光伏发电基地等建设用地需求之间的关系，助力形成清洁低碳安全高效能源供应体系。依法推动行政机关主动公开涉及公众生态环境利益调整、需要公众广泛知晓或者公众参与决策的重大建设项目批准和实施情况、环境保护监督检查情况等政府信息。依法引导和推动电力企业重视促进碳减排和保护生态环境的社会责任，加大设备资金投入，提升电力系统对可再生能源电力的消纳能力。审理电网企业涉可再生能源发电并网、运行服务和涉分布式光伏发电并网运行纠纷案件，依法推动能源高效、清洁利用。

16. 依法审理合同能源管理节能服务合同纠纷案件。节能服务企业与用能单位以合同形式约定节能项目的节能目标，节能服务企业向用能单位提供节能服务，用能单位以节能效益支付节能服务企业投入及其合理利润，用能单位未依约支付节能效益分享款的，依法认定构成违约。节能服务企业作为出质人，以节能服务项目收益权作为质押财产出质并在法定登记机构办理登记，质权人主张就质押节能服务项目收益优先受偿的，依法予以支持。

五、推进完善碳市场交易机制

17. 依法审理碳排放配额、核证自愿减排量交易纠纷案件。重点排放单位、其他符合国家有关交易规则规定的机构或个人等碳排放权交易主体主张通过协议转让、单向竞价等方式订立的交易合同有效的，依法予以支持。审理碳排放配额、核证自愿减排量交易合同案件，依照法律法规，参照行政规章，结合碳市场业务规则、交易合同约定，全面、客观审核碳排放权注册登记系统、碳排放权交易系统以及核证自愿减排注册登记系统、核证自愿减排交易系统记载的分配、持有、交易、变更、注销等信息、数据，依法确定碳交易产品的归属。交易主体主张碳排放权、核证自愿减排注册登记机构、交易机构承担相关民事责任的，应当依照法律法规，参照行政规章关于注册登记机构与交易机构之间的职能划分和风险防范制度、结算风险准备金制度等规定，结合碳市场业务规则、交易合同约定等，依法予以认定，保障碳市场健康有序发展。

18. 依法审理碳排放配额、核证自愿减排量担保纠纷案件。担保合同当事人或者利害关系人以碳排放配额、核证自愿减排量不是可以设立担保的财产为由，主张担保合同无效的，从严认定合同无效情形，依法最大限度维护合同效力。当事人在碳排放权或者核证自愿减排注册登记系统等办理质押登记，债务人不履行到期债务或者发生当事人约定实现质权的情形，质权人主张就登记账户内的碳排放配额或者核证自愿减排量优先受偿的，依法予以支持，助力碳交易产品发挥融资功能，稳定市场预期。

19. 依法审理碳排放配额清缴行政处罚案件。温室气体重点排放单位实际排放量超过所持有的上一年度碳排放配额，未按时履行足额清缴义务，行政机关责令限期改正，重点排放单位逾期未改正、未补缴碳排放配额或未提交核证自愿减排量抵销，行政机关依法作出等量核减重点排放单位下一年度碳排放配额、罚款等行政处罚决定的，依法支持行政机关履行温室气体减排行政监管职责。

20. 依法办理涉碳排放配额、核证自愿减排量金钱债权执行案件。对被执行人的存款、现金、有价证券、机动车等可以执行的动产和其他方便执行的财产执行完毕后，债务仍未能得到清偿的，可依法查封、扣押、冻结被执行人的碳排放配额、核证自愿减排量。查封、扣押、冻结的财产不得超出被执行人应当履行义务部分的范围。应当向碳排放权、核证自愿减排注册登记机构、交易机构送达执行裁定书和协助执行通知书。

21. 依法审理涉温室气体排放报告纠纷案件。温室气体重点排放单位因拒绝履行温室气体排放报告义务，或者虚构、捏造、瞒报、漏报温室气体排放数据的，支持行政机关依法作出行政处罚决定。技术服务机构与温室气体重点排放单位恶意串通，虚构、捏造、瞒报、漏报温室气体排放数据，对他人造成损害，受害人主张侵权损害赔偿的，依法予以支持；构成犯罪的，依法追究刑事责任。

六、持续深化环境司法改革创新

22. 建立完善涉碳案件审判机制。构建有利于积极稳妥推进碳达峰碳中和的案件归口审理制度。完善由环境资源审判机构牵头，与立案、刑事、民事、行政、执行等相关部门分工配合的审判协调机制。对新类型、具有普遍法律适用指导意义、存在重大法律适用分歧的案件提级管辖。统筹有序推进碳达峰碳中和与应对气候变化，确保法律适用统一。

23. 着力提升专业化审判能力。加强对民法典绿色原则，新类型生态资源权益保护、担保融资等重大、前沿性基础理论研究，准确把握产业结构调整、能源体系建设、减污降碳协同、应对气候变化等相关纠纷案件特点和审理思路。加快具有跨部门法学理论，能够综合运用财政、金融和环境工程等基础知识，具有全球视野，通晓国际规则的碳达峰碳中和复合型审判人才储备。探索建立与域外涉碳案例交换分享机制、法律适用交流机制，加快涉碳案件审判经验积累。

24. 推动开展绿色低碳社会行动示范。加强与行政主管部门沟通协作。依法支持仲裁机构发挥更大作用，实现调解、仲裁和诉讼有机衔接。深度应用司法大数据技术，探索建立与全国碳排放权注册登记系统、交易系统，国家温室气体自愿减排注册登记系统、交易系统之间安全、高效的信息共享。持续开展世界地球日、世界环境日、全国节能宣传周、全国低碳日等主题宣传活动，提升公众对自身节能降碳行为的感知，鼓励企业、机构、个人建立碳账户、优先使用碳普惠减排量进行碳中和，加快形成全民参与的良好格局，共建天更蓝、山更绿、水更清的美好家园。

李　华

盈科律师事务所创始合伙人、盈科全国业务指导委员会主任。

李华律师作为盈科全国业务指导委员会主任，负责盈科体系内的专业化建设，带领盈科律师，构建出完整的专业化法律服务体系，包括研究院、专业委员会及综合性法律中心，推动盈科律师专业化的法律服务，以适应法律服务市场不断细分的需要。在此基础上，通过集成各专业委员会纵深化的法律服务能力为客户提供综合性的法律服务。

曾荣获全国律师行业优秀党员律师、北京市优秀律师、朝阳区优秀律师、朝阳区首届优秀女律师、朝阳区优秀党员的荣誉称号，钱伯斯《大中华区指南2023》TMT：数据保护隐私领域上榜律师。

康 烨

盈科上海高级合伙人、刑事诉讼法律事务部主任、监事会副主任，盈科第四届全国刑事法律专业委员会副主任，“刑动派”团队负责人。同时担任上海政法学院刑事司法学院实务导师、复旦大学研究生院校外兼职硕士生指导教师、华东师范大学法学院刑事法治研究中心兼职研究员、华东师范大学法学院实务导师、上海大学法学院校外职业导师、上海律师协会刑诉法与刑事辩护业务研究委员会委员、上海市工商联信息技术商会法律服务分会会长。曾荣获盈科律师事务所2019年度、2020年度“优秀律师”称号。

辛本华

盈科上海刑事诉讼法律事务部律师，东南大学法学院硕士研究生校外指导教师、华东师范大学法学院实验实践教学中心授课教师、上海大学法学院校外职业导师，“刑动派”团队负责人。曾荣获盈科律师事务所2018年度“优秀律师”称号。

张西东

刑法学硕士，盈科上海刑事诉讼法律事务部副主任，华东师范大学法学院实验实践教学中心授课教师，上海大学法学院校外职业导师。

张温娴

盈科上海刑事诉讼法律事务部律师，工作期间曾办理多起公安部督办、专案组专案等具有重大影响力的案件。

龚梦婕

盈科上海刑事诉讼法律事务部律师。

徐娇娇

盈科上海刑事诉讼法律事务部律师。

董奥迪

盈科上海刑事诉讼法律事务部律师。